虞萬里 著

高郵二王著作疑案考實

上海教育出版社

图书在版编目（CIP）数据

高邮二王著作疑案考实/虞万里著.-上海：上海教育出版社，2020.1
ISBN 978-7-5444-7292-0

Ⅰ.①高… Ⅱ.①虞… Ⅲ.①考据学-研究-中国-清代 Ⅳ.①K092.49

中国版本图书馆CIP数据核字（2019）第260787号

责任编辑　储德天
封面设计　杨雪婷
特约策划　黄曙辉

高邮二王著作疑案考实
虞万里　著

出版发行　上海教育出版社有限公司
官　　网　www.seph.com.cn
地　　址　上海永福路123号
邮　　编　200031
印　　刷　北京虎彩文化传播有限公司
开　　本　890×1240 1/32 印张9.375 插页4
字　　数　180千字
版　　次　2020年1月第1版
印　　次　2020年1月第1次印刷
书　　号　ISBN 978-7-5444-7292-0/K·0059
定　　价　59.80元

文章憎命達

魑魅喜人過

子美之贍太白也至矣李杜文章在光焰萬丈長逝之
之崇李杜逅亦至矣予於二王者竹同其情更遠而求
其餘不歇以一聲一笑譽傷譽毀文重千古矣
得失豈徒寸心所知亦時論千載所共也窮達禍福
戴毀譽關乎載己矣嘉月山陰萬里書於小齋

王念孫像

王引之像

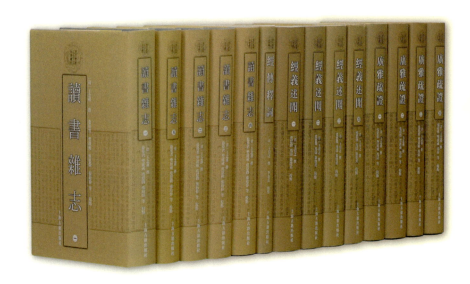

高郵四種整理本

自　序

　　古詩云："生年不滿百，常懷千歲憂。"蓋欲營千歲之計故常憂也。千歲之憂者，三不朽也，而於文人學士，厥惟著述是已。夫人生在世，駒光電逝，親友離合，交誼疏密，興趣濃淡，事業成敗，執之則因果環扣不爽，幻觀則塵緣聚滅無常。唯讀書求真，不可以意氣斷，不可以私臆測，不可以形跡求，尤不可師心自賢自智，輕言輕發也。遙憶四十年前初得《經解》，瀏覽段氏《説文注》、王氏父子《雜志》《述聞》，復垂意於先秦兩漢同義複詞而摘記王氏四種中同義詞考證，又心儀其學問爲人而手録劉盼遂《高郵王氏父子年譜》，更溯二王師友學術淵源而抄撮段懋堂、郝恂九、顧澗薲諸家年譜，以爲集數十家樸學傳略，可匯爲一乾嘉學術譜系。逮讀書稍廣，知識漸開，乃悟乾嘉學術脈絡錯綜複雜，著作公案撲朔迷離，各家年譜錯舛乖離，豈掇拾排比所能藏功？既自慚稚想，亟棄之他顧，掩口不敢於人前肆言，深恐貽笑於大方也。既而奉命與師友整理《述聞》，以指定《備要》爲底本，殊非古籍整理規繩，事竣亦不敢於人前肆言，深恐見譏於專家也。自此厥後，由音韻而經學，而文獻，而簡牘，而石經，興趣頻移，散漫無歸，雖有目接山陰之樂，難逃一事無成之咎。

　　光陰荏苒，世紀翻新，有友人慫恿整理點校王氏四種，出版社亦一再攦掇。靜思王氏著作風行二百年，學界奉爲經典圭臬，今雖頻繁影印，竟無點校本行世，豈非尊仰崇信二王如我輩者之失責歟？乃恭承嘉命，會約友生，共襄其事。夫尚友古人，讀其書焉可不知其人，況乃整理其書矣，豈能無一言揭其旨要弁其首？然則二王研究論著夥矣，排列之能疊架充其廚，備述之則難以盡其説。遂乃放倒一切，獨探其著書顛末原由。既欲敘其顛末原由，則不可遯繞規避啓自王壽同、龔自珍判父子著作歸屬之爭。自王靜安、劉盼遂師弟倡王氏父子歸美與齡之説，百餘年來，諸家祖劉祖吕，左右牽合，駢枝歧説，更增紛亂。況自乾隆五十五年伯申進京，懷祖試以著述之事，自後三十餘年，朝夕切磋，父子同居一處；疑義相析，共證秦漢原典：每每你中有我，我中有你，欲使一言而分父撰子著，真談何容易！

　　所幸者，壽同欲續補先人著述，珍存懷祖、伯申藏書、手稿甚夥，其身後雖逸散零落，猶有殘留天壤間者。予遂得從二王校本眉批簽記，《雜志》《述聞》原始殘稿及初刻二刻三刻，《疏證》刊本與校訂改稿等入手，由因而果，度文審意，參互推比四五百萬言之條目文稿，而後追本溯源，尋其生發展衍、鋪敘增益之軌跡，似稍得高郵父子撰述始末、方法體式之仿佛矣。

懷祖嘗曰："讀書之傷生也與酒色同，若好讀書而復有他所好，必至於死，故吾損棄他事，專精於書也。"吁！古來好書嗜書藏書讀書者何啻萬萬！而能損棄百事專精於"讀"者，其標格一時而迥出儕輩遠矣。天將降大任於是人也，必先挫其志、餒其氣而後授之以龍淵、太阿之柄。先是，懷祖校《説文》，補《方言》，皆因師門著作在前而不得不捨之棄之，以致年逾不惑，竟無一卷行世，與不得已，轉而治殘佚錯譌、乏人問津之《廣雅》。夫《廣雅》之爲書也，誠散佚已久之漢魏經師訓詁淵藪，雖奧義難徵，實勝義紛披。懷祖仰鑽高堅，行觀幽勝，由稚讓"文同義異，音轉失讀，八方殊語，庶物易名"一語參得"詁訓之旨，本於聲音"之理，乃"就古音以求古義，引伸觸類，不限形體"。以之疏證《廣雅》訓詁，若入桃源勝景，忽然開朗，簡之采之，左右逢源，疑義滯礙，冰釋理順；以之返觀存世傳注箋解，恒有不明古義、拘束形體而誤解經典者，尤以高誘《淮南》《吕覽》之解、楊倞《荀子》之訓、尹知章《管子》之注爲多。於是隨手簽記，識其譌謬，及札記積稿漸多，逐漸萌發周秦經典正譌計劃。唯其隨作札記，故《疏證》程功轉慢，遂求章實齋代覓善屬辭者，願指授道要請自著其書。代覓未果，適伯申入都侍奉，乃試以《尚書訓詁》與《名字解詁》，謂孺子可教；再命撰《廣雅疏證》一卷，復克稱父意。及《疏證》成稿付梓，乃與伯申就周秦經典正譌計劃規橅著作體式，撰述方法。其始也，摘録校語，推考譌誤，整飭舊稿，撰寫新證；其繼也，增益證據，互參關聯，辨析傳箋注疏，通貫經史子集。懷祖典司《讀書雜志》，伯申主纂《經義述聞》《經傳釋詞》。凡《雜志》中懷祖所著自稱"念孫案"，轉載伯申所撰稱"引之曰"；《述聞》《釋詞》中伯申所撰自稱"引之謹案"，轉載懷祖所著稱"家大人曰"：尊卑有別，撰述有主也。體式既定，伯申原撰《尚書訓詁》稱"引之聞之父曰"，入《述聞》則改爲"家大人曰"，"引之案"亦謙稱"引之謹案"。緣此推知，凡懷祖前此自署"念孫案"札記條目而編入《述聞》與《釋詞》者，例皆須改"家大人曰"，此即靜安等所見塗乙改稿者也。夫"念孫案"之改爲"家大人曰"，乃體式使然，著作權未嘗移易也，與齡攘竊之説從何談起？懷祖發明聲音本於訓詁之理，其徵文考獻，表微求真，能以形音義三者互求，能以古今形、古今音、古今義六者互求，一掃通假迷障，直探經籍諦義，誠"天下一人而已矣"！其於前代雜考、乾嘉考據，自有毋庸置疑之發明權；而於王氏四種，更擁有其著作權。伯申能循此形音義互求原理，進則趨承於庭訓，退則惕勵於筆研，步趨以學，孜矻以求，自亦有其著述之勞，溉澤之績，焉能以虚幻風影憑逞胸臆而謂其無才不勞分享"高郵二王"盛譽也哉！所惜者，伯申未能紹承懷祖損棄百事專精於讀之志，充類以至詞之盡文之盡書之盡，以畢周秦經典正譌之大功，僅掇集區區二百餘條舊記殘稿殿以了事，遺不恒之羞，鑄有憾之業，每一念及，未嘗不撫膺太息也。

予既窺二王堂奧著書之秘，發百年塗乙攘竊之覆，猶不敢邀伯申九泉之謝，亦不嫌避静安在天之譴，一如高郵父子、觀堂師弟實事求是學風，表而出之，以求教於並世究心二王著述、繼軌音理訓詁、潛研乾嘉學術之碩學，蓋不敢以意氣斷、私臆測、形跡求而自智自賢也。倘承下教，豈顓蒙一己之福，亦學術百世之幸也歟？

戊戌中秋草於榆枋齋

目　録

一、引言

《經義述聞》自道光七年（1827）三刻本梓行，即與《廣雅疏證》《讀書雜志》《經傳釋詞》盛傳於學林，被譽爲"以聲音貫穿訓詁"典範之作。所謂"經義"，殆指十三經去《論語》《孟子》《孝經》，外加《大戴記》與《國語》，另有《春秋名字解詁》《太歲考》及《通說》。此其自述所謂"吾之學，於百家未暇治，獨治經；吾治經，於大道不敢承，獨好小學"也①。《述聞》刊成後近百年，廣爲學者追摹繼作，若《春秋名字解詁》，陳鱣、錢馥皆有批校、識疑，俞樾、胡元玉、洪恩波、黄侃、陶方琦、于省吾等皆有繼作，他若茆泮林、苗夔、王筠、何紹基、何秋濤等各有補誼，且至今繩續不衰②。而俞樾更是全盤繼承《述聞》撰著體式，成《群經平議》三十五卷③。二十世紀

①　龔自珍《工部尚書高郵王文簡公墓表銘》引王引之語，《龔自珍全集》第二輯，上海人民出版社 1975 年版，第 147 頁。
②　各家之説散在各書，周法高彙輯衆説，撰有《周秦名字解詁彙釋》，臺灣中華叢書編審委員會 1958 年版；《周秦名字解詁彙釋補編》，1964 年版。
③　俞氏《群經平議》亦有《大戴禮記》和《國語》，通説性文字有《考工記世室重屋明堂考》《東房西室説》，唯另增《論》《孟》。其他一卷二卷、五卷十卷，或擴而至史子者，更僕難數，無法列舉。

二十年代，由於羅振玉購得王氏家藏手稿，學者研究揣摩殘稿，遂有疑《述聞》非王伯申著，而是乃父懷祖歸美之作。近百年來，書雖仍爲學界所重，而其著作權則任由究心乾嘉學術史者左祖右祖，爭論不休。

《述聞》非伯申所著之疑，啓於王國維。一九三〇年劉盼遂撰《高郵王氏父子著述考》，於《述聞》一書下云乃師在天津見王石臞手稿中有將"念孫案"改爲"家大人曰"者，劉氏遂推衍《述聞》中凡有"家大人曰"者皆石臞札記原稿，而爲伯申所改。復引王懷祖《與宋小城書》自云"於公餘之暇，惟耽小學，《經義述聞》而外，擬作《讀書雜記》"云云，遂謂"此《經義述聞》爲石臞所著，伯申則略入己説而名爲己作之切證也"[1]。（圖一）劉説一出，時在校釋《呂氏春秋》之許維遹，即關注於此，意有同感，乃藉《郝蘭皋夫婦年譜》中於郝懿行爲王照圓赴白雲觀借校《道藏》本《列仙傳》事云：《呂氏春秋雜志》中"引之曰"者多爲懷祖所校，聲援劉説，以爲"其痕跡不可掩矣"[2]。四五十年後，臺灣張文彬博士論文爲《高郵王氏父子學記》，曾歸納劉盼遂之説爲七條，並一一駁

----

[1]　劉盼遂《高郵王氏父子著述考》，《國立北平圖書館館刊》第四卷第一期，收入《劉盼遂文集》，北京師範大學出版社 2002 年版，第 372 頁。

[2]　許維遹《郝蘭皋夫婦年譜》，《清華學報》第十卷第一期，收入《郝懿行集》，齊魯書社 2010 年版，第七冊，第 6121 頁。

之，謂“《經義述聞》者，述聞經義於父之謂也”，“屬王引之所撰，本無疑義”①。世紀之交，李宗焜整理《高郵王氏父子手稿》時，對此觀點略有涉及，並不以劉說爲然②。（圖二）二〇〇五年，陳鴻森更校覈《經義雜志》與《經義述聞》“家大人曰”文字差別，《述聞》初刻、二刻、三刻異同，王伯申出仕行歷等，綜合考慮，乃謂“《述聞》三刻本較二刻本所增諸條，其實多出王念孫之手”③。二〇〇六年，陳鴻森又發表《〈經傳釋詞〉作者疑義》一文，指出《釋詞》一書“其實多出王念孫之手，王氏假托其子著耳”，非王引之力所能任。④ 二〇〇八年，張錦少首先關注史語所所藏王念孫《呂氏春秋》校本，李宗焜因撰《王念孫批校本〈呂氏春秋〉後案》，復就王伯申在《王氏四種》中著作權予以申論⑤。近年張錦少以“新

① 張文彬《經義述聞作者之商榷——兼駁劉盼遂“〈述聞〉係王引之竊名”之說》，《國文學報》1980 年第 9 期，第 87－94 頁。張博士論文《高郵王氏父子學記》，1978 年。

② 李宗焜《記史語所藏高郵王氏父子手稿》，《高郵王氏父子手稿》，“中研院”歷史語言研究所 2000 年版，第 37－43 頁。

③ 陳鴻森《阮元刊刻古韻廿一部相關故實辨正——兼論〈經義述聞〉作者疑案》，《“中研院”歷史語言研究所集刊》第七十六本第三分，第 462 頁。

④ 陳鴻森《〈經傳釋詞〉作者疑義》，《中華文史論叢》2006 年第 4 期，總第 84 輯，第 29－74 頁。

⑤ 李宗焜《王念孫批校本呂氏春秋後案》，復旦大學出土文獻與古文字研究中心編《出土文獻與傳世典籍的詮釋——紀念譚樸森先生逝世兩週年國際學術研討會論文集》，上海古籍出版社 2010 年版，第 495－504 頁。

見王念孫古籍校本研究計劃"爲題，對存世所見王懷祖校本展開細密研究，陸續撰寫出多篇論文①，重新肯定《述聞》與《經傳釋詞》爲王伯申所撰。（圖三）

　　觀諸家所論所辨，多以刊刻成文之文獻對照校龝，偶及手稿校記，就其異同而定從違，即由果而溯因，宜其歧出紛紜，難有決斷。若能由因而果，即由校勘典籍始，而後摘錄可申發之字詞或短語以成條目，而後引據疏證，而後合成全書，則認識或許會有改觀。唯作者謝世幾二百年，原稿散佚，尟有存者，此一過程難以復原。幸有羅振玉所購殘稿，略存鱗爪，可窺一斑。

---

　　① 　張錦少依時間先後發表與此相關之論文有：《王念孫呂氏春秋校本研究》，《漢學研究》第二十八卷第三期（2010）；《〈經義述聞〉〈經傳釋詞〉作者疑義新證》，《清華學報》新四十一卷第二期（2011）；《王念孫管子校本研究》，《臺大中文學報》第三十九卷（2012）。最後彙輯爲《王念孫古籍校本研究》一書，由上海古籍出版社 2014 年出版。

二、《讀書雜志》殘稿之啓示

羅振玉購得王懷祖手稿一笥，整理出《方言疏證補》《釋大》《古韻二十一部通表》《毛詩群經楚辭古韻譜》及二王文集之補編，彙爲《高郵王氏遺書》梓行。（圖四）之後殘亂餘稿轉手，散歸各大圖書館，其入藏北京大學圖書館者①，深藏固扃六十年後，由該館連同張爾岐、朱彝尊、惠棟、戴震、錢大昕、洪亮吉、丁晏、焦循等人之手稿抄稿，比次彙聚成《稿本叢書》，影印出版②。（圖五）

《叢書》第五册收錄王氏二種殘稿，分別題爲《王念孫手稿》七卷和《讀書雜志補遺》（下簡稱“《稿本》”）。其《稿本》解題云：“王念孫撰，手稿。”文稿用十行行格紙抄錄，計二十條，中有一條抄錄兩條内容，共二十一條：即《荀子》十二條，《管子》五條，《晏子》二條，《淮南子》二條。行文形式和考訂内容與《讀書雜志》相同，故題爲王念孫撰。然觀其文稿，每每

① 劉盼遂《高郵王氏父子年譜》於王氏著作“未刻者”下云：“以上諸稿先藏北京江氏，後歸上虞羅氏，今入北京大學研究所。”《高郵王氏遺書》，第 67 頁下。

② 由北京大學圖書館陳秉才、張玉範編纂，題爲《北京大學圖書館藏稿本叢書》，1996 年由天津古籍出版社出版。

作"引之案"，似又非王懷祖之稿。"胅於沙而思水"條下有"壽同案"云云，知"案"前所考證文字亦非壽同之筆。

《王念孫手稿》頗爲淩亂龐雜。《叢書》題解云："王念孫……太平天國軍圍攻武昌時身亡。著有《廣雅疏證》《讀書雜志》。此稿封面題簽爲《觀其自養齋爐餘錄》，共七卷。"① 懷祖卒於道光十二年（1832），與太平軍渾然無涉。武昌殉難，自是王壽同無疑。壽同咸豐殉難後，其子恩錫哀集遺稿，請陳奐爲之序次。陳奐釐爲數卷，敘稱壽同"薰聞前修，耳熟訓詁，心通聲韻，平時多所箸述。乃在干戈糜爛、玉石灰焚之餘，收拾殘文，十已喪其八九"，② 蓋陳奐確以是爲壽同遺稿，序而歸之。恩錫又曾攜陳奐釐次文稿進京示宗稷辰請序，宗亦以爲"遺薰中於韻學能契祖庭不宣之蘊，於小學經義能補庭訓未及之端"，③ 顯承碩甫之説而謂爲壽同篇什。《販書偶記》收有《觀其自養齋爐餘錄》八卷，孫殿起云："高郵王壽同撰，底稿本。……壽同，引之子。"④ 孫氏固是讀陳、宗二序而謂爲伯申子王壽同之作。然細

---

① 陳秉才、張玉範《北京大學圖書館稿本叢書》第一冊，第9頁。

② 陳奐《觀其自養齋爐餘錄敘》，《稿本叢書》第五冊，第269頁。

③ 宗稷辰《書王〈壽同〉遺著後》，《稿本叢書》第五冊，第272頁。宗稷辰有《躬恥齋文鈔》二十卷《後編》六卷，未收此文。

④ 孫殿起《販書偶記》卷十八，上海古籍出版社1982年版，第470-471頁。《稿本叢書》刊出後，佘彥焱、柳向春亦曾著文辨誤，見《圖書館雜志》2005年第5期。

心排比其稿，又不盡然。《爐餘録》前用楷體抄録（下姑以《抄録稿》稱代），後用行草體抄録（下姑以《行草稿》稱代），内容有前後重複雷同者，其重複部分又有與《稿本》殘稿相重，亦即一條而有《稿本》《抄録稿》《行草稿》三種文稿，甚爲零亂錯舛。書首《爐餘録》總目卷一下記：

> 釋經　先文簡公《經義述聞》中未採者，補作《述聞拾遺》，又採近世諸家訓詁，以家學折中，參以己説，作《經義考證》，具載入，稿不全。
>
> 釋子　先光禄公《讀書雜志》未採者，補作《雜志拾遺》，亦載入①。（圖六）

觀總目小注，所謂“先文簡公《經義述聞》中未採者，補作《述聞拾遺》”，“先光禄公《讀書雜志》未採者，補作《雜志拾遺》”云云，知壽同確有拾遺補缺之舉。據王恩錫等所撰《子蘭府君行狀》云：“所自著《釋采》《經義考證》《述聞拾遺》《雜志拾遺》《守城日録》《古韻蠡測》《觀其自養齋雜記》諸書，皆未付梓。稿多散佚，僅存十之一二。”② 《行狀》與《總目》合觀，可知當時恩錫等對壽同遺稿之認識。今檢殘稿確有《荀子》《管子》等“讀書雜志”式文稿，唯與此相同文

---

① 《北京大學圖書館藏稿本叢書》，天津古籍出版社 1996 年版，第五册，第 273 頁。

② 《王氏六葉傳狀碑誌集》卷六《子蘭府君行狀》，《高郵王氏遺書》，第 53 頁上。

字題爲《稿本》之殘稿多作"引之案"，顯非壽同所作。故劉
盼遂云："今案，兩《拾遺》疑皆石渠、伯申兩公考訂經史零
稿，未經收入《述聞》與《雜志》者，子蘭留連先芬，遂爲裒
輯之耳。"① 劉氏所疑頗切事理，並符"拾遺"之名。然再從遺
稿一條"壽同案"思之，可揣壽同確有取先祖、父未撰文稿、
未完成之殘稿補苴繼作以成"拾遺"之想，第因身殉國難，遂
成絕響。梳理《爐餘錄》殘稿，《君子所其無逸論》《謝太傅出
處事業論》爲王伯申所撰，《嘉慶四年南巡紀事》無作者，嘉
慶四年壽同尚未出生，然文紀嘉慶四年正月皇上召見七人有
"先觀察公"，文末有"先簡文公作祖父行狀遺之，今謹記"云
云，是乃壽同追記手筆。殘稿有"先王父手記雜記一有某某"
云云一紙，以及律文公牘，又有與《稿本》"胧於沙而思水"
條相應之"壽同案"云云一紙，是必壽同之筆。綜此而言，殘
稿乃王氏數世手稿抄稿經兵燹後之孑遺也。

《稿本》二十一條，有"引之案"者十八條，《讀書雜志》
收錄者六條，與《爐餘錄》中《抄錄稿》《行草稿》相重者十
二條。《抄錄稿》《行草稿》有而《稿本》無者五條，既無
"引之案"語，《雜志》亦未收，其中一條疑壽同之筆。就內容
而言，可分爲四種：

① 劉盼遂《高郵王氏父子著述考》，第396頁。按，劉氏此云"疑
皆石渠、伯申則略入己說而名爲己作之切证"矛盾矣。

一、僅有書名篇名與例句（或注文），

二、有簡單判斷語，

三、有案語和簡單考證，

四、有詳細考證，與《雜志》基本一致。將此四類條目，結合王氏父子存世校本和《讀書雜志》《讀書雜志補遺》參觀比對，可約略推原《讀書雜志》撰作過程，亦即王氏父子著書之步驟。

《讀書雜志》及《餘編》所校典籍近二十種，今見王懷祖所手校存世者尚有《方言》《吕氏春秋》《管子》《荀子》《韓非子》《大戴禮記》等，就中唯《管子》《荀子》校本可與《稿本》校覈。兹以《管子》爲主，兼取其他幾種校本，考察《雜志》撰作過程。

王懷祖所校趙用賢《管子》刻本藏上海圖書館①，（圖七）觀其所校，大多爲改字，即圈出正文或注文用字，旁注某字，如《形勢》"抱蜀不言"尹注"雖復靜然不言"，王改"然"爲"默"，此類較多。有在某字旁寫出案語，如《大匡》"無醜也"王氏校語："醜，恥也。"有將改字與案語合一者，如《戒》"政令陳下而萬功成"，王改"功"爲"物"，加案語云："'物'字據注改。"王氏校本大多不出以上三類。也有案語甚長者，細別之分二種，一是純粹引錄他書以證本文，如《宙

---

① 據上海圖書館藏本題記，知爲宋焜於民國初年從王氏後裔手中以五百金購得，與羅振玉所購得者似非一途。

合》"鳥飛準繩"之校語云：

> 《淮南子·道應訓》云："大人之行，不掩以繩，至
> 所極而已矣。此《管子》所謂'梟飛而維繩'者。"高誘
> 云："言處士者，上下無常，進退無恒，不可繩也。以喻
> 梟從下繩之而欲翱翔則不可也。"

一是引據他書而提出己見，如《小匡》"服牛輅馬"王氏改
"輅"爲"駕"，加案語云：

> "輅"疑即"駕"字之誤。又"駕"籀文作"輅"。
> 輅、輅並從各字，故字或相通。《齊語》作"輻馬"，注：
> "輻，馬車也。"兩"輻"字疑皆"輅"字之譌。

較長案語，或寫在另紙作爲浮簽。如《牧民》"毋曰不同國"有
浮簽云："國，當爲邦。生、聽爲韻，鄉、行爲韻，邦、從爲韻。
今作國者，蓋漢人避諱所改。"總之，其校案之語皆極簡單，以
此簡單校語，與《稿本》《抄錄稿》《行草稿》三種對照，可悟
徹王氏《讀書雜志》撰著步驟。下面舉例，凡有《稿本》條目，
以《稿本》文字錄出，無《稿本》者則以《行草稿》文字錄出。

（一）無考證或考證簡單而《讀書雜志》不收者

《稿本》《抄錄稿》《行草稿》有數條僅有簡單案語作判斷，
無引例證明，《讀書雜志》亦未收錄。此類可視作未成稿。

1. 《稿本》有一條無條目名，文字如下：

> 《管子·君臣篇》"四正五官，國之體也"，注："四
> 正，謂君臣父子；五官，謂五行之官也。"（圖八）

此條欲考證四正抑是五官，無法臆測。《管子》校本於"四正
五官"下無校。《稿本》抄録此條，必欲有所申説。今雖無文
字，猶可推知二王著述其書，均是先抄録經典諸子原文或傳注，
而後再予以引證申述。

2. 《稿本》"蚤歲溜水至"條云：

> 《晏子内篇雜上》"蚤歲溜水至，入廣門，即下六尺
> 耳"，溜，疑當作"淄"。（圖九）

王懷祖《晏子》手校本不見於世，今僅抄録原文，而疑"溜"
當作"淄"，無任何證據，其不收入《讀晏子雜志》也宜。

3. 《抄録稿》"發五正"條云：

> 《管子·禁藏篇》"當春三月，發五正"，案：正與政
> 同，尹注非。（圖十）

此條《行草稿》同。覈《管子》校本適有"正與政同"四字校
語，① 兩相對照，僅多"尹注非"三字。可知第一步寫校語於

---

① 王念孫《管子》校本卷十七，上海圖書館藏本，第十三葉 a 眉批。

書端，第二步抄録書名、篇名、例句或傳注，亦即原先所校案語，此條僅指出尹注"正謂五官正也"之非，尚未申發。

4.《抄録稿》"利上下之用"條云：

> 《管子·揆度篇》"先王高下中幣，利上下之用"。
> 案："利"當依朱本作"制"，制是也。《地數》《輕重乙》二篇竝作"制上下之用"。（圖十一）

此條《行草稿》無，《管子校本》於"利"旁批"朱作制"三字，[①] 可見《抄録稿》云"利當依朱本作'制'"。即從批語引申而作判斷。其在判斷之後，以本書之例證明之，雖無他證，已可自成其說。以上兩條由於無《稿本》校覈，不知"案語"爲誰所作。

5.《稿本》"水激而流渠"條云：

> 《管子·地數篇》"夫水激而流渠，令疾而物重"。尹無注。引之案：渠當讀爲遽，遽，急也。（圖十二）

《抄録稿》同，唯在詞目"水激而"三字上打圈，表示此處只考證"流渠"之"渠"，不必多引"水激而"三字。《行草稿》同《稿本》，所異者是在"案"前無"引之"兩字。渠讀爲遽，《荀子·修身》"渠渠然"，楊倞注即云"渠讀爲遽，

---

① 王念孫《管子》校本卷二十三，上海圖書館藏本，第十一葉 a。

古字渠遽通”，《讀荀子雜志一》引太倉陳奐以“渠渠”爲
“瞿瞿”，乃“無守之貌”，王懷祖謂“楊注‘渠’讀爲
‘遽’，‘不寬泰之貌’，失之”①。又《漢書·陸賈傳》“何遽
不若漢”，《讀漢書雜志八》徵引群書中“何遽”用法，以爲
是語詞而非“急遽”之義。是不以楊注爲然。“流渠”與
“渠渠然”義不相同，而與“何遽”似近，此條《管子》校
本無校，伯申很可能在摘録考證時偶有所得，聊志其疑，懷
祖未採，有其自己理解。

6. 《稿本》“桓公惕然太息曰”條云：

> 《管子·輕重乙篇》“桓公惕然太息曰：吾何以識
> 此”。引之案：太息，疑當作大思，思與懼同。惕然者，
> 懼之貌也。惕疑喟之譌。喟然，太息之貌。（圖十三）

文末有批語云：“原本有‘查原文’三字。”似未最後成稿。
《抄録稿》《行草稿》無“引之”兩字及最後“惕疑喟之譌。
喟然，太息之貌”。按，前以“太息”爲“大思”，是與“惕”
相應；後以“惕”爲“喟”之譌，是與“太息”相應：前後兩
者正相矛盾，不能同時而有。《抄録稿》和《行草稿》無後句，
呈一種意見，是必伯申原稿或《抄録稿》（筆迹類似伯申）。此

① 王念孫《讀荀子雜志一》，《讀書雜志》，上海古籍出版社2014
年版，第四册，第1651頁。

條懷祖校本無校語，或其閱後未能同意其意見，乃表示己見於後而未收錄於《讀管子雜志》。以此理解《稿本》，抄者亦覺得前後矛盾，故迻錄"查原文"三字，以示須進一步覈實。

（二）有考證而《讀書雜志》未收者

《稿本》《抄錄稿》《行草稿》已有完整考證，形式已與《雜志》相同或近似，而《雜志》仍然未收錄。

1.《稿本》"而毋稅於天下　若以身濟於大海"條：

《管子・地數篇》"吾欲守國財而毋稅於天下，而外因天下，可乎"，又"天（引按，"夫"之誤字）本富而財物衆，不能守則稅於天下；五穀興豐，巨錢巨錢，疑當作已賤。而天下貴，則稅於天下，然則吾民常爲天下虜矣。夫善用本者，若以身濟於大海，① 觀風之所起，天下高則高，天下下則下，天下高我下，則財利稅於天下矣"。引之案②：稅當爲挩，挩者，奪之借字也。《廣韻》奪、挩並音徒活切。《輕重甲篇》"知萬物之可因而不因者，奪於天下；奪於天下者，國之大賊也"，此與"吾欲守國財而毋稅於天

---

① 原作"天下"，圈去改作"大海"。
② 原作"謹案"，圈去"謹"，改爲"引之"。

下,① 而外因天下" 義正相同，故知挩即奪之借字也。又案：以身濟於大海，身當爲舟。（圖十四）

《抄録稿》《行草稿》同，唯無 "引之" 兩字。覈《管子》校本，有校語云："謹案：税蓋與奪通。"② 《稿本》考證文字不出校語範圍，唯將 "税" 與 "奪" 之關聯詞 "挩" 字揭出。假若校本中校語係王懷祖所案，伯申此稿寫成於嘉慶二十四年（一八一九）《讀管子雜志》刊刻之前，乃父似應收録。若是寫於刊刻之後，則是不及收録。然細審《管子》校本中 "謹案" 字體，當是伯申案語（詳後所論）。

2.《稿本》有一條無題目，實係辨證《正論篇》内容者，文云：

> 《荀子·正論篇》："犀象以爲樹，琅玕龍兹華覲以爲實"，楊注："樹，樹之於壙中也。實謂實於棺槨中。"引之案：上文爲棺槨之藏，此謂口中之物也。樹讀爲柱，《士喪禮記》曰："實貝柱右齻左。"樹、柱古聲相近，因借樹爲柱耳。《士禮》以貝爲柱，此則易以犀象耳，實亦爲口中含玉也。華覲讀爲玗琪，古音華與玗同，覲琪一聲之轉，猶《射義》旄期之期通作 "勤"，騏驥之騏或作騹。

---

① 税，原作 "挩"，據《管子》原文改。
② 王念孫《管子》校本卷二十三，第三葉a。

本書《性惡》。下文"扣人之墓，抉人之口而求利"，正謂抉口而取其所以爲樹爲實者也。案此說亦非也。樹仍謂樹木，實則樹所結之實也。（圖十五）

此條王懷祖《荀子》校本未有一字校語，① 《讀荀子雜志》與《補遺》皆未收錄。究其原因，或文末有批語云："案此說亦非也。蓋前'兩者並行'條先謂'而國'乃衍字，後謂'國在'爲'國存'，'在下偏'之'在'爲衍字，自謂前說失之，此亦然也。記□（引按，疑"酌"字）。"② 其上眉批云："此條酌"。意謂此條與前《王霸篇》"兩者並行"之前說一樣，不甚可靠，須斟酌，故未收入《補遺》。然其所謂"兩者並行"條後又收入《補遺》，或斟酌之後，覺"國存"說有理，故補入。

（三）條目爲《讀書雜志》收錄而文字略有改動者

《稿本》之條目，有爲《讀書雜志》所收錄者，其文字大致與原稿一致，僅個別字詞略有移易。

《稿本》"東海有紫紶魚鹽焉"條云：

《荀子·王制篇》："東海則有紫紶魚鹽焉，然而中國

---

① 王念孫《荀子》校本係嘉善謝氏所藏，今歸上海圖書館。此條見該書卷十五第十三葉正面。

② 此條批語疑是懷祖所批，然尚須徵實。

得而衣食之。"楊注:"紫,紫貝也。紶,未詳。字書亦無紶字,當爲蚨。郭璞《江賦》曰:'石蚨應節而揚葩。'注云:'石蚨,龜形,春則生花,蓋亦蚌蛤之屬。古以龜貝爲貨,故曰衣食之。'"引之案:下文云"中國得而衣食之",則紫紶爲可衣之物,魚鹽爲可食之物,較然甚明。紫與茈通。《管子·輕重丁篇》:"昔萊人善染,練茈之於萊純錙,綢綬之於萊亦純錙也。其周中十金。"是東海有"紫"也。紶,當爲綌,右旁"谷"字與"去"相似而譌。"綌"之譌"紶",猶"卻"之譌"却"也。《漢王純碑》"却埽閉門",却作𨚵字。綌以葛爲之。《輕重丁篇》"東方之萌,帶山負海,漁獵之萌也,治葛縷而食"。言以葛爲絺綌也。《詩·葛覃》傳:"葛精曰絺,麤曰綌。"《尚書·禹貢》:"海岱惟青州,厥貢鹽絺。"傳:"絺,細葛。"有絺則有綌矣。是"東海有綌"之證。"紫"與"綌"皆可爲衣,故曰"中國得而衣之"。楊注非。(圖十六)

此條王懷祖《荀子》校本無校語,①《讀書雜志·荀子補遺·王制篇》收錄,最顯著區別是將"引之案"改爲"引之曰"。其他文字移易如:《補遺》補出"居業反"一音,使"蚨"字音讀明晰。《稿本》"是東海有'紫'也",《補遺》作"是東海

---

① 王念孫《荀子》校本卷五,第八葉 a。

有‘紫’之證”，語氣更堅定，且與下文“是‘東海有綌’之證”排比，句式穩重。“右旁‘谷’字與‘去’相似而譌”，《補遺》作“右旁‘谷’字與‘去’相似”，蓋以下文兩兩相似之字證之。“‘綌’之譌‘絑’，猶‘卻’之譌‘却’也。《漢王純碑》‘却埽閉門’，却作却字”，《補遺》將前兩句作小字，删去《王純碑》一句，而云“説見《補遺·榮辱篇》”。覈《榮辱篇補遺》專辨證“胇”字，亦引及《漢冀州刺史王純碑》文，不必兩録，故作參見。“《詩·葛覃傳》：‘葛精曰絺，麤曰綌。’”《補遺》改爲行文，而將《葛覃》作爲出處注後，是因精麤爲説明文字，無需引證。“《尚書·禹貢》：‘海岱惟青州，厥貢鹽絺。’傳：‘絺，細葛。’有絺則有綌矣”，《補遺》直接出“青州”，簡潔；前已言精麤，此處不必再引孔傳文。《補遺》將《管子》書證調後，是先言絺綌而後言衣食，與《荀子》原文一致。以上調整、移易雖然細微，仍能見出王懷祖著書行文之細密與不苟，並非照抄伯申原稿。可見懷祖在著《讀書雜誌》編入伯申原稿時有所修改，此亦從反面確证“引之曰”條目實出自伯申手筆。

（四）條目爲訂正《讀書雜志》而被《補遺》收録者

《稿本》條目，原爲糾正已刊之《雜志》，而被王懷祖收入《補遺》。在逐録過程中，也有改易。

《稿本》"析愿禁悍　忕急禁悍"條云：

> 《荀子·王制篇》"析愿禁悍而刑罰不過"，楊注：
> "析，分異也。分其愿愨之民，使與凶悍者異也。"又"忕
> 急禁悍，司寇之事也"，楊注："忕當爲析，急當爲愿，已
> 解上也。"引之案："析"當爲"折"，"折"之言"制"
> 也。謂制之使不敢爲非也。愿讀爲"傆"，《説文》："傆，
> 黠也。"言制黠桀之民，使畏刑也。忕亦折之譌，急亦愿
> 之譌。（圖十七）

楊注解"析"爲分異，解"愿"爲"愿愨"。伯申則以"析"
爲"折"之誤，"折"與"制"通，而"愿"讀爲"傆"。"析
愿"一條，《讀荀子雜志弟三》已立目解釋，文云：

> 析愿　扴急
>
> "析愿禁悍而刑罰不過"。念孫案："析愿"二字義不
> 可通，當從《韓詩外傳》作"折暴"，字之誤也。"折暴"
> 與"禁悍"對文，下文曰"如是而可以誅暴禁悍矣"，《富
> 國篇》曰"不足以禁暴勝悍"，皆以"暴""悍"對文，
> 則此亦當作"折暴禁悍"明矣。楊云："析，分異也。分
> 其愿愨之民，使與凶悍者異也。"此不得其解而爲之詞。
> 又下文"扴急禁悍，防淫除邪"，"扴急"二字語意不倫，
> 當亦是"折暴"之誤，下文"暴悍以變，姦邪不作"正承

此文而言，則當作"折暴禁悍"又明矣。楊云"'抃'當爲'析'，'急'當爲'愿'"，亦失之。（圖十八）

懷祖先在《荀子》書上批下一段文字云："下文十三頁作'抃急禁悍'，《韓詩外傳》三作'折暴禁捍'。下文云：'誅暴禁悍。'十五頁。《富國》篇九'不足以禁暴勝悍。'"①

而後依校語思路寫出此條，其解"析愿"爲"折暴"，殆以《王制》下文有"誅暴禁悍"與《富國》篇"禁暴勝悍"之"暴""悍"連文。由此解而連類將下文"抃急"兩字亦認爲是"折暴"之誤。比較父子兩人之解：以"析"爲"折"，已與文義近似，然進而以"折"通"制"，義更切合；"愿""急"與"暴"，字形不近，無由譌誤，"愿""偑"同音可通，"愿""急"字形相近。《讀荀子雜志》刊成於道光九年十二月，伯申此條必作於《讀荀子雜志》刊成之後，至少懷祖所見時在刊成之後，於是將其補入《王制篇補遺》中：

"析愿禁悍而刑罰不過"。念孫案："析"當爲"折"，"折"之言"制"也。《呂刑》"制以刑"，《墨子·尚同篇》引作"折則刑"。《論語·顏淵篇》"片言可以折獄者"，鄭注："魯讀'折'爲'制'。""愿"讀爲"偑"，《説文》："偑，音與愿同。黠也。"言制桀黠之民，使畏刑也，作"愿"者，借字耳。余前説

_____

① 王懷祖《荀子》校本，卷五，上海圖書館藏本，第7葉眉批。

改"愿"爲"暴",未確。《韓詩外傳》作"折暴",恐是以意改,未可援以爲據。下文之"誅暴禁悍",《富國篇》之"禁暴勝悍",文各不同,皆未可據彼以改此。又下文"扗急禁悍,防淫除邪","扗"亦當爲"折","急"即"愿"之譌。前改"急"爲"暴",亦未確。"急"與"暴"形聲皆不相似,若本是"暴"字,無緣譌而爲"急"。(圖十九)

王懷祖補寫此條時,並未照抄其文字。首先,就"析"字而言,加入《吕刑》和《論語·顏淵》兩例佐證。"愿"字則補"作'愿'者,借字耳"一語,揭明兩字同音通假關係。其次,伯申將《王制》正文"析愿禁悍""忬急禁悍"及楊注置前,而後作解,懷祖則以解"析愿"爲"制愿"是第一層次,而"制愿"誤爲"忬急"是第二層次,故分置前後,使層次清晰。再次,《讀荀子雜志弟三》既已有誤解,此處須有所交代,故補"余前説改'愿'爲'暴',未確"云云一句,澄清已刊之誤説。並用小字重複當年在《荀子》校本上之眉批與此"文各不同,皆未可據彼以改此"。此條據伯申説補寫,未標"引之曰"而仍作"念孫案",與王國維所説將"念孫案"塗改爲"家大人曰"適相反。推原懷祖本意,主要是要修改前説,若仍依常例將"引之案"改爲"引之曰",容易使人誤解"余前説改'愿'爲'暴'"亦伯申説,非唯有推諉之嫌,亦與《讀荀子雜志弟三》矛盾。若立足於前三點,是否可設想此條仍是王懷祖自爲之説，而非依據伯申《稿本》？仔細體味《稿本》與《補遺》如出一轍之關鍵語句"'析'當爲'折'，'折'之言'制'也"與"'愿'讀爲'傆'，《説文》：'傆，黠也。'言制黠桀之民，使畏刑也"，可以否定乃父自爲其説之推想。

《抄録稿》《行草稿》有而《稿本》所無條目，皆僅抄録原書，略作判斷，少有論據，實多未成稿，宜《雜志》或《雜志補遺》不予收録。雖然，其由抄録書名、篇名及原文之簡單判斷之不同條目，顯示出王氏父子撰作之初始形式。《稿本》二十一條，《讀荀子雜志補遺》收録者有七條，未收録者，或撰於《雜志》已刊之後，或解釋歧義，各有原因。凡懷祖收入《補遺》條目，文字語句皆有或多或少之增删移易，且依父子著述體式，均改"引之案"爲"引之曰"，唯涉及修正前説容易引起誤解者，仍標"念孫案"①。從王國維所見改"念孫案"爲"家大人曰"之殘稿，到以上所舉改"引之案"爲"引之曰"之遺稿，可以推想王氏父子撰作過程與著作體式。從王氏四種之"案"與"曰"切入，或可梳理其著作之所有權問題。

---

① 詳細可參見拙文《〈讀書雜志〉"補遺"殘稿校理》，《中國經學》第十四輯，廣西師範大學出版社 2015 年版。

三、王氏父子著作中"案"與"曰"術語解析

《王氏四種》中"念孫案""引之謹案""家大人曰""引之曰"等已廣爲人所熟知，然少有作深入分析者。筆者由王氏校本、殘稿、《稿本》、成書著作用語差異之啓迪，豁然悟徹"案""謹案""曰"及其主語之變換改易，蘊示王氏父子撰作之前後過程。以下試從"案"與"曰"術語與體式，來窺探王氏喬梓著作中發明、考證、執筆及修改潤飾之分野。

（一）存世王氏校本中之術語

懷祖年輕時所校《方言》及《吕氏春秋》校本，很少用"案"字。上海圖書館所藏王懷祖《方言》校本絕大多數是將某字改作某字，偶有夾注與浮簽，徵引《爾雅》《廣雅》《玉篇》之説和《説郛》本作某，其用"念孫案"者，僅卷一第十四條正文"由女而出爲嫁也"下有浮簽云"念孫案：'由女出爲嫁'，'由''猶'古字通，言自家而出謂之嫁，亦猶女出爲嫁耳"云云一百十五字，第十七條郭注"詐欺也"下有浮簽云"念孫按：'亟'字原注'詐欺也'，'也'字乃妄人所加"云云九十五字，第二十四條郭注"即大陵也"下有浮簽云"念孫

案：'墳'字注'即大陵也'，陵字本作'防'，俗儒改之耳"
云云九十二字。亦偶用"念孫謹案"字樣，如"黨、曉、哲，
知也"和"敦、豐、厖，大也"之天頭墨批①。

　　傅斯年圖書館所藏懷祖《呂氏春秋》校本，絶大多數皆不加
"案"字之直接校語，偶見有"謹案"或"案"，如《別類》"安
可推也"下，圈去"可"字，上有"謹案：'可'字疑後人所
加，注同"云云。亦有"昌齊案"云云（卷四《諭徒》"見權親
勢及有富厚者"浮簽），"引之云"云云（卷二十《召類》"雔於
前而不直"天頭批語，卷二十六《辯士》"熱別脩"天頭批語）
等②。對照其他校本，"謹案"很可能爲伯申所校。（圖二十）

　　上海圖書館所藏懷祖《管子》校本亦絶大多數不用"案"
字，直接寫校案語於天頭或行間。其用"念孫案"者極少，
《弟子職》"右執挟匕"下："念孫案：挟，即《曲禮》'羹之
有菜者用梜'之梜。"③《地數》"而葛盧之山發而出水"下：

---

　　① 以上參見張錦少《王念孫方言校本研究——兼論〈廣雅疏證〉所
引方言及郭注》附表，《王念孫古籍校本研究》，第 112－129 頁。華學誠
《揚雄方言校釋論稿》第五章，高等教育出版社 2011 年版，第 142－143 頁。
　　② 臺灣傅斯年圖書館王念孫《呂氏春秋》校本筆者未曾親睹，此據
張錦少《王念孫〈呂氏春秋〉校本研究》附録所録校語，《王念孫古籍校本
研究》，第 202－212 頁。
　　③ 王念孫《管子》校本卷十九，明趙用賢刻，上海圖書館藏，第十
葉。按此校語在"洪云"後，爲識別故也。

"念孫案：交字隸書作**夊**，與'夊'字相似。疑古本《管子》發作夊，因譌爲交也。"① 另一條是浮簽，《輕重丁》"通之杭莊之間"下，改"杭"作"抗"，加浮簽云："通之杭莊之間，念孫案：杭與抗同。《説文》抗古讀若康。《小雅·賓之初筵》篇大侯既抗，與張爲韻。《後漢·班固傳》《典引》尊無與抗，與王爲韻，李賢曰：'抗，讀曰康。'抗莊，即康莊。"② 其次有"謹案"校語，《四稱》"而大富之"下："謹案：富與稷、力、側、飾、貸、殖、伏、寧、德、式爲韻，之字衍文。玩注亦無之字。"③ "形正明察"下："謹案：形正，讀曰刑政。"《正》"致道其民，付而不爭"下："謹案：付，疑當作行。《勢》篇曰：行德而不爭。"④ 《地員》"三分而去其乘"下："謹案：《廣雅》：乘，一也。"⑤ 《地數》"吾欲守國財而毋稅於天下"下："謹案：稅，蓋與奪通。"《輕重乙》"一軻"下："謹案：軻，當讀檹。"⑥ 懷祖撰《管子雜志》，伯申時有質疑，懷祖《雜志》採入一百三十七次，《稿本》中"引之案"條目亦可佐證。且校本中懷祖校語有"引之曰'十萬當爲五萬'""泉當爲

① 王念孫《管子》校本卷二十三，第二葉天頭。
② 王念孫《管子》校本卷二十四，第十七葉a。
③ 王念孫《管子》校本卷十一，第十七葉a。
④ 王念孫《管子》校本卷十五，第五葉a。
⑤ 王念孫《管子》校本卷十九，第三葉a。
⑥ 王念孫《管子》校本卷二十四，第三葉a。

息”等，又有“引之案”字樣和浮簽。從兩人同校一書須有區別著眼，特別是父校在先，子校在後，則“謹案”很可能係“引之案”另一種表述。王氏父子校《管子》，已在嘉慶初年，時已實施經典正譌計劃，分工漸次明確，故“案”“念孫案”多爲父校，“謹案”“引之案”是子校，父校多而子校少，“引之曰”則是父校引子説（參見後文）。

推本王氏所校之書所以大多數不加“案”或“謹案”原因，殆其所有圈改、校語，皆王氏所改所案，爲省筆墨，無須贅加。非若迻録他人批校，須加姓名以別，如王氏《吕氏春秋》校本中“昌齊案”“引之云”等。有些“念孫案”適在“昌齊案”之後①，其爲區別意味顯而易見。若另書浮簽粘帖，則多加“念孫”、“引之”之名，以防浮簽脱落不易辨別故也。至於其他爲數不多之“念孫案”與“念孫謹案”，是初校隨意所加，抑是以後覆校或閲讀偶得時所補，今已無法徵實。

懷祖校勘《方言》在乾隆四十一年至四十四年獨居湖濱期

---

① 如《吕氏春秋·召類》“衆人以爲命，焉不知其所由”，校本有浮簽：“昌齊案：前《應同》篇作‘衆人以爲命，安知其所’，注：‘不知其所由也。’此以雨、影、所爲韻，不當於‘所’下著‘由’字，疑‘不’字‘由’字皆因前注而衍。”王念孫在陳氏浮簽上云：“念孫案：正文本作‘焉知其所’，下‘不知其所由’五字，乃是注文。今本作‘焉不知其所由’者，正文脱去‘知其所’三字，而注内‘不知其所由’五字又誤入正文耳。”此可徵實“念孫案”爲區別“昌齊案”而加。

間，是其早年校勘之一部小學書。《吕氏春秋》校本據張錦少推斷，當是乾隆五十四年至嘉慶十四年間所作①。而《管子》之校勘，王氏自云是《廣雅疏證》撰成之後，則始自嘉慶元年②，亦即是《讀書雜志》撰作之始。下文即以此時間節點來分析《廣雅疏證》《經傳釋詞》《讀書雜志》《經義述聞》四書之“案”與“曰”。

（二）王氏父子手稿、抄稿中之術語

王氏校本中出現最多者是“案”，少量是“念孫案”“引之案”“謹案”“引之曰”及其他如“昌齊案”等。史語所藏懷祖《經義雜志》二十條手稿中，用“謹案”者十四條，用“案”者一條，未標者五條，前後不一。（圖二十一）其“謹案”表示對李惇之尊敬③，或標或不標，乃抄録匆促。從常理而言，一人獨校或先校，不必連名加案，甚且“案”亦無須加；若第二人覆校，爲區別前人校語，須有區別標識，此時或連名加“案”或“謹案”等；至引述他人，自須標識名姓。

---

① 張錦少《王念孫〈吕氏春秋〉校本研究》，《王念孫古籍校本研究》，第 136 – 144 頁。

② 王念孫《讀管子雜志序》，《讀書雜志》點校本，上海古籍出版社 2014 年版，第 1039 頁。

③ 李惇生於雍正十二年（1734），長懷祖十歲，是其鄉先賢，學問品行皆優，念孫引爲學術知己。

前述《稿本》、《抄録稿》《行草稿》僅出現"案"和"引之案",其中七條"引之案"到《雜志》中轉成"引之曰"和"念孫案"(作"念孫案"另有原因,詳上)。分析從校本到稿本之過程,可設想其演進程序:校本中除胸有成竹之"念孫案""引之案"通常會由自己撰寫,其他大量圈改與簡單案語只是先抄録原文與傳注,"案"字加否無關緊要,《稿本》《抄録稿》《行草稿》無案條目可参証中;及其引據考證,一般加"案",或連名作"念孫案""引之案";到寫入《雜志》或《述聞》,則依題名而分賓主,主者稱"念孫案""引之謹案",賓者稱"家大人曰""引之曰"。

(三)《王氏四種》中之術語

《廣雅疏證》及《補正》共用"案"字六百八十八次[①],絕大多數是王氏父子案據文獻,説明字義,與一般案語無異。其中用"念孫案"者六條,五條出於正文,一條出於《補正》。正文五條分別在卷二下"鬱、悠,思也"條引閻若璩説後,卷五下"匪,彼也"條引顧炎武、惠棟二氏説後,卷七下"袍,長襦也"條引任大椿《深衣釋例》後,卷八上"劍珥爲之鐔"

---

① 此爲全書"案"字總數,其中也包括所引文獻中原有之"案"語,未能一一分別,然此類數量不多(唯卷七下解釋几案之"案"時有二十餘個"案"字),並不影響本文所欲揭示之旨要。

條引程瑤田《通藝録》後，卷九下"艫，舟也"條引洪亮吉《釋舟》後，皆加"念孫案"。《補正》一條在卷五下"酌，漱也"後，乃晚年所補①。用"謹案"者七條，一條係轉引許慎《五經異義》中之"許慎謹案"，一條係轉引應劭《風俗通》中之"謹案"，其他五條均用於戴震説或戴氏著作後。分別在卷一上"憑，滿也"條引戴先生《毛鄭詩考正》後，卷二上"膂，力也"條引戴先生《方言疏證》後，卷六上"淖淖，衆也"條引《毛鄭詩考正》後，卷七下"案謂之㯜"條引戴先生《考工記補注》後②，卷七下"轂篆謂之軑"條引《毛鄭詩考正》後。其他用"又案"者十九次，"今案"者六次。

懷祖前九卷引述伯申説作"長子引之云"或"引之云"，計二十六次。

王伯申著《疏證》卷十《釋草》，其用"案"者一百餘次，"引之案"者九次，"今案"者十六次，"又案"者八次，"余

---

① 此條先引《廣韻》文，加"案"引《士虞禮》《少牢饋食禮》注以解釋之，後引顔師古《漢書注》後又加"念孫案"引《士昏禮》鄭注以解釋之，體例與先前所撰《疏證》稍異。《廣雅疏證》，江蘇古籍出版社 1984 年影印本，第 429 頁下。

② 戴震於乾隆十一年（1746）二十四歲時作《考工記圖》，有圖無注，二十年（1755）初識紀昀，紀欲爲付梓，戴震乃續爲補注。付梓後仍名《考工記圖》，然書中先鄭後鄭注之後多有"補注"。參見紀昀序及《戴東原年譜訂補》，《戴震全集》，黄山書社 1995 年版，第六册，第 657－658 頁。

案”者二次。

案語固將就歷史文獻和前人之説予以評判述説。《疏證》八九十萬字，懷祖在約五百個“案”中，分出“案”“念孫案”和“謹案”三個層次。體味其區別之意，古人之説與文獻，人人得見，其起訖按覆可得，加“案”述説即可。前輩學人，或其説一時難尋，稱名以別之；同輩師友，其説或僅未成書稿，或僅翰牘往來之言，讀者難見而易混，故亦稱名以別之。故於前輩顧、惠、閻，同輩師友任、程、洪説之後皆稱己名，唯於其師戴震之説則用“謹案”，以示尊敬。伯申《釋草》中“案”“又案”“今案”“引之案”等無特殊區別意義。相對而言，懷祖用“案”“曰”用意明白，形式整齊，伯申則較爲隨意。以上是二王在嘉慶元年以前著作中使用“案”之狀況。

《經傳釋詞》之刻，陳鴻森謂在嘉慶二十三年前①，甚是。予又嘗考其成書、刊刻當在嘉慶十五六年以後②。而早在嘉慶初年，阮元《與王引之書》就已論及王氏喬梓究心虛詞之事。是其書撰作與修訂、增補過程前後十有餘年。今其作“案”者二十九次，其中“又案”三次，“今案”一次。“引之謹案”者僅二次，

———————

① 陳鴻森《〈經傳釋詞〉作者疑義》，《傳統中國研究集刊》第二輯，上海人民出版社 2006 年版，第 478 頁。
② 虞萬里《〈經傳釋詞〉整理序》，《經傳釋詞》，上海古籍出版社 2014 年版。

皆在"家大人曰"之後，即卷九"終衆"條下"家大人曰"和"袛多"條下"家大人曰"後。作"家大人曰"者六十七次，"家大人云"一次，"家大人説"五次，總計七十三次。然有幾條"此家大人説"後有"下同"，其引據參説又不止此數。

《讀書雜志》係嘉慶十六年至道光十年陸續所刊①，其中"案"和"曰"應用較然一致。凡懷祖之詮解，均用"念孫案"；引伯申説，均作"引之曰"。全書計用"念孫案"者四千二百十一次；"念孫謹案"者二次，皆在戴震説之後，一在《讀漢書雜志·西域傳》"三百餘里　三百里"條引戴先生《水地記》之後，一在《讀淮南子雜志·泰族》"乖居"條引戴先生《毛鄭詩考正》之後②。計用"引之曰"者六百六十九次，"引之云"者二次。縱觀全書，二次皆在《漢隸拾遺》中（《魯

①　雷夢水《古書經眼録》第四百十九條云《讀書雜志》最初刻墨釘本《漢書雜志》十六卷，次刻《史記雜志》《漢書雜志》《晏子春秋雜志》《逸周書雜志》《漢隸拾遺》《管子雜志》《太歲考》計四十三卷，道光十二年增刊《戰國策雜志》《墨子雜志》《荀子雜志》及《補遺》《淮南子雜志》及《補遺》四種，而"唯闕《太歲考》二卷"。齊魯書社 1984 年版，第 104 頁。按，《漢書雜志》未必刊刻最早，而抽去《太歲考》，似因已附入《述聞》，然筆者閲葉景葵藏本，《太歲考》小題作"經義述聞"加墨釘，則又似本欲附入《述聞》者，當時二王旨意，尚未能揣測也。

②　全書引"戴先生説"七條，兩條接"念孫案"，一條接"引之曰"（《楚辭》"啟《九辯》與《九歌》兮"條引戴先生《屈原賦注》，後接"引之曰"），四條在各條之末，作爲結束之證，故未接念孫案語。

相韓勑造孔廟禮器碑》《泰山都尉孔宙碑》各一）。《拾遺》爲讀碑之記，附入《雜誌》，故術語不統一。絕不出現“念孫曰”“引之案”字樣，如此劃一表述，可見《雜志》中父子之説表述形式已有一種約定。

《經義述聞》係擴展《尚書訓詁》而成，《訓詁》係伯申受父命而研習考證之作，成書較早，時未有體例約束，故稿本中案語形式紛亂不一，有“案”“引之案”“引之謹案”，亦有“引之聞之父曰”形式，而更多則是不著“案”字，直接引證解説，體現出早期重在肄習考證而疏於體式之痕跡。《經義述聞》初刻本刊成已是嘉慶二年。其中“案”和“曰”已與《讀書雜志》一致。凡伯申之説用“引之案”“引之謹案”（“引之案”大多出現在雙行小注中）。引乃父之説，均作“家大人曰”，如“子孫其逢”條，《訓詁》原作“引之聞之父曰：李進士成裕”云云，至初刻《述聞》改成“家大人曰：予友李進士成裕”云云。之後二刻、三刻沿襲此一格局，穩定統一。全書計“引之案”者四十九次，出現範圍：一是正文中小字，二是《春秋名字解詁》《太歲考》①，三是“家大人”外之前賢時哲②。“引之案”絕不出現

---

① 《爾雅述聞》中出現三次，皆在“引之謹案”後之重複案語，重複案語也有稱“案”者，與體例不矛盾。

② 古人如邢昺，前哲時賢如朱彝尊、惠棟、臧琳、錢大昕、段玉裁、齊召南、王紹蘭、李鋭、某孝廉等。

於“家大人曰”後。“引之謹案”者一千零五十四次,或在起首,或在引述經典和注解之後,但凡“家大人曰”之後欲加案説明,則絕對作“引之謹案”。計“家大人曰”者七百四十次,“家大人説”二次,“家大人引《穆天子傳》曰”一次,“家大人與李方伯書曰”一次,“説”“曰”同義;“家大人疏證”二次,蓋引《疏證》文。無“家大人云”,更無“家大人案”(持將“念孫案”改爲“家大人曰”者於此可以致思)。《述聞》引戴震説六次,皆作“戴先生”①,戴説之後,或接以“家大人曰”,或接以“引之謹案”“謹案”,既見其對乃父之師敬意,亦因“述聞”本有懷祖之説,故與《廣雅疏證》相同。

(四) 王氏父子所用術語分析

綜合分析《王氏四種》之“案”與“曰”,可從時間延續和著作分別中看出些許端倪。當懷祖中輟《説文注》《方言補正》而專注於《廣雅疏證》時,書中用“案”乃是一般形式下之案語。如欲區別人我之説,則加名稱“念孫案”,此亦常理。

---

① 引“戴先生説”七次,有二次共論一條。又引《毛鄭詩考正》説十三次,其中有與“戴先生”重複作“戴先生《毛鄭詩考正》”一次,作“戴氏《毛鄭詩考正》”一次,作“戴氏《詩考正》”者一次,作“戴氏東原”者六次,亦有直作“戴氏”者,更有引戴氏其他著作《聲韻考》《考工記補注》等,不一而足。其中亦不乏與戴氏觀點相左而略有微詞者,此或礙於認識而不得不爾。

唯於其師戴震，式敬有加，凡引其説，必用"謹案"。《經傳釋
詞》篇幅小，撰作時間長，其"案""曰"運用規律不甚明顯。
其二次"謹案"接續於"家大人曰"後，是恪守乃父尊敬師長
之範式。用"案"二十九次，而"家大人曰"有七十餘次，看
似未能全部恪守此一範式，實則因很多段落已"家大人"一
"曰"到底，無須再加"謹案"。如：

> 家大人曰：《爾雅》曰："曷，盍也。"郭注曰："盍，
> 何不也。"《書·湯誓》曰："時日曷喪。"《詩·有杕之
> 杜》曰："中心好之，曷飲食之？"曷，皆謂"何不"也。
> 説者並訓爲"何"，失之。

前引皆經典文獻，所謂"家大人曰"者，已是最後一句，且亦
此最後一句，所要證明之旨意已完，無須再加贅詞，故亦無
"謹案"。再如：

> 家大人曰：謂，猶"與"也。《史記·鄭世家》曰：
> "晉欲得叔詹爲僇，鄭文公恐，不敢謂叔詹言。"言不敢與
> 叔詹言之也。《漢書·高祖紀》"高祖乃書帛射城上，與沛
> 父老"，《史記》"與"作"謂"。"與""謂"亦一聲之轉，
> 故"與"可訓"謂"，"謂"亦可訓"與"。互見"與"
> 字下。

《史記》《漢書》皆懷祖校勘而有《雜志》者，此中例句必其所

提供。結論之後，僅"互見'與'字下"爲伯申語，即此五字，固不必再加"謹案"。有些"案"在"家大人曰"之前，有些包含在"家大人曰"中，非伯申案語，亦有無法切分者，更有一長段文字中有六七個"案"字者，總之，《釋詞》"案"語運用不若其他三種書簡約有規律。

《雜志》運用術語最有規律，除偶見"引之云"外，幾無例外。《述聞》術語亦大致規律，正文大字大致用"引之謹案"，注釋小字有用"引之案"。《春秋名字解詁》和《太歲考》係伯申著作，原單刊①，無"家大人曰"，三刻始附入，無須如"述聞"式敬。《雜志》和《述聞》術語運用具一致性，且規律地應用"念孫案""引之曰"和"家大人曰""引之謹案"術語，既是沿襲《廣雅疏證》在顧、閻、惠、任、程、洪說後加名爲區別人我之説形式，也顯露出王氏父子在二書撰作之先或初始時已有約定，決定二書由父子二人各有側重共同執筆合作完成。"引之謹案"之"謹"，既爲區別家大人説，也是沿襲乃父在戴震説後式敬之意。《雜志》四千二百十一次"念孫案"、六百六十九次"引之曰"和《述聞》一千零五十四次

———————————

① 孫殿起《販書偶記》卷九云："初刻菓本，首有題字云：丙子六月，元和李鋭尚之、仁和龔麗正暘谷、龔自珍璱人同讀一過，尚之籤出如干條。"丙子爲嘉慶二十一年（1816），刊刻當早於此，是《述聞》三刻之前已單刊。上海古籍出版社1982年版，第236頁。《周秦名字解詁》亦有嘉慶間單刊本，至道光三刻始附入。

"引之謹案"、七百四十次"家大人曰"①，已奠定父子在二書中各自用力的基本格局。至於具體到典籍例證增補、立論精麤、文辭謹嚴粗疏等等，應屬細枝末節，難以一一辨明，所謂大德不逾閑，小德出入可也。

（五）"案""曰"術語之實踐與著作權析微

認識二書基本格局後，進而觀察分析其具體運用。或"案"或"曰"之長篇大段考證，就表面形式判斷，固當文從其名，各歸其主。自王國維、劉盼遂師弟歸美與齡説出，伯申所案所曰之文字頻遭質疑與衛護。然此在原始手稿散佚後②，誠已無法質指，只能姑置勿論。茲就《雜志》《述聞》二書中父子二人合證一條者，予以分析。

1. 一詞兩字，父子各證一字。《讀墨子雜志五·備梯》"煙資"條云：

  "敢問客衆而勇，煙資吾池"。念孫案："煙"當爲"堙"。堙，塞也。《備穴篇》"救闉池者"，"闉"與"堙"同。引之曰："資"疑當爲"填"。堙、填皆塞也。"堙"

---

① 《雜志》另有"引之云"二次，"與引之説合"一次，《述聞》另有"家大人説"二次。
② 國家圖書館所藏稿本《經義述聞》《爾雅》《雜稿》共34冊，係二刻與三刻之清稿本，非二王原始初稿。

· 36 ·

"煙"、"填""資"亦皆字之誤。

一詞二字，前者分與父，後者分與子，若出於歸美之意，不亦煞費安排？意當時或懷祖校記於書端，伯申抄録成條，復籤記己意於下；或乃父書於浮籤，其子謹案於後，以備父親採擇。形式可有多種，補記則是其實。最後懷祖斟酌採録，記之於後。

2. 一句之中，父子各證一詞，合爲一條者。《讀墨子雜志六·號令》"北至城者三表"條云：

> 念孫案："北"字義不可通，"北"當爲"比"。比，及也。引之曰："三表"當爲"五表"，説見後"垂"字下。

同一句"北至城者三表"，父謂"北"當爲"比"，子謂"三表"當爲"五表"，既無論述，亦無他證。何以前者自説，後者歸之於子？因有"説見後'垂'字下"之文：

> 垂　捶
>
> "望見寇，舉一垂；舊本脱"見寇"二字，《襍守篇》"望見寇，舉一烽；入竟，舉二烽"，今據補。入竟，舉二垂；狎郭，舉三垂；入郭，舉四垂；舊本脱"郭"字，今據上文補。狎城，舉五垂。夜以火，皆如此。"引之曰："垂"字義不可通，"垂"當爲"表"。上文言候者各立其表，則此所舉者皆表

也。又此文曰"望見寇，舉一垂；入竟，舉二垂；狎郭，舉三垂；入郭，舉四垂；狎城，舉五垂"，即上文所謂"比至城者五表"也，今本"五"譌作"三"，與此文不合。則"垂"字明是"表"字之譌。隸書"表"字作"**表**"，"巫"字或作"**垂**"，見漢《魯相韓勅造孔廟禮器碑》。二形略相似，故"表"譌作"垂"。《通典·兵五》曰："城上立四表，以爲候視，若敵去城五六十步，即舉一表；橦梯逼城，舉二表；敵若登梯，舉三表；欲攀女牆，舉四表。夜即舉火如表。"此"舉表"二字之明證也。又案：《襍守篇》"守表者三人，更音'庚'。立捶表而望"，當作"更立表而望"，蓋一本誤作"垂"，一本正作"表"，而校書者誤合之，淺人不知"垂"爲"表"之誤，又妄加手旁耳。

參觀此條，方知前條"引之曰"確係伯申之説，前條旨在證"北"爲"比"，然一句之中，必須有一完整通順句意，而"三表"不詞，伯申有説，故略引之，並作參見提示。後條"引之曰"一大段，是否全部其説？若引隸書證"表""垂"形近一段，因懷祖作《漢隸拾遺》，熟悉漢隸字形，或其所增。至少後文"又案"之後必懷祖所補，若著眼於"又"字，則漢隸字形有可能爲其所補。此可見在分工之後，懷祖不無加工增補。與此條相似者尚有《讀晏子雜志一·内篇問上》"不豫"與《讀荀子雜志二·儒效》"豫賈"。徵諸《述聞》，亦不乏其例：

如原刻王伯申疏證《爾雅上》"從,重也"並未涉及其他①,三刻則立目作"從、神、祟,重也",兼釋"神、祟"二義。此以郭注云"神未詳",故引"家大人曰"解之,增出二百字許。當係伯申寫出此條後,因郭璞注未詳,父子暇時討論"神、祟"二字義訓,懷祖有解,伯申補之。原刻懷祖在疏證《爾雅中》"誥、誓,謹也"之後云"一曰誓,一曰誥,或言謹,或言戒,或言約束,其義一也",三刻本下有:"引之謹案:《楚語》曰:'近臣諫,遠臣謗,輿人誦,以自誥也。'自誥亦謂自戒敕也。"何以謂此乃伯申所補,因其在《國語下》"自誥"條下專門疏釋此詞,並引《爾雅》"誥、誓,謹也"及郭注爲證。"自誥"條二刻《述聞》無,係三刻所增,因《國語》文與《爾雅》訓釋相關,遂補例證於後。

3. 一句前後,父子各自分證半句。《讀管子雜志五·霸言》"一而伐之 文武具滿"條云:

> "一而伐之,武也。服而舍之,文也。文武具滿,德也"。念孫案:"一而伐之","一"當爲"二","二"與"貳"同。僖十五年《左傳》"貳而執之,服而舍之",文義正與此同。尹注非。引之曰:"文武具滿","滿"當爲

① 案,所謂原刻《爾雅》,係指嘉慶刻本《爾雅》與《太歲考》合刊本,國家圖書館、上海圖書館皆藏有王引之校改本,詳下文所述。

"備"，字之誤也。俗書"滿"字作"**滿**"，"備"字作"**備**"，右邊相似。尹注非。

《霸言》原文："一而伐之，武也。服而舍之，文也。文武具滿，德也。"尹注釋"一"爲"守一"，釋"滿"爲常用義。二王所解固然理順而冰釋，然一句前後，或統作"念孫案"，或歸美爲"引之曰"，何勞細分，徒費筆墨。參覈《管子》校本，懷祖先用紅筆在"一"上描加一畫，成"二"字。又在天頭批："僖十五年《左傳》'貳而執之，服而舍之'。貳、二古字通。"另有一浮簽云："一而伐之，念孫案：一當爲二。二與貳同。僖十五年《左傳》云：貳而執之，服而舍之。尹注非。"眉批紅字，浮簽黑字，當是不同時間所校。而二條正與《霸言雜誌》前半念孫案語相合。同葉又有一浮簽作："文武具滿　引之曰：滿當爲備，字之誤也。備字俗書作備，滿字俗書作滿，右畔相似。尹注非。"①與《霸言雜誌》後半相較，除"畔"改爲"邊"，文字全同。可見此條所證，實出父子各自校語，與歸美渾不相干。

4. 父證子補或子證父補。《讀荀子雜志四·王霸》"然常欲人之有啖啖然"條云：

"内不脩正其所以有，然常欲人之有"，又下文"不好脩政其所以有，今本"脩"誤作"循"，據上文改，"政"與

---

① 以上眉批與浮簽，具見《管子》校本卷九，第十二葉 b。

"正"同。啖啖然常欲人之有"。今本脱"然"字,據上文補。念
孫案:下文言"啖啖然",則上文"然"上亦當有"啖啖"
二字,而今本脱之。引之曰:"啖啖"猶"歆歆"也。《説
文》:"歆,欲得也,讀若'貪'。""歆"與"啖"聲近而
字通,故曰"啖啖然常欲人之有"。楊云"啖啖,并吞之
貌",則誤讀爲"啖食"之"啖"矣。

"内不脩正其所以有,然常欲人之有"一語在《王霸》篇前半,
"不好修正其所以有,啖啖然常欲人之有"一語在《王霸》篇
後半,兩者相隔甚遠。懷祖以其句式相同,故欲證後句"然"
前當有"啖啖"兩字。文勢至此已完,適引之於"啖啖"兩字
有説,因有下半段之證。校覈懷祖《荀子》校本,後半句"啖
啖然常欲人之有"上有一段批語,字迹似伯申之筆,文云:
"啖啖之言歆歆也。《説文》:'歆,欲得也。讀若貪。'上文之
内不脩正其所以有,然常欲人之有。"伯申揭示歆即貪,可使
文意怡然理順,故爲懷祖所採納。至於此條"'歆'與'啖'
聲近字通"以下文字,是伯申寫出供懷祖參證,抑是懷祖採納
伯申歆、啖相通説之後引而伸之的考證,已難以辨别。亦有懷
祖乙正文句,伯申在乙正文句上作字詞詮釋,使文意暢然明白。
《述聞·儀禮》"必殺全"條云:

> 《記》:"腊必用鮮,魚用鮒,必殺全。"家大人曰:
> "必"字在"殺"字上,則文義不順。"必殺全"本作

　　"殽必全"，與上文"行事必用昏昕""皮帛必可""制腊
必用鮮"，皆文同一例。《疏》曰："云'殽必全'者，義
取夫婦全節無虧之理。"是其證。……引之謹案：殽，牲
體也，俎實也。《士冠禮》醮辭曰"肴升折俎"，"肴"與
"殽"同。《大雅·既醉》箋曰"殽，謂牲體"是也。"殽必
全"者，謂豚之左右體全載於俎也。

懷祖證"必殽全"爲"殽必全"，伯申則進而證殽爲牲體，文謂
"豚之左右體全載於俎也"，以佐證父説。他如《讀逸周書雜志
四》"昏行□顧"條，懷祖據《治要》補出缺字"内"，伯申論
證"内"當作"罔"。《述聞·周易上》"乾師頤坎既濟言勿用"
條，"家大人"僅論證荀爽之説"殆不可通"，"引之謹案"則詳
證"勿用"爲"無所施行"。《述聞·爾雅上》"烈，餘也"條引
"家大人"説之後，伯申據《述聞·毛詩》中所寫"其灌其栵"
條作補充。類此父發其疑，子暢其意者，亦非尠見。

　　5. 父子於前後文共證一字，而説各不同。《讀荀子雜志
四·王霸》"故"條云：

　　　　"故道王者之法與王者之人爲之，則亦王"云云。引
之曰："故"當爲"曰"，上文"何法之道"云云是問詞，
此文"曰道王者之法"云云是荅詞。下文兩設問荅之詞，
皆有"曰"字，則此亦當然。今本"曰"作"故"，則義
不可通，此涉下文諸"故"字而誤。又下文"故一朝之日

也，一日之人也，然而厭焉有千歲之固，何也"。念孫案："故"字亦涉上下文而衍，"一朝之日"云云是問詞，則不當有"故"字明矣，《羣書治要》無"故"字。

伯申證前者之"故"爲"曰"，是涉後文而誤。懷祖連類而及，證下文"故"字乃涉上下文而衍。一誤一衍，結論不同。如若校記原已校出前後"故"字皆有疑，無論子或父撰寫論證，必會兼顧二"故"作一説明。三復此文，原書校記或僅質疑前一"故"字，伯申撰寫後由乃父定奪。懷祖在覈實前後文時，發覺後一"故"字《群書治要》恰無，當爲衍文，故以"念孫案"決之。①

前舉皆從形式上分列，亦有可從前後文義中意會伯申之詮釋，實從乃父立説中得到啓迪者。《述聞·左傳上》"從自及也 苟伯不復從"條：

"長惡不悛，從自及也"，杜注曰："從，隨也。"引之謹案：隨自及也，殊不爲詞。從，疑當作徒。言長惡不悛，無害於人，徒自害而已。隸書從字作𨑔，形與徒相似，故"徒"訛作"從"。《齊風·載驅》箋：'徒爲淫亂之行。'《釋文》：'徒，一本作從。'《列子·天瑞篇》'食於道徒'，《釋文》：'徒，一本作

---

① 按，校𧫷《荀子》校本卷七第五葉a有伯申眉批云："玩文理，'道'上似不當有'故'字。下文兩設問答之辭皆有'曰'字，此亦當然。"此即本條伯申説原始形態。伯申據此校記寫成本條，懷祖整理修飾，更作補充。可證筆者此前推測符合二王著述邏輯。

從。'《莊子·至樂篇》'食於道從',《釋文》:'從,本或作徒。'《呂氏春秋·恭塞篇》'承從多群',從,一本作徒。《史記·仲尼弟子傳》'壤駟赤,字子徒''鄭國,字子徒',《家語·七十二弟子篇》徒並作從。又成十六年《傳》:'韓之戰,惠公不振旅。箕之役,先軫不反命。邲之師,荀伯不復從。'杜注曰:'荀林父奔走,不復故道。'《釋文》:'從,徐子容反,音或如字。'家大人曰:杜言不復故道,故徐讀從爲蹤跡之蹤。'不復蹤'之語殊爲不詞。若從讀如字,則'不復從'下須加'故道'二字而其義始明。且林父兵敗而歸,未必不由故道也。從,蓋亦徒字之誤。邲之敗,舟中之指可掬,則徒衆之不反者多矣。故云不復徒。不振旅、不反命、不復徒,三者相對爲文。《晉語》作'邲之役三軍不振旅',亦指徒衆而言。

讀前段,伯申證"從"爲"徒"後,復又連舉六例從、徒異文,證據亦可謂充足。然讀後段,懷祖對"不復蹤"必須讀爲"不復徒"之字形句意與歷史背景均有闡述,方知其得白乃父之啓發。他如《述聞·公羊傳》"哆然"條,伯申謂"哆"同"誃",當從《爾雅》訓"離",實亦得之乃父《讀荀子雜志·王霸》"誃離"條之啓發。

以上例舉《雜志》《述聞》二書同一條中"家大人曰""引之謹案"和"引之曰""念孫案"並存者,非欲斷斷以爭著作權之歸屬,實欲展示父子撰著二書時之切磋、增補、完善之實情。將之與前文《稿本》《抄録稿》《行草稿》和三種校本參觀合證，可進一步復原由校本到成稿之中間環節。

明確二王書中"謹案"之涵義，可以推測三種校本中至少有部分"謹案"是伯申在覆校、撰作過程中偶有所得而加，其作用是區別與式敬。及其抄録該書篇名例句撰寫條目，則僅用"案"字即可，故《行草稿》《抄録稿》很可能從伯申原始手稿抄録而成。待壽同等整理伯申諸子類遺稿，示有所歸屬，故加題"引之"作"引之案"。當時撰作草稿時是否也各自標明"念孫案""引之案"，此父子間默契配合之事，難以推測。從《抄録稿》《行草稿》之"案"，到《稿本》之"引之案"，再到《讀書雜志》之"引之曰"，似草稿中不必寫"家大人曰"和"引之曰"，此乃續後父子分頭合成《雜志》和《述聞》時事。

（六）《讀書雜志》《經義述聞》中父子所佔條目比例

父子分撰《雜志》和《述聞》，各有側重。然統計"念孫案""家大人曰"與"引之曰""引之謹案"數量之比爲四千九百五十一與一千七百二十三①，懷祖所撰多出伯申近二倍。

---

① 按此以明標"念孫案""家大人曰""引之曰""引之謹案"者計，其中有一條出現二次、三次甚至多次，也有空缺未出現者，或用他人如陳觀樓等人爲説者，情況複雜，無法精確。但此並不影響整體比重。以下統計準此。

《讀書雜志》署懷祖之名，而不乏引述其子之説①。然相對《述聞》而言，《雜志》引述伯申説顯然少得多。如伯申説在《逸周書》中佔15.6%；《戰國策》中佔8.1%，《史記》中佔5.2%，《漢書》中佔4.4%，《管子》中佔22%，《晏子》中佔5.7%，《墨子》中佔38.2%，《荀子》中佔16.4%，《淮南子》中佔12%。《漢書》最少，《墨子》最多。《墨子》自《經説上》《經説下》《大取》《小取》四篇全是"引之曰"，中間僅夾一二條"念孫案"，推想此四篇大約由伯申完成，懷祖審閱編入時，補入一二條。又《備城門》以下接連有"引之曰"，然亦不時夾入"念孫案"，或爲伯申撰作而懷祖審閱纂輯時有所發明補充。《漢書雜志》中《律曆志》、《淮南子雜志》中《天文訓》及其律曆條目，多標有"引之曰"，此與其作《太歲考》有關，或當時相關條目多由其撰寫。

---

① "念孫案"與"引之曰"在《雜志》中具體數據如下：《逸周書》，"念孫案"一百四十六次，"引之曰"二十七次；《戰國策》"念孫案"一百二十四次，"引之曰"十一次；《史記》"念孫案"四百三十七次，"引之曰"二十四次；《漢書》"念孫案"一千零四十四次，"引之曰"四十八次；《管子》"念孫案"四百八十五次，"引之曰"一百三十七次，《晏子》"念孫案"一百四十八次，"引之曰"九次；《墨子》"念孫案"二百五十六次，"引之曰"一百五十八次；《荀子》"念孫案"五百五十次，"引之曰"一百零八次；《淮南子》"念孫案"七百八十七次，"引之曰"一百零七次；《漢隸拾遺》二十五條，"念孫案"九次，無"引之曰"；《餘編》"念孫案"二百二十三次，"引之曰"三十九次。以上僅就有"案""曰"者統計，《雜志》有些條目未加案，有些引陳觀樓等人説，故"案""曰"數與實際條目數不一，特此説明。下統計《述聞》同。

《餘編》共二百六十二條,"念孫案"有二百二十三條,"引之曰"三十九條,則伯申纂輯遺稿時仍按專書,並將自己心得同時編入。細化到條目,大部分皆三五條七八條"念孫案"夾一二條"引之曰",亦有十數條、二十餘條甚至三十條夾一二條"引之曰",少部分有二三條"引之曰"間隔等量"念孫案"。

三刻《經義述聞》計附條共二千一百三十四條①,出現"引之謹案"一千零五十四次,"家大人曰"七百四十次②。其有一條中二次"引之謹案"或"家大人曰"者,有一條中兼有"家大人曰"和"引之謹案"者,有引述"陳氏觀樓曰"及其他學人者,有附於前條未被計入者,更有《名字解詁》等篇不

---

① 此將《述聞》各卷附條和《名字解詁》中未釋者一併計入。
② 具體數據如下:《周易》"引之謹案"八十八次,"家大人曰"二十一次;《尚書》"引之謹案"七十五次,"家大人曰"三十三次;《毛詩》"引之謹案"九十三次,"家大人曰"六十一次;《周禮》"引之謹案"七十八次,"家大人曰"二十一次;《儀禮》"引之謹案"五十二次,"家大人曰"二十三次;《大戴禮記》"引之謹案"四十一次;"家大人曰"一百八十二次,《禮記》"引之謹案"一百二十八次,"家大人曰"七十九次;《春秋左傳》"引之謹案"一百三十七次,"家大人曰"八十六次;《國語》"引之謹案"九十三次,"家大人曰"八十二次。《春秋名字解詁》"引之謂"一次,"引之案"六次,"家大人曰"三次,明顯是引之所著。《春秋公羊傳》"引之謹案"四十二次,"家大人曰"十三次;《春秋穀梁傳》"引之謹案"四十六次,"家大人曰"十六次;《爾雅》"引之謹案"一百四十三次,"引之案"三次,"家大人曰"九十六次,"家大人說"一次;《太歲考》"引之案"十九次,無"家大人曰"。《通說》"引之案"一次,"引之謹案"三十七次,"家大人曰"二十三次。

加案語者，情況複雜，頗有出入。相對於《雜志》，《述聞》引述家大人説較多。"家大人曰"在《周易》中佔 19.3%，《尚書》中佔 30.6%，《毛詩》中佔 39.6%，《周禮》中佔 21.2%，《儀禮》中佔 30.7%，《大戴禮記》中佔 81.6%，《禮記》中佔 38.2%，《春秋左傳》中佔 38.6%，《國語》中佔 46.9%，《公羊傳》中佔 23.6%，《穀梁傳》中佔 25.8%，《通説》中佔 38%。《春秋名字解詁》用"引之謂""引之案"，且二百九十條中僅用七次"案"，"家大人曰"也只三次，可見此在父子約定之前已大致成書，後來附入，體式遂不統一，此當是伯申原書。《太歲考》無"家大人曰"，參觀《雜志》中《淮南子·天文訓》及其他天文曆法條目多有"引之曰"，《述聞·大戴禮記》之《夏小正》及《禮記·月令》等亦多見"引之謹案"，可推見天文律曆是其獨擅之技。然在此類條目中仍有多條作"念孫案"和"家大人曰"，各銜其名，文責自負，顯示出實事求是之學風。

《大戴禮記》三卷標目二百二十一條，《夏小正》下十二月後有"家大人"引《乾鑿度》補脱文一條未計入，則爲二百二十二條。其中"引之謹案"四十一次，有一條出現二次"引之謹案"①，實四十條，"家大人曰"一百八十二次，有四條出現

---

① 見卷上"如灌、修其灌廟"條。

二次"家大人曰"①，實一百七十八條。引"陳氏觀樓"説者六條，有三條與"家大人曰"同條②，獨立稱"陳氏觀樓曰"者三條③。"引之謹案"有七條是解決《夏小正》問題，天文曆法乃伯申強項，可見《大戴禮記》大部分是懷祖之作。其他《毛詩》《禮記》《左傳》，尤其是《國語》，"家大人曰"比例極高，推其源，或係懷祖早年校勘群經時之"經義雜志"叢稿，雖今存世古籍並未見有懷祖《國語》校本。

無論就《雜志》《述聞》二書之總比，抑或具體到一種典籍中之分量，王念孫均有重要作用。至於《述聞》中"引之謹案"與"家大人曰"之來源，論者不無猜測，兹亦當略予探究。

————————————

① 卷上"則入於小學小者所學之宫也""再爲義王、敬再其説"，卷下"進退工故其與人甚巧""辰故"條。

② 卷上"民皆有别則貞則正亦不勞矣""道遠日益云"，卷中"視邇所代"等三條。

③ 卷下"何一之彊辟""獨成之道""達道德者"等三條。

四、《經義述聞》部分條目尋蹤

　　《述聞》依書前之序分，有初、二、三刻。王伯申序作於嘉慶二年（1797）三月二日，是爲初刻。阮元序作於嘉慶二十二年（1817）春，是爲二刻。道光七年（1827）伯申又在嘉慶序之末以雙行小字補"合《春秋名字解詁》《太歲攷》凡三十二卷。道光七年十二月重刊於京師西江米巷壽滕書屋"三十五字，是爲三刻。（圖二十二）從版刻形態看，初刻每條一版或二版（甚者有三五版或更多者），互不相連，每條結束左下標識此條篇名，"經義述聞"四字在書口上部；二刻各條連續，書名簡稱"述聞"，刻在書口中部魚尾下，卷次省"卷"而僅標"一"、"二"、"三"。初刻三百六十條（存世各本條目有多寡，詳見後述），二刻增至六百十條，三刻超過二條條，總約八十萬字。從初刻經二刻到三刻，除條目不斷增加外，每條先以眉批或浮簽增補、修改、潤飾，而後再鈔録謄清，重新刻版。如此不斷增益，前後達三十年之久。《廣雅疏證》與《釋詞》成書早於《述聞》，《雜志》與《述聞》撰作時間相始終，皆自嘉慶初年直至道光七年、十年間。王氏喬梓於所撰著作中多相互參見，循其參見之思路，不僅可推知其撰作之先後及其關係，亦可從中探尋《述聞》部分條目觸發撰寫之因由。

（一）《述聞》與《疏證》相關條目

《廣雅疏證》撰於乾隆五十三年至嘉慶元年，其時《述聞》未作，即《述聞》之原始書稿《經義雜記》亦未成雛形，故《疏證》中既不見"述聞"，也不見"經義雜記"字樣。《述聞》初刻在嘉慶二年，三刻已在道光七年。今《述聞》中引《廣雅》爲證或"説見《廣雅》"者二百九十六次。就疏通先秦經典字義而言，徵引《説文》與《爾雅》以證，是事之經，理之常，今徵引《廣雅》如此其夥，與乃父在《疏證》中大量揭示漢魏古注譌誤與經典古義有關。

懷祖疏證《廣雅》多年之後，深知《廣雅》多古義，其訓釋多切合周秦經典，優於存世舊注甚多。又與《方言》訓釋反覆參悟，發明用古音求古義之理論。用《廣雅》古義與己所發明之理論，可糾正經典無數譌誤，或使經義更怡然理順。雖《疏證》中屢道古注"文義未安""失之""失其義久矣"等等，然礙於體式，未能大暢其旨。間嘗求代筆之人①，終無所

---

① 章學誠曾云："王懷祖御史嘗欲發明六書精義，意有所會，而無暇即筆於書，則曰願得其人授之以意，俾筆爲書，成即爲其人著述而不必著懷祖名，以商於余。"案，章氏轉述所謂"六書精義"，若僅一理論，何勞授受他人代筆，此當指以其"用古音求古義"之理論運用貫徹到詮釋周秦經典中去，茲事體大，非一朝一夕一薄册所可容，故欲求代筆者。章語見劉盼遂《高郵王氏父子年譜》後附"高郵王氏治學切要語"，《劉盼遂文集》，北京師範大學出版社 2002 年版，第 364 頁。

得。嘉慶元年前後，長子伯申習作《述聞》，其主要一途，即從《疏證》中檢其明言秦漢經籍文字魯魚或漢魏傳注譌誤者，轉從經籍文句立目，予以辨正駁斥。茲舉數條於下：

《述聞·尚書上》"嵎夷既略"條云：

> 嵎夷既略。家大人曰：《說文》："略，經略土地也。"《廣雅》曰："略，治也。"言嵎夷之地既治也。馬融曰"用功少曰略"，失之。

按，《廣雅》卷三下"略，治也"條云：

> 略者，《說文》："略，經略土地也。"《禹貢》："嵎夷既略"，是其義也。傳云"用功少曰略"，失之。

兩相對照，文字如出一轍，但立目論證之對象已變換。其改"傳云"爲"馬融曰"，殆因清人謂孔傳乃魏晉後人所偽，其文多因襲漢儒。《史記·夏本紀》集解引作"馬融說"，故改題之。《述聞》"嵎夷既略"條初刻已有，當係嘉慶初年據《廣雅疏證》析出。

《述聞·尚書上》"萬邦作乂 萊夷作牧 雲夢土作乂"條云：

> 家大人曰：《魯頌·駉篇》毛傳曰：作，始也。《廣雅》同。作之言乍也，乍亦始也。《皋陶謨》"烝民乃粒，萬邦作乂"，作與乃相對成文。言烝民乃粒，萬邦始乂也。《禹

貢》"萊夷作牧"，言萊夷水退，始放牧也。"沱潛既道，雲夢土作乂"，今本作"雲土夢"，乃宋太宗所改。説見段氏若膺《古文尚書撰異》。作與既相對成文，言雲夢之土始乂也。《史記·夏本紀》皆以爲字代之。於文義少疏矣。(圖二十三)

對照《廣雅》卷一"作，始也"王懷祖疏證，文字幾乎全同。"《廣雅》同"三字，懷祖在疏證《廣雅》時不可能有此文句；"今本作"云云，出於段玉裁《古文尚書撰異·禹貢第三》，段氏書作於乾隆五十年前後，而刊刻則在嘉慶間[1]，懷祖疏證卷一時亦無法徵引。校覈《述聞》初刻，無"《廣雅》同"與"今本作"注文，二刻有"《廣雅》同"而無"今本作"云云[2]（圖二十四），則知引段玉裁説爲三刻所補。《史記》作"雲夢土爲治"，以"作"爲"爲"，確實不精確，《讀書雜志》可立條糾正，今《讀史記雜志》未收，或以初刻《述聞》已收而略之。

以上兩條皆《述聞》初刻已收者，《疏證》已辨證經典或古注之失，《述聞》立目後即題云"家大人曰"。檢視、校覈《述聞》與《疏證》，大凡懷祖《疏證》中已指出漢魏舊注之非

---

① 此書孫殿起謂嘉慶間七葉衍祥堂刊，《經韻樓叢書》此書下未著年月，《中國古籍總目·經部》標作乾隆間，似不妥。

② 二刻云"言沱潛之水既道，雲夢之土始乂也"，知三刻刪去"沱潛之水既道"六字，更顯精煉。

者，《述聞》立目解釋時多題作"家大人曰"，幾無例外。由此推而廣之，即使《疏證》未明確正誤，但凡《廣雅》訓釋與漢魏傳注不同且優於漢魏傳注，亦皆可檢尋傳注，依經籍文句立目，予以辨正，延伸撰寫出一批條目。

三刻《述聞·周易上》"无祗悔"條：

> 初九，不遠復，无祗悔。《釋文》：祗音支，辭也。馬同，音之是反。韓伯祁支反，云大也。鄭云病也。王肅作禔，時支反。陸云禔，安也。九家本作禔，字音支。引之謹案：九家作禔是也。《廣雅》，禔，多也。《西京賦》曰："炙炰夥，清酤禔。"无祗悔者，无多悔也。……禔字以多爲意，以支爲聲，古音支歌二部相通，故支聲與多相近。……《說文》媞字尺氏切，從女多聲，或從氏聲作姼，是其例也，故多亦謂之祗。襄二十九年《左傳》'祗見疏也'，《正義》祗作多，云晉宋杜本皆作多，祗祗同音，祗與多通，猶祗與多通也。……若馬、鄭、王、陸四家之說，皆於文義未安，殆非達詁。

此從"祗""禔"形音義關係闡發，可謂幾無餘蘊。然若對照《廣雅·釋詁》"禔，多也"條王懷祖疏，可悟徹其來源：

> 禔者，《玉篇》音章移、之豉二切。《復》初九"无祗悔"，九家本作"禔"。《文選·西京賦》"清酤禔"李善注

引《廣雅》："敠，多也。"

王懷祖拈出《復》卦九家本異文，並用李善注引《廣雅》來解，但未指出馬、鄭、王、陸注釋是非。伯申由此啟發，由"无祇悔"而檢尋《釋文》，發覺馬融、鄭玄、王肅、陸績四人之解皆未安，於是敷衍成文。其所增飾者，在於貫通"祇""敠"聲符氏、多之聲韻通轉，使兩者關係怡然理順。《述聞》之考證顯然受《疏證》啟發，然《疏證》僅列異文，《述聞》則辨證是非，故題"引之謹案"。此條係三刻所增，由此知《疏證》始終是《雜志》《述聞》立目取材、引伸闡發之源泉。

二刻、三刻《述聞·尚書下》"遠乃猷裕 告君乃猷裕"條云：

"用康乃心，顧乃德，遠乃猷裕，乃以民寧，不女瑕殄"。引之謹案：當以"遠乃猷裕"爲句。《方言》曰："裕、猷，道也。東齊曰裕，或曰猷。"遠乃猷裕，即遠乃道也。《君奭》曰"告君乃猷裕"，與此同。"乃以民寧，不女瑕殄"，猶云乃以殷民世享耳。《傳》斷"裕乃以民寧"爲句，則不辭矣。又案：猷、由古字通，道謂之猷裕，道民亦謂之猷裕。上文曰："乃由裕民，惟文王之敬忌，乃裕民。曰：'我惟有及。'"皆是也。解者失其義久矣。

此辨正《書傳》失讀譌誤。雖未引《廣雅》，而亦本其"裕，道也"之訓。《疏證》云：

> 裕者，《方言》："裕、猷，道也。東齊曰裕，或曰猷。"猷、裕、牖聲竝相近。引之云：《康誥篇》："用康乃心，顧乃德，遠乃猷裕，乃以民寧，不女瑕殄。"舊以"裕"字屬下，讀"裕乃以民寧"，甚爲不辭，三復經文，當以"遠乃猷裕"爲句，謂遠乃道也。《君奭篇》云："告君乃猷裕。"與此同。下文云："乃以民寧，不女瑕殄。"猶云：乃以殷民世享耳。猷、由古字通，道謂之猷，道民亦謂之由裕，上文云："乃由裕民，惟文王之敬忌，乃裕民。曰：'我惟有及。'"皆是也，解者失其義久矣。

《疏證》"引之云"之前引《方言》文，當是懷祖所爲。《疏證》將"《康誥》"以下文字題爲"引之曰"，與《述聞》同。《述聞》此條本之伯申《尚書訓詁》，（圖二十五）初刻已收錄，文字幾無差別，可推知此條係伯申在五十五年入都侍父後，取《尚書》抽繹時所發明，當時即爲《疏證》引錄。其後稍經整飭，刊入初刻《述聞》。

另有一類，本之《疏證》，而《疏證》該條即伯申所撰，又與《述聞·爾雅下》訓釋相關。如二刻《述聞·周易下》"爲駁馬"條云：

"乾爲駮馬"。《正義》引王廙注曰："駮馬能食虎豹，取其至健也。"《集解》本作"駁"，引宋衷注曰："天有五行之色，故爲駁馬也。"引之謹案：駮、駁古字通。駁，赤色也。《豳風·東山篇》"皇駁其馬"，《釋畜》曰："騮白，駁；黄白，騜。"孫炎注曰："騮，赤色也。"蓋同是馬雜白毛者，而辨其赤黄之名。《釋鳥》曰："皇，黄鳥。"是古人謂黄爲皇也。《釋木》曰："駁，赤李。"司馬相如《上林賦》曰"赤瑕駮犖"，王延壽《魯靈光殿賦》曰"霞駮雲蔚"，薛綜注《東京賦》曰："霞，日邊赤氣也。"《大玄·數篇》曰"二七爲火爲駮"，范望注曰："如火行也。"是古人謂赤爲駁也。《廣雅·釋畜》馬屬有"朱駮"，《開元占經·馬休徵篇》引《禮斗威儀》曰："君乘火而王，其政和平，則南海輸駮馬。"注曰："駮馬者，黄赤色馬也。"蓋象火色赤也。乾爲大赤，故又爲駮馬耳。《魯頌·駉篇》《正義》曰："注《爾雅》者樊光、孫炎，於'騮白駁'下引《易》'乾爲駁馬'。"其證也。宋、王二説皆失之。（圖二十六）

《易》乾爲天、爲馬，王廙釋爲至健，宋衷解爲五行之色，皆不知駮與駁通，而駁爲赤色也。本條涉及《爾雅》與《廣雅》之《釋畜》篇，《廣雅疏證·釋嘼》"朱駮"條文如下：

《爾雅》："騮白，駁。"孫炎注云："騮，赤色也。"

駁，與“駮”同。《開元占經·馬占》引《禮斗威儀》云：“君乘火而王，其政和平，則南河輸駮馬。”注云：“駮馬者，黄赤色馬也。”謝莊《舞馬賦》云：“方疊鎔於丹縞，亦聯規於朱駮。”

釋文基本移植《爾雅》及孫注，引《禮斗威儀》綰合“駁”與“駮”之關係。《廣雅·釋嘼》爲伯申疏證，時在乾隆六十年，時間匆促，學問正在起步上升，故稍顯單薄。比至《述聞》，引證繁博。此條與《述聞·爾雅下》“騮白駁黄白騜”校覈，引證與結構相近。《爾雅下》云“辯見前‘爲駮馬’下”，則彼即據此條寫成。兩條内容相同，本可略省，蓋因陸德明《爾雅釋文》引吕忱《字林》“駁，馬色不純”，非《爾雅》本義，故著條駁之。伯申在疏證《廣雅·釋嘼》時不著名，一則二書體例未定，二則卷十下本題“引之述”，無煩贅詞，到《述聞》時已有術語約定，故《周易下》《爾雅下》兩條均題“引之謹案”。由疏證《廣雅》“朱駮”，衍生出《述聞·易》與《爾雅》二條，一化爲三，各有其用。

（二）《述聞》與《雜志》相關條目

《述聞》先由伯申習作，而後父子不斷增補成二刻、三刻，時間與《雜志》撰作相始終，孔庭之内，父教子承，父子切磋，故二書頗多關聯。今《述聞》中“辨見《讀書雜志》”或

"説見《雜志》者"二十六次，"説見《史記雜志》"者二次，"説見《管子雜志》"者三次，"説見《荀子雜志》"者一次。《雜志》中有"説見《經義述聞》"、"辯見《經義述聞》"者一百多次。兹舉例以明之。

《述聞·左傳中》"攝威之"條云：

> 十一年傳，則武震以攝威之。《釋文》：攝如字，又之涉反。家大人曰：之涉之音是也，攝與懾同，懼也，謂武震以畏懼之也。凡懼謂之懾，使人懼亦謂之懾，《吕氏春秋·論威篇》"威所以懾之"。字通作攝。《史記·刺客傳》"荆軻嘗遊過榆次，與蓋聶論劍，蓋聶怒而目之。荆軻出，蓋聶曰：'是宜去不敢留，吾曩者目攝之。'"目攝之，謂怒目以懼之也。《索隱》《正義》解攝字皆誤，辯見《讀書雜志》。《韓詩外傳》曰："上攝萬乘，下不敢敖乎匹夫。"並與此攝字同義。

此條專論《左傳》"武震以攝威之"之"攝"，引及《史記》荆軻與蓋聶事，云"辯見《讀書雜志》"。《讀史記雜志五》"目攝之"在辨證《史記索隱》解"攝"字之誤後，亦引及《左傳·襄公十一年》"武震以攝威之"與《釋文》，兼及《韓詩》。《讀史記雜志》嘉慶二十二年已成書，此條爲三刻所增，揣其在校刻《雜志》時從"目攝之"條得啓發，檢出《左傳》"攝威之"立目，挹取懷祖辨《史記》之文字來證此，故題

"家大人曰"。

《述聞·國語上》"弛孟文子之宅"條云：

"文公欲弛孟文子之宅"，韋注曰："弛，毀也，宅有司所居。"案：宅，文子所居，今云有司所居，非也。公欲毀之以益官。引之謹案：弛之言移也，易也。《集韻》："弛，餘支切，改易也。"《爾雅》："弛，易也。"弛宅者，以他所官室易之也。下文使謂之曰……則"弛"之爲"易"明甚，蓋移其宅於他所而後取其舊宅耳。下文又曰……亦弛宅之類也。古者謂易爲弛，《韓子·內儲說篇》："應侯謂秦王曰：上黨之安樂，其處甚勮，臣恐弛之而不聽，奈何？王曰：必弛易之矣。"《呂氏春秋·開春論》："魏惠王死，葬有日矣，天大雨雪，群臣諫於太子曰：請弛期更日。"高注曰："更，改也。"案：弛，易也，移也，謂移易其期日也。字或作施，《荀子·儒效篇》"充虛之相施易也"。《韓策》"公戰勝楚，遂與公乘楚，易三川而歸"，《史記·韓世家》易作施，《正義》以施爲張設，非是，說見《史記雜志》。是也。或作馳，《竹書紀年》"梁惠成王十一年，及鄭馳地，我取枳道與鄭鹿"，是也。韋以弛爲毀，則與"吾欲利子於外之寬者"不合，且下文曰易曰更，豈毀之謂乎？

此條辨《國語》韋注"弛，毀也"之非，謂"弛之言移也，易也"，"字或作施"，以《韓策》"易三川而歸"，《史記》作

"施"，自注"説見《史記雜志》"。考《讀史記雜志三》"施三川而歸"條，乃是因考釋"供待秦而到"而連類及之。懷祖駁斥張守節《正義》皆"施獣設"之非，謂"施讀爲'移'。移，易也"。施、弛聲符相同，伯申既云"説見《史記雜志》"，則此條亦可能在校刻《史記雜志》時受啓發而作，補入三刻。然既啓之於父，仍云"引之謹案"，是否屬於攘其説爲己有？仔細對勘兩條文字，《述聞》之立目文字，即伯申所針對解決之韋注，《雜志》未涉及；所引《爾雅》《集韻》《左傳》《韓非子》《吕氏春秋》等文獻，亦爲《雜志》所無，此條發明權在懷祖，而著作權在伯申，故其仍署"引之謹案"。三刻《述聞》即有"公如大夫入"一條：

> "公如大夫入"，鄭注曰："如，讀'若今'之'若'。"疏曰："大夫與主人爲禮，是其常。今本"常"譌作"當"。公則非常，故鄭讀如'若今'之'若'，謂大夫之於公，更無異禮矣。"引之謹案：下文"公升如賓禮"，賓禮已見於上文，故言"如"。此大夫入而賓主降之禮，上文所未有，不得遽言公如之也。《廣雅》曰："與，如也。""與"可訓爲"如"，"如"亦可訓爲"與"，《論語·先進篇》曰"方六七十，如五六十"，又曰"宗廟之事，如會同"是也。《史記·虞卿傳》"予秦地，如毋予，孰吉"，今本"如"上衍"何"字，辯見《讀書雜志》。《新序·善謀篇》

"如"作"與"。是"如"即"與"也。"公如大夫入"者，公與大夫入也。鄭讀"如"爲"若"，若，亦與也。《召誥》曰"旅王若公"，謂陳言於王與公也。（圖二十七）

訓"如"爲"與"，引及《史記·虞卿傳》，懷祖在《讀史記雜志弟四》"予秦地何如毋予執吉"條已發其義：

> "趙王與樓緩計之曰：'予秦地何如毋予，執吉？'"念孫案：此本作"予秦地如毋予，句執吉句""如"者，與也。《論語·先進篇》"方六七十，如五六十，宗廟之事，如會同"，"如"字竝與"與"同義。言予秦地與不予，二者執吉也。《新序》作"予秦地與無予，執吉"，是其明證矣。今本"如"上有"何"字者，後人據《趙策》加之也。《趙策》作"與秦城，句何如不與句"今本"不與"下又有"何如"二字，亦後人不曉文義而妄加之，辯見《趙策》。"何"與"執"同義，《趙策》言"何如"，則不言"執吉"。此言"執吉"，則不言"何如"，後人又加"何"字，斯爲謬矣。後人不知"如"之訓爲"與"，故妄加"何"字。

所以可以認爲伯申此條得懷祖《史記·虞卿列傳》啓發而撰寫。然在聯繫《經傳釋詞》卷七"如"條下有云：

> 如，猶"與"也，及也。《書·堯典》曰："脩五禮，五玉，三帛，二牲，今本改"牲"爲"生"，非。辯見《經義述

聞》。一死贄，如五器。"如者，及也。五器，蓋即五等諸
侯朝聘之禮器。自五玉以下，皆蒙上"脩"字言之。言五
玉、三帛、二牲、一死之贄，及所用之五器，皆因五禮而
竝脩之也。舊說"如五器"皆誤，辯見《經義述聞》。《儀禮·鄉
飲酒禮》"公如大夫入"，謂公與大夫入也。鄭讀"如"爲
"若"。"若"亦"與"也。說見"若"字下。賈疏謂"大夫之于
公，更無異禮"，失之。辯見《經義述聞》。《論語·先進篇》曰：
"方六七十，如五六十。"又曰："宗廟之事，如會同。"
"如"字並與"與"同義。《史記·虞卿傳》："趙王問樓
緩曰：'予秦地如毋予，孰吉？'"今本"如"上有"何"字，乃
後人所加。辯見《讀書雜志》。言予秦地與不予，二者孰吉也。
《新序·善謀篇》"如"作"與"，是其證。"如"、"與"
聲相近，故"如"訓爲"與"，"與"亦訓爲"如"，互見
"與"字下。

此條所用所證與《述聞》近同。《儀禮》"公如大夫入"用小字
作注，蓋以《述聞》已立條。既云"辯見《經義述聞》"、"辯
見《讀書雜志》"，則撰寫時間在前兩條之後，甚或前兩條寫
成，立即將其組織成文，歸入《釋詞》。"公如大夫入"不見懷
祖所引，故其題"引之謹案"。若云其攘竊父說，則其已標明
"辯見《讀書雜志》"，發明其義與撰著其文，脈絡清晰不混。

　　更有《述聞》與《雜志》相關，而皆爲伯申之説者，如：

《述聞·春秋穀梁傳》"此皆無公也"條云：

二十八年夏四月庚子，叔倪卒。《傳》曰："季孫意如曰：叔倪無病而死，此皆無公也，是天命也，非我罪也。"范注曰："言叔倪欲納公，無病而死，此皆天命使魯無君爾。"……引之謹案：無公乃宋公叔倪之事，故曰"此皆無公"，下句方言天命耳，豈得亂其次序，而曰"此皆天命使魯無君乎"？今案無公之"無"當讀"譕"，譕，古謨字。《爾雅》曰："謨，謀也。"《集韻》："謨，古作譕。"《管子·形勢篇》："譕巨者可與遠舉。"謂謀大也。說見《管子雜志》。譕公者，謀納公也。言違天者不祥，宋公叔倪之死，皆以謀納公故，故曰："叔倪無病而死，此皆譕公也。"謀納公者皆死，則是天之不使公還，非我不納公也，故曰是天命也，非我罪也。上文宋公佐卒於曲棘，傳曰："邡公也。"注曰："邡當爲訪，訪，謀也，言宋公所以卒於曲棘者，欲謀納公。"訪也，譕也，皆謀也，古字多假借，後人失其讀耳。

傳及范注皆不知"無"通"譕"，譕即謨，訓謀，無公即"謀公"，故橫生枝節。譕、謨異文，見諸《集韻》。《管子·形勢篇》云"譕臣者可以遠舉，顧憂者可與致道"，而《形勢解》有"明主之慮事也，爲天下計者，謂之譕臣"，慮、計兩字可證譕臣確爲謀臣。今《讀管子雜志弟一·形勢》"譕臣"條作"引之曰：'譕'與'謨'同"云云，是懷祖採伯申之說。《管

子雜志》撰作修訂過程甚長，直至嘉慶二十四年，《穀梁傳》
此條係三刻所增，時在嘉慶二十二年之後。"無公"新解疑即
在此一二年中窺破，因涉及《管子》之"讘臣"，不能兼説二
書，故分撰二條，此標"説見《管子雜志》"，"讘臣"條則爲
懷祖採入《管子雜志弟一》，改爲"引之曰"。與此類似者有
《述聞·國語上》"正月之朝"條云：

> "正月之朝，鄉長復事"。韋注曰："《周禮》正月
> 之吉，鄉大夫受法於司徒。"引之謹案：鄭注《周禮》"正月
> 之吉"曰："吉謂朔日。"吉日不皆在朔，辨見《通説》。韋意則用
> 鄭朔日之解。此言正月之朝，則指上旬而言，非專指朔日也。
> 《續漢書·五行志注》引《尚書大傳》曰："凡六沴之作，
> 歲之朝，月之朝，日之朝，則后王受之；歲之中，月之中，
> 日之中，則正卿受之；歲之夕，月之夕，日之夕，則庶民
> 受之。"鄭注曰："上旬爲月之朝，中旬爲月之中，下旬爲
> 月之夕。"是其證。《荀子·禮論篇》："月朝卜宅，月夕卜
> 日。"今本宅、日上下互易，誤也。辨見《讀書雜志》。月朝月夕，
> 謂上旬下旬也。又《管子·立政篇》曰："孟春之朝，季
> 冬之夕，正月之朔。"則朝非朔也①。（圖二十八）

---

① 二刻無帶點之字，其云"辨見《通説》"，必《通説》已撰成方始
可加。而《通説》據筆者研究是道光六七年間所撰，則此亦三刻後期所補。

此條已引《荀子·禮論》文而辨之，《讀荀子雜志弟六·禮論》"卜日卜宅"條下極簡單，即作"引之曰"云云。又按此條言"吉日不皆在朔，辨見《通説》"，《述聞·通説》下有"朔日不謂之吉日亦不謂之吉月"條，亦作"引之謹案"。伯申於天文曆法造詣頗深，王國維亦云其作《太歲考》《通説》爲宜，若《通説》此條爲其作，則《國語》此條及《荀子》之説皆一手所爲無疑，蓋才識、條目參見、術語三者一致故也。上引原文下帶點者爲二刻所無，是必後來所加。

（三）《述聞》與《雜志》《疏證》互見條目

《疏證》最早發明以古音求古義之則，於漢魏經文傳注之誤洞若觀火。後之《述聞》與《雜志》，多本《疏證》而證經文與傳注之誤。其有經、史、子皆誤者，則三書多互見互證。

《述聞·尚書上》"萬邦黎獻　民獻有十夫"條云：

> 引之謹案：《大誥》"民獻有十夫"，《傳》訓獻爲賢，《大傳》作"民儀有十夫"，見王應麟《困學紀聞》卷二。《漢書·翟方進傳》曰"民儀九萬夫"，今本"儀"上有"獻"字，後人據《尚書》加之也。孟康解民儀曰："民之表儀，謂賢者。"則正文本無獻字。辨見《讀書雜志·漢書》下。① 班固《寶車騎將軍北征

① "辨見《讀書雜志·漢書》下"，初刻作"《困學紀聞》引此已誤"。

頌》亦曰：“民儀響慕，群英景附。”《廣雅》曰：“儀，賢也。”蓋《今文尚書》說也。《爾雅》曰：“儀，善也。”《酒誥》曰：“女劼毖殷獻臣。”傳訓獻爲善。善、賢義相近，故儀、獻同訓爲賢，又同訓爲善也。古聲儀與獻通。《周官·司尊彝》“鬱齊獻酌”，鄭司農讀獻爲儀。郭璞《爾雅音》曰：“犧音儀。”《說文》曰：“犧，從車義聲。或作轙，從金獻聲。”又曰：“議，從言義聲。瀗，議皋也，從水獻聲。”《周官·司尊彝》：“其朝踐用兩獻尊。”鄭司農讀獻爲犧，皆其證也。《漢斥彰長田君碑》曰：“安惠黎儀，伐討奸輕。”《泰山都尉孔宙碑》曰：“乃綏二縣，黎儀以康。”《堂邑令費鳳碑》曰：“黎儀瘁傷，泣涕連漉。”黎儀，即《皋陶謨》之“萬邦黎獻”也。漢碑多用今文，此三碑皆言“黎儀”，則《皋陶謨》之“黎獻”今文必作“黎儀”矣。洪适《隸釋》讀“儀”爲㐌倪之“倪”，非是①。（圖二十九）

此條引《廣雅》“儀，賢也”之訓與《孔傳》合證。考《廣

---

① 此條初刻已有，然文字幾經增删。初刻小字“則正文本無獻字”下有“《困學紀聞》引此已誤”八字，國圖所藏 a02046 本上圈去此文，在地腳補上“辯見《讀書雜志·漢書》下”九字。二刻即據之增删。“《爾雅》曰：‘儀，善也。’《酒誥》曰：‘女劼毖殷獻臣。’傳訓獻爲善。善、賢義相近，故儀、獻同訓爲賢，又同訓爲善也”三十八字初刻無，國圖藏本寫於天頭，旁注“大字”。二刻據之刊入，三刻遂入二刻文字，無增删。

雅·釋言上》王懷祖疏證引"引之曰"云云，與此條文字相近，唯文下有著重號者爲彼文所無，殆撰此條時所增①。"漢碑多用今文"，今文，彼作"經文"，顯爲誤字，"今文必作'黎儀矣'"，彼作"漢世必有作'黎儀'者矣"，皆重撰時修正。"今本'儀'上有'獻'字"，小注云辨見《讀書雜志·漢書》，《讀漢書雜志十三·翟方進傳》"民獻儀九萬夫"條云：

> "宗室之儁有四百人，民獻儀九萬夫"。孟康曰："民之表儀，謂賢者。"引之曰：正文本作"民儀九萬夫"，今本"儀"上有"獻"字者，後人據古文《大誥》加之也。下文師古注曰"我用此宗室之儁及獻儀者共謀圖國事"，則師古所見本已有"獻"字。然考孟注及下文皆言"民之表儀"而不言"民獻"，下文曰："亦惟宗室之俊，民之表儀。"則此句内本無"獻"字明矣。案，古文《大誥》"民獻有十夫"，傳訓"獻"爲"賢"。……

上述文字據孟康注辨"獻"字爲衍文，且在中唐前已衍。所省略之文字，與《述聞》略同，唯"今文"與《廣雅疏證》同作"經文"，"今文必作'黎儀矣'"，則同《述聞》。由此可知，因疏證《廣雅》"儀，賢也"引及《大傳》異文，兼及《翟方進傳》衍文，而後依次敷衍，一化爲三，《疏證》最先，繼作

① 所增文字由初刻與二刻逐步完成，見前注。

《雜志》，再作《述聞》，書證略有增益，文字稍有改動，其要旨則近同。《疏證》爲"引之云"，《雜志》懷祖主筆，故作"引之曰"，《述聞》伯申主筆，則爲"引之謹案"，皆體式所定之用語。再將《述聞》此條之初刻、二刻、三刻互校，可疏理出由《廣雅疏証》到《述聞》初刻、《讀漢書雜志》"民獻義九萬夫"，再到《述聞》二刻、三刻之衍展過程。

又《述聞·左傳中》"農力"條云：

"世之治也，君子尚能而讓其下，小人農力以事其上"。家大人曰："農力以事其上"，與"尚能而讓其下"對文，則農力非耕田之謂也。《廣雅》：'農，勉也。'言勉力以事其上也。農力猶努力，語之轉耳。小人謂在下之人，亦非謂庶民也。下文云"是以上下有禮而讒慝黜遠，由不爭也"，然則小人農力以事其上，謂在下者皆勉事其上而無爭心也。下文又云"及其亂也，君子稱其功以加小人，小人伐其技以馮君子"，稱其功以加小人，則必不尚能而讓其下矣；伐其技以馮君子，則必不農力以事其上矣。故知農力者，勉力之謂，非耕田之謂也。《呂刑》云"稷降播種，農殖嘉穀"，言勉殖嘉穀也。説見《呂刑》。《管子·大匡篇》云："耕者農用力"，言勉用力也。説見《讀書雜志》。又云耕者"用力不農"，言用力不勉也。此皆古人謂勉爲農之證，杜未釋農力二字，故具論之。

此條係三刻所增，其引《呂刑》，並云"説見《呂刑》"，《述聞·尚書下》"農殖嘉穀"條云：

> "稷降播種，農殖嘉穀"。傳曰："後稷下教民播種，農畝生善穀。"家大人曰：農，勉也，言勉殖嘉穀也。"伯夷降典，折民惟刑；禹平水土，主名山川；稷降播種，農殖嘉穀"，皆言三后之恤功于民，非言其效也。《大戴禮·五帝德篇》曰："使禹敷土，主名山川，使後稷播種，務勤嘉穀"，文皆本於《呂刑》。務勤，即勉殖之謂也。《廣雅》曰："農，勉也。"襄十三年《左傳》曰："君子上能而讓其下，小人農力以事其上。"農力猶努力，語之轉也。《管子·大匡篇》曰：耕者"用力不農"，"有罪無赦"，此皆古人謂勉爲農之證。（圖三十）

"農殖嘉穀"條初刻已有，知"農力"條從此化出。兩條皆引《管子·大匡》，並云"説見《讀書雜志》"，《讀管子雜志三》"耕者農農用力"條云：

> "耕者農農用力"。念孫案：此文內多一"農"字，後人所加也。"耕者農用力"，此"農"字非謂農夫。《廣雅》曰："農，勉也。"言耕者勉用力也。下文云"耕者用力不農"，亦謂用力不勉也。《呂刑》曰："稷降播種，農殖嘉穀。"言勉殖嘉穀也。説見《經義述聞》。襄十三年《左

傳》曰："君子上能而讓其下，小人農力以事其上。"言勉力以事其上也。"農力"猶"努力"，語之轉耳。後人不知"農"訓爲"勉"，而誤以爲"農夫"之"農"，故又加一"農"字，不知耕者即是農夫，無煩更言"農"也。……"耕者"二字，上與"士"對，下與"工賈"對，是耕者即農夫，而"農用力"之"農"，自訓爲"勉"，非謂農夫也。

此條用"念孫案"，上兩條《述聞》用"家大人曰"，是兩書體式規定，釐然不紊。所可關注者二點，一是三條文字分別解決《吕刑》《左傳》《管子》中"農"字訓釋，然每一條皆引及另兩書例句，以見"皆古人謂勉爲農之證"。二是皆引及《廣雅》"農，勉"之訓。《廣雅》卷三上王懷祖疏證云：

農，猶努也，語之轉耳。《洪範》云"農用八政"，謂勉用八政也。《吕刑》云"稷降播種，農殖嘉穀"，謂勉殖嘉穀也。《五帝德篇》云"使后稷播種，務勤嘉穀"，義本《吕刑》也。襄十三年《左傳》云："君子尚能而讓其下，小人農力以事其上。"《管子·大匡篇》云：耕者"用力不農"，"有罪無赦"。此皆古人謂'勉'爲'農'之證，解者多失之。

閲此，知早在乾隆五十四五年間，懷祖在疏證《廣雅》"農，勉"之訓時，已認識到《吕刑》《左傳》《管子》之"解者多失之"，第當時是否已有草稿，未便懸測。及《疏證》完成，取家藏趙用賢《管子》詳爲稽核，恐已寫出此條或增飾草稿。伯申習作初刻《述聞》，正乃父校勘《管子》之時，茶餘飯後，殷殷訓誨，因刺取《疏證》中《呂刑》例，或秉持庭訓，或參考《管子雜志》原稿（或草稿），略事增飾，撰成定稿。因農、努聲轉由乃父發明，故皆題"家大人曰"。《左傳》"農力"已在《呂刑》"農殖嘉穀"條下引出，何以至三刻方始寫出編入？疑當時伯申以爲寫一條並引兩例，能事已畢。至《管子雜志》校刻時懷祖又將"農力"抽出詳加闡釋，意思更爲透徹，而後伯申再立《左傳》"農力"一條而疏证之，編入三刻《述聞》。

《疏證》"農"字下首引《洪範》"農用八政"，知乾隆末年懷祖曾解爲勉用八政。孔傳訓"農"爲"厚"，而《述聞·尚書》未立條。據《疏證補正》，懷祖在《疏證》"農"字下將"《洪範》云"等十三字勾乙刪去①，殆以此例訓"勉"不確。（圖三十一）推其勾乙時間，《疏證》刊成後二三十年中固無時不可，然其最有可能之節點，一是伯申抽出撰寫"農殖嘉穀"時，二則是懷祖撰寫"農力"時，爲其最須斟酌辨別字義之時也。由《疏證》而衍生出兩條《述聞》，一條《雜志》，二王撰述思路與歷程於此可見一斑。

---

① 王國維輯錄王念孫《廣雅疏證補正》，江蘇古籍出版社 1984 年影印本，第 422 頁下。

（四）《述聞》與《經傳釋詞》互見條目

《釋詞序》雖署嘉慶二年三月，而其刊梓則在二十三年前後，時《述聞》二刻已刊。觀二書中互有參見者①，蓋諸書或同時進行，或不斷補充，分別歸類。待積稿至一定量，而後刊刻。

《述聞·大戴禮記上》"寒日滌"條云：

"寒日滌，句凍塗。"傳曰："滌也者，變也，變而暖也。凍塗者，凍下而澤上多也。"引之謹案：日非日月之"日"，遍考經傳，無以"寒日"二字連文者。春日之日，亦不得謂之寒日。日當為"曰"。《說文》作𣍘，云："詮詞也。"字通作𦜹，又作聿，說見《經傳釋詞》。《爾雅》："粵、於、爰，曰也。""爰、粵、于，於也。"然則曰之為言爰也、於也。寒日滌者，寒氣於是乎變也，與《詩》言

① 經統計，《述聞》中"辯見《釋詞》"者四次（其中作"辨"者一次），"說見《釋詞》"者十六次，"詳見《釋詞》"者八次，"餘見《釋詞》"者一次，"見《釋詞》"者四次，"說見《經傳釋詞》"者一次，"見《經傳釋詞》"者二次，計三十三次。《釋詞》中"詳見《經義述聞》"三次、"說見《經義述聞》"者十一次，"說詳《經義述聞》"者二次，"辯見《經義述聞》"二十次（其中作"辨"者二次），計三十六次。《釋詞》中"辯見《讀書雜志》"者二十次（其中作"辨"者二次），"詳《讀書雜志》"一次、"說見《讀書雜志》"者一次，計二十二次。

"我東曰歸""其湛曰樂""見睍曰消""昊天曰明""昊天
曰旦"文義相似,曰字皆語詞也。説見《釋詞》。下文"越有
小旱",傳曰:"越,於也。"越與粵同,粵、曰聲之轉,
其義一也。傳曰:"滌也者,變也,變而暖也。"而不言日
氣,則其字作"曰"不作"日"可知。書傳曰、日二字相
亂,故"曰"誤爲"日"。或讀"寒日滌凍塗"爲一句,
而云春日暖,故凍釋而爲塗泥,則於寒字不相連屬,蓋古
訓疏而句讀亦舛矣。

此條兩次參見《釋詞》。《釋詞》卷二"欥聿遹 曰"條先引
戴震《毛鄭詩考正》,以欥等爲承上之語詞,伯申又博徵文獻,
引申闡發。此條例證皆出彼所引所釋,唯彼未涉及《夏小正》
此文。《述聞》此條二刻未收,乃三刻所增,可知此條寫在
《釋詞》之後,或即《釋詞》刊刻校覈時有所觸發,即取彼虛
詞之義詮釋經典譌字誤讀。彼作"引之案",此作"引之謹
案",體式所定,無關懷祖。

《述聞·春秋左傳中》"以卒"條云:

二十年《傳》:"賦《常棣》之七章以卒。"杜注曰:
"七章以卒,盡八章。"引之謹案:杜解"以卒"二字未
安,竊謂"以"猶"與"也。説見《釋詞》。卒,卒章也。
言賦《常棣》之七章與卒章也,卒下無章字者,蒙上
而省。

以、與之訓見《釋詞》卷一。"以卒"條係三刻所增，嘉慶二十二年二刻時尚無。《釋詞》"以"下引《襄公二十年》"賦《常棣》之七章以卒"例。知此條即從《釋詞》抽出立目，以指正杜預之誤。《釋詞》"以"下引《廣雅》"以，與也"之訓，覈《廣雅》卷三下懷祖《疏證》僅引《召南·江有汜》例，未及《左傳》，故《述聞》作"引之謹案"。

（五）《述聞》與《釋詞》《雜志》《疏證》互見條目

王氏父子四種著作，其刊刻雖有相隔多年者，而尋其撰作痕跡，多有同時或先後著筆者。蓋清人多以劄記爲著述之素材，其始也，各志其大略，其繼也，在補充成文。如《述聞·春秋公羊傳》"云災"條云：

> 二年《傳》："大旱之日短而云災，故以災書；此不雨之日長而無災，故以異書也。"何注曰："云，言也，言有災。"家大人曰：《廣雅》曰："云，有也。"詳見《釋詞》。"云災"，有災也。有災與無災相對爲文，何知云之爲言，而忘乎云之爲有，故以迂回失之。

此條指出何休《公羊傳注》之失，而云"家大人曰"，云"詳見《釋詞》"，蓋家大人有云已見於《釋詞》也。《釋詞》卷三"云員"條云：

　　家大人曰：云，猶"有"也。或通作"員"。《詩·玄鳥》箋曰："員，古文云。"《廣雅》曰："員、云，有也。"《文選·陸機〈答賈長淵詩〉》注引應劭《漢書注》曰："云，有也。"《書·秦誓》曰："雖則員然。"今本"員"作"云"，乃衛包所改。茲據山井鼎《七經孟子考文》所引古本及《漢書》韋賢、李尋二傳注所引更正。言雖則有然也。某氏傳曰："前雖有云然之過"。加"有"字於"云然"之上以釋之，不知"云"即"有"也。文二年《公羊傳》曰："大旱之日短而云災，故以災書。此不雨之日長而無災，故以異書也。""云災"與"無災"對文，是"云"爲"有"也。何注："云，言也。言有災。"亦不知"云"即"有"也。楊倞注《荀子·非十二子篇》引《慎子》曰："云能而害無能，則亂也。"言有能而害無能之人，則必亂也。又《荀子·儒效篇》曰："故人無師無法而知則必爲盜，勇則必爲賊，云能則必爲亂；人有師有法而知則速通，勇則速威，云能則速成。"言無師無法而有能，則必爲亂；有師有法而有能，則其成必速也。楊注曰："云能，自言其能也。"失之。《法行篇》曰："曾子曰：'詩曰：轂已破碎，乃大其輻。事已敗矣，乃重大息。其云益乎？'""云益"，有益也。

《釋詞》署名伯申，而此條仍云"家大人曰"，是即懷祖所說也。

其文已引《公羊》何注，並云其"不知'云'即'有'也"，故
《釋詞》標揭"家大人曰"，不爲攘竊。"云災"條爲初刻已有，
可見是早期劄記。《釋詞》中辨正楊倞《荀子·儒效注》之失，
今《讀荀子雜志弟二》有"云能 其云益乎"條云：

> "故人無師無法，而知則必爲盗，勇則必爲賊，云能
> 則必爲亂"。楊注曰："云能，自言其能也。"盧補校曰：
> "云能，當如《易·繫辭傳》之'云爲'，蓋'云'有旋
> 轉運動之義。'云能'二字，必當時有此成語，蓋即營斡
> 之意。"念孫案：下文云"人有師有法，而知則速通，勇
> 則速威，云能則速成"，則"云能"非自言其能之謂也，
> "知"、"勇"、"云能"皆出於天生，而非出於人爲，則
> "云能"非"營斡"之意也。今案：云者，有也。言無師
> 無法而有能，則必爲亂，有師有法而有能，則其成必速也。
> 楊注《非十二子篇》引《慎子》曰"云能而害無能，則亂
> 也"，云能，有能也。《法行篇》："曾子曰：《詩》曰：
> '轂已破碎，乃大其輻。事以敗矣，乃重大息。'其云益
> 乎?""云益"，有益也。古者多謂"有"爲"云"，《大
> 雅·桑柔篇》"民有肅心，荓云不逮"，言使有不逮也；
> "爲民不利，如云不克"，言如有不克也。"云"字或作
> "員"，《秦誓》曰"雖則員然"，言雖則有然也。今本
> "員"作"云"，乃衞包所改，今據《正義》及《漢書·

韋賢傳》注改正，以上三條説者多失其義，辯見《釋詞》。故《廣雅》曰："員、云，有也。"《文選·陸機〈答賈長淵詩〉》注引應劭《漢書注》曰："云，有也。"《晉語》"其誰云不從"，韋注曰："誰有不從。"

《儒效》篇楊注固失。考懷祖之校《荀子》，自謂"余昔校《荀子》，據盧學士校本而加案語，盧學士校本則據宋吕夏卿本而加案語"，故文中引述盧文弨語而非之，以此知其時間較早。具體撰作時間，猶可從其引《廣雅》"員、云，有也"得其仿佛。懷祖《廣雅疏證·釋詁卷一上》"仁、儱音籠、或、員、虞、方、云、撫，有也"條云：

　　員，與下"云"字通。《玄鳥》箋云："員，古文作云。"《文選·陸機〈答賈長淵詩〉》注引應劭《漢書注》曰："云，有也。"《晉語》"其誰云弗從"，韋昭注云："誰有弗從。"是"云"爲"有"也。《秦誓》"日月逾邁，若弗員來"，言"若弗或來"也。或，亦有也，"雖則員然"，言"雖則有然"也。《大雅·桑柔篇》"民有肅心，荓云不逮"，言"使有不逮也"。"爲民不利，如云不克"，言"如有不克也"。解者多失之。"云"又爲"相親有"之"有"，《小雅·正月篇》"洽比其鄰，昏姻孔云"，鄭箋云："猶友也，言尹氏與兄弟相親友。"襄二十九年，《左傳》"晉不鄰矣，其誰云之"，言誰與相親有也。

　　《釋詁》"員、云，有也"條在卷一靠前幾條，此必懷祖在乾隆五十三年初撰時所疏證。今其前引應劭《漢書注》、韋昭《國語注》爲證，後引《尚書・秦誓》《大雅・桑柔》爲佐證，與《讀荀子雜志》"云能 其云益乎"條所引相同，似可推測《荀子》此條或即疏證《釋詁》時同時或先後寫成。更可進而推知，《公羊》"云災"條與《釋詞》"云員"條撰寫，亦當在此時前後。第因《述聞》與《釋詞》歸伯申主持，其"念孫案"已依例改爲"家大人曰"，遂成今貌。

　　王氏四種中互相關聯之條目，可謂成片成串，若悉心梳理，皆可得其内在生發、延展之理路。以上對關聯條目撰著時間之推測，係立足清人撰作劄記常態，以及王氏父子原始手稿中改"念孫案"爲"家大人曰"之痕跡。以嘉慶元年父子分工合作——懷祖主持《讀書雜志》，伯申主持《經義述聞》和《經傳釋詞》爲時間節點，則此前凡懷祖劄記手稿之應歸入《述聞》與《釋詞》者，皆當改"念孫案"爲"家大人曰"，更以《疏證》之年份在乾隆末年，復結合諸條引述文獻之一致性與互聯性，大致判斷其撰寫時段。當然，前有發明撰述，時隔多年，更有觸發，再行增補，亦著作之常態，事理之所允也，故亦不敢理必。

（六）《述聞》中部分小字著作權甄微

　　《述聞・大戴禮記中》"朽木不知"條云：

　　"鍥而舍之，朽木不知"。"知"字宋本、元本及明程榮本竝同，自沈泰本始改"知"爲"折"，而朱本、盧本、孔本皆從之。家大人曰：作"知"者原本，作"折"者後人依《荀子》改之也。《晉書·虞溥傳》："剗而舍之，朽木不知。"所引即《大戴禮》文。《晏子·雜篇》："夫不出於尊俎之間，而知衝千里之外，其晏子之謂也。"知衝即折衝，後人不曉知字之義而刪去"衝"字，又於"晏子之謂也"下增"可謂折衝矣"五字，大謬。辨見《讀書雜志》。是知與折古字通，故《荀子》作"折"，《大戴》作"知"。孔以宋本作"知"爲譌字，非也。折於古音屬祭部，知於古音屬支部，支祭二部之字古或相通。《檀弓》："吉事欲其折折爾。"鄭注："折折，安舒貌。《詩》曰：'好人提提。'"《釋文》："折，大兮反。"《中庸》引《詩》："既明且哲。"《釋文》："哲，徐本作知。"哲之爲知，折折之爲提提，亦猶"折"之通作"知"也。他若《士冠禮》："緇布冠缺項。"鄭注："缺，讀如有頍者弁之頍。"《禮運》："故功有藝也。"注："藝或爲倪。"《說文》隉讀虹蜺之"蜺"。此皆支、祭二部相通之證。

《大戴禮記》"朽木不知"本自不誤，無須撰此，因盧文弨、孔廣森從沈泰本改作"折"，故辨改本之非。知、折文異而義同之說，發自乃父，故引《晏子》文爲證，云"辨見《讀書雜志》"。《讀晏子雜志二·內篇雜上》"知千里之外　可謂折衝矣"條云：

"仲尼聞之曰：夫不出於尊俎之閒，而知千里之外，其晏子之謂也。可謂折衝矣"。案：此文本作"夫不出於尊俎之閒，而知衝千里之外，其晏子之謂也"，無"可謂折衝矣"五字。"知衝"即"折衝"也。"知"、"折"聲相近，故字亦相通。說見《經義述聞·大戴記》。《荀子·勸學篇》"鍥而舍之，朽木不折"，《大戴記》"折"作"知"，宋、元、明本皆如是。俗本依《荀子》改"知"爲"折"，辯見《經義述聞》。是其證也。舊本"知"下脫"衝"字，而後人不知，又於"晏子之謂也"下加"可謂折衝矣"五字，謬矣。……

校讎《述聞》與《雜志》，知伯申"作'知'者原本，作'折'者後人依《荀子》改之也"一語，即約《雜志》"《大戴記》'折'作'知'，宋、元、明本皆如是，俗本依《荀子》改'知'爲'折'"之文，故題"家大人曰"。《雜志》辨知、折異文，關鍵在於"'知'、'折'聲相近"一句。《述聞》正文僅云"知與折古字通"，可謂未達一間。細味最後小字"折於古音屬祭部，知於古音屬支部"一段，全爲解釋"折""知"聲韻。伯申雖多言通假而少有剖析聲韻者，頗疑懷祖閱此稿後，以爲當辨明兩字聲韻關係，補述於後，遂以小字刊之。

同卷"順天之義，知民之急"條，伯申辨孔廣森從朱本作"知民之愚"釋爲"知民之隱"，謂仍元明本作"知民之急"爲是，云"急與服爲韻，若作戆，則失其韻矣"，亦未云急、服韻部爲何。急古音緝部，服古音職部，兩字非同部，言其相諧，猶當有説。今其下有小字分析、引證韻例者三段，第一段文如下：

> "急"於古音屬緝部，"服"讀如"匍匐"之"匐"，於古音屬職部，職、緝二部古或相通。《小雅·六月篇》"我是用急"，與飭、服、熾、國爲韻。《爾雅·釋訓》"愈、遐，急也"，與極、德、直、力、服、息、毒、忒、食、告、則、慝、職、鞫爲韻。亦猶"知民之急"與"服"爲韻也。又《井》九三"可用汲"，與食、惻、福爲韻。《大雅·思齊篇》"不諫亦入"，與式爲韻。《檀弓》"望望焉如有從而弗及"，與得、息爲韻。《管子·形勢篇》"蛟龍得水而神可立也，虎豹托幽而威可載也，風雨無鄉而怨怒不及也"，載讀若則。《淮南·兵略篇》："群臣親附，百姓和輯，上下一心，君臣同力，諸侯服其威而四方懷其德。"漢李延年歌："北方有佳人，絶世而獨立，一顧傾人城，再顧傾人國。寧不知傾城與傾國，佳人難再得。"此皆職、緝二部相通之證。

以上職、緝合韻之例，學涉專門，非熟稔於古韻者難言之。蓋王懷祖《毛詩群經楚辭古韻譜》卷下之弟十七下不僅有"急服《五帝德篇》'順天之義'五句"，亦列有《六月》《井》九三等韻例，唯《韻譜》中韻例未標明合韻，伯申即使查得，亦只能云"急與服爲韻"，而未必能析辨爲緝、職合韻。第二段"上文以靈、名、身爲韻"下有小字云：

> 《易·彖》《象》《繫辭》《文言》及《楚辭》諸子多以眞、庚二部通用。

第三段"遠、微爲韻"下有小字云：

> 《説文》遠從袁聲，袁從口聲，口讀若圍，則遠字亦可讀若圍。上文"聰以知遠"，與"微"爲韻，猶《豳風·東山》之"我徂東山"，與歸爲韻；《小雅·谷風》之"思我小怨"，與嵬、萎爲韻，此以元脂二部通用也。

眞、庚通韻例見《古韻譜·眞弟七》下，《東山》《谷風》韻例見《古韻譜·脂弟十三》下，皆懷祖早年分析所得，存有稿本。統觀《述聞》言協韻通假異文之例，明言其古韻部屬即可，極少如此詳注。推想急、服異文之辨，伯申或檢覈《韻譜》所得，或曾於庭前質諸乃父，懷祖教以急、服相諧。伯申成稿後呈上受教，懷祖頗覺有必要説明緝、職合韻之例以證其是，遂補述簽記於後。以此亦手教之庭訓，遂刊之於後。

　　《述聞》中小字補注形式多樣，情況複雜，故聊爲發喤，以供時賢循此深入研究。

五、從《經義雜志》到《經義述聞》

由《廣雅疏證》與《經傳釋詞》中"案"與"曰"之不甚劃一，到《讀書雜志》和《經義述聞》之整齊一律，推知乾隆末嘉慶初，王氏父子在著述前期有過約定，即"案"與"曰"之分工標記。《經義述聞》"引之謹案"與"家大人曰"之術語相對《讀書雜志》"念孫案"與"引之曰"而言，承載更多學術史內涵，關涉到《經義述聞》書名定名，以及與《經義雜志》之關係。

前文述所謂"王念孫手稿"流入到史語所，沉埋六十餘年之後，經李宗焜整理，編爲《高郵王氏父子手稿》一書，其有關經義之王懷祖手稿二十條，有幾條專門討論古聲韻，程霖君編目時登錄作"王念孫論韻十八條"，然有更多並非討論古韻，而是與《經義述聞》同類性質之考證文字，故編者李宗焜改題爲《經義雜志》（下從編者定名簡稱爲"《經義》"，以與《讀書雜志》簡稱相區別）。下先對《經義》略作考論。

（一）《經義雜志》作者、內容與性質

《經義》之末有王懷祖自記云："倉卒錄得十八條（引按，

實有二十條，因中有字少且末尾適至底部者，遂未被計入），
本欲再謄清呈閱，恐再遲則緩不及事，且案頭無書，不能考證，
衹據意見所到爲之，故多所未安，務祈考訂原書，重加改正。
文不成文，字不成字，惟知己諒之而已。念孫叩。"（圖三十
二）陳鴻森首揭《經義》"子孫其逢吉"條與李惇《群經識
小》之關係①。經覈有多條文字存《識小》中，可知此稿確係
王懷祖審閱校録《群經識小》文字。李惇係懷祖同里知交，懷
祖《群經識小序》謂自己"壯年有志於鄭許之學，考文字、辨
音聲，非唐以前書不敢讀也"，而環顧鄉里能有聲氣之應者唯
李惇等。"歲在丙申"，懷祖"乞假歸，進士始裒集説經之文，
顔以'群經識小'"。②丙申爲乾隆四十一年（1776），是《識
小》成書於斯時。懷祖四十年四月成進士，十月歸里。自後居
湖濱數年，李惇、賈田祖等時來別業論學歡聚。序云歲在丙申，
是指李惇《識小》裒集成書之年。乾隆四十五年（1780），懷
祖北上入庶吉士館學習，旋任四庫館篆隸校對官，出任工部都
水司主事等。觀"案頭無書，不能考證"云云，時必在任官期
間。李惇卒於五十年（1785），臆其《識小》裒集後並未即時

①　陳鴻森《阮元刊刻古韻廿一部相關故實辨正——兼論〈經義述
聞〉作者疑案》，"中研院"《歷史語言研究所集刊》第七十六本第三分，
第 450 – 451 頁。
②　王念孫《羣經識小序》，《王石臞先生遺文》卷二，《高郵王氏遺
書》，第 131 頁。

刊刻，數年後寄呈懷祖筆削，體味"本欲再謄清呈閱，恐再遲則緩不及事"一語，或李惇已急欲付梓，時當在四十六年至五十年之間，二十條經義考證文字即作於此時，且皆因《識小》而發①。在此前後，是否有類似之經義考證文字，雖未見有明確記載，然乾嘉學人，平居讀書多有劄記，王跋云"倉卒錄得十八條"，知所存遠不止此數。從四十五年盧文弨《與王念孫論校正大戴禮記書》所述，知懷祖校書多有辨證，劄記考證文稿必多積存，故於"案頭無書"時尚能揮灑自如。緣此，編者定名爲"經義雜志"，頗切其內容，然非有成書。

《經義》二十條，有《易》二條，《書》三條，《詩》三條，《周禮》一條，《儀禮》一條，《禮記》四條，《論語》一條，《説文》一條，《爾雅》四條。若爲懷祖針對《識小》隨手錄得，持與《述聞》相校，僅缺《大戴禮》《三傳》《國語》《名字解詁》《太歲考》《通説》而已，而《名字解詁》《太歲考》等固皆伯申後來所著。其撰作形式皆抄錄經文或注文文句，而後加案考證於下。中標"謹案"者十四條，標"案"者一條，未標者五條，前後不一，固是倉促隨手而錄，標"謹

---

① 就內容而言，此二十條中多言古韻相諧即合韻，及至有些條目寫入《述聞》，已刪除有關押韻論説。考懷祖入都後，於四十六年三月得孔廣森來函討論古韻分部，旋又得段玉裁《六書音均表》，而己所撰《古音二十一部》亦在進行中，與此相應，在劄記中出現後被刊落的相關論説，亦是時間印記。

案”與《廣雅疏證》引戴震説案語同，與《讀書雜志》異，殆是抄録給年長摯友時之敬稱，不可與《讀書雜志》《述聞》術語校論異同。

此二十條，後爲《述聞》收入者九條，收録後標“家大人曰”者七條，標“引之謹案”者二條。爲清眉目，列表如下：

《經義雜志》經名	例句	術語	《述聞》卷次	歸屬
《易·需·象傳》	不速之客來	謹案	第二卷十五頁	家大人曰
《易·比·象傳》	比，吉也	謹案	第二卷五頁	家大人曰
《書·洪範》	于其無好德	無	第三卷四十五頁	家大人曰
《詩·泂酌》	可以濯溉	謹案	第七卷二頁	家大人曰
《禮記·鄉飲酒義》	故聖人制之以道鄉人士君子	謹案	第十六卷三十八頁	家大人曰
《爾雅·釋詁》	嘸庬有也	謹案	第二十六卷四頁	引之謹案
《書·洪範》	子孫其逢吉	無	第三卷四十七頁	家大人曰
《禮記·檀弓》	瓦不成味	謹案	第十四卷二十四頁	家大人曰
《爾雅·釋詁》	基謀也	按	第二十六卷六頁	引之謹案

《經義》爲懷祖所撰，寫入《述聞》，標作“家大人曰”，符合父子約定之《述聞》體式。“不速之客來”一條，首有討論《象傳》行、常與中、終爲韻者，本條所要討論下句“敬之終吉”之“吉”後有無“也”字，與協韻無關，故《述聞》刪去。《經義》“比吉也”條，言朱熹《周易本義》以爲衍文，

實則《本義》無衍文之說。《述聞》改爲《朱子語録》，文在卷七十中；《經義》文字前後頗亂，卦爻辭引文無出處，《述聞》補出卦名，梳理爲四證，條理清晰。《經義》"于其無好德"條正文僅二十字，自注謂須查覈典籍：

> 《書·洪範》"于其無好德"，"德"字蓋因上節"予攸好德"而衍。此條須查《史記·宋世家》注補入，《史記》適不在案頭，故無從辨證。（圖三十三）

觀此條，與《觀其自養齋燼餘録》中《抄録稿》和《行草稿》相同，抄録要論證之原文，僅附判斷語。此見王氏四種原始體式，可溯源至懷祖早期之札記，整篇即從《史記·宋世家》切入，《述聞》衍爲三百多字一篇完整之考證劄記：

> "于其無好德，女雖錫之福，其作女用咎"，家大人曰：經文"好"下本無"德"字，且"好"字讀上聲，不讀去聲。《史記·宋世家》"于其毋好，女雖錫之福，其作女用咎"，《集解》引鄭氏《尚書》注曰："無好于女家之人，雖錫之以爵禄，其動作爲女用惡。"鄭讀"于其無好女"爲句，非也。然據此知"好"下本無"德"字，蓋"無好"二字，即承上"弗能使有好"而言，非有二義也。自某氏傳曰"于其無好德之人"，始加"德"字解之，然其時經文尚無"德"字，且"好"字尚讀上聲。考《釋

文》"于其無好"之下無音，至"無有作好"之下始音呼
報反，又於上文"予攸好德"之下，但云"呼報反"而不
云"下同"。又正義曰："'無好'對'有好'，'有好'謂
有善也。"然則"無好"之好，孔、陸俱讀上聲，而所見
本俱無"德"字明矣。自唐石經始作"于其無好德"，此
不過因傳有"德"字而妄加之。而蔡傳遂讀"好"爲"攸
好德"之"好"，不知"咎"訓爲惡，"好"與"咎"義
正相對，"無好"與"有好"亦相對。若讀爲"攸好德"
之"好"，則與上下文義不相屬矣。且"好"與"咎"，古
音正協。"皇極"一篇皆用韻之文，不應此三句獨無韻也。

懷祖先以《史記》校覈《洪範》，覺其不應有"德"字，第因
未知三家注情況，故云須查。既知鄭玄讀爲"于其無好女"，
雖決知康成所見《洪範》無"德"字。自唐石經據俗本加
"德"作"于其無好德"，蔡傳遂讀"好"爲去聲，而與"咎"
不相應。（圖三十四）

其他幾條亦是《經義》較爲粗疏而《述聞》則謹嚴有條
理。至於兩條改作"引之謹案"者，應予詳論。《經義》"幠庬
有也"條云：

《爾雅·釋詁》："幠、庬，有也。"郭注引《詩》曰：
"遂幠大東。"邢疏云："今《詩》本作'遂荒大東'。此
言'遂幠'者，所見本異也，或當在齊、魯、韓詩。"謹

案：荒、幠古字通。《禮記·投壺》"毋幠毋敖"，《大戴禮》作"毋荒毋敖"，幠即荒字，故言幠而不言荒，猶之"初載首基肇祖元胎俶落權輿，始也。"哉即載字，故言哉而不言載。（圖三十五）

此條立目爲"幠、厖，有也"，實則僅釋"幠"字。《述聞》此條標舉"厖，有也"，通篇釋厖與蒙通，厖、蒙訓"有"之證。只中間涉及一句：

《釋言》曰："蒙，荒，奄也。"蒙與厖同，荒與幠同，故郭引《詩》"遂荒大東"作"遂幠大東"，蒙厖、幠荒，皆謂奄有之也。

與懷祖要論證幠、荒關係異轍，故其題"引之謹案"無剽竊之嫌。

《經義》"基，謀也"條《爾雅》原文是："靖惟漠圖詢度咨諏究如慮謨猷肇基訪，謀也。"懷祖只辨證一字，文云：

《爾雅·釋詁》："基，謀也。"注云："見《詩》疏。"云"基者，君子作事謀始也"。按：如此言則是君子作事當謀基始，非訓基爲謀矣。考《禮記·孔子閒居》引《詩》"夙夜其命宥密"，鄭注云："《詩》讀其爲基。基，謀也。言君夙夜謀爲政教以安民。"此即郭所謂"見《詩》者"，而邢《疏》未之考也。基或爲諅，《後漢書·張衡傳》"回

志揭來從元諆”，注：“諆，謀也。”（圖三十六）

上文“云‘基者，君子作事謀始也’”一語是邢昺疏文，不加主語，易使人誤認爲郭注文。懷祖旨在指斥邢疏之誤，最後有揭出“基”異文“諆”。《述聞》以“惟基謀也”立條，文如下：

> 郭曰：“《國語》曰：‘詢于八虞，咨于二虢，度于閎夭，謀于南宮，諏于蔡原，訪于辛尹。’通謂謀議耳，如肇，所未詳。邵曰：“如通作茹。《周頌·臣工》云：‘來咨來茹。’《邶風·柏舟》云：‘不可以茹。’鄭箋俱云：‘茹，度也。’‘度’即爲謀，故《釋言》又云：‘茹，度也。’《大雅·江漢》云：‘肇敏戎功。’毛傳：‘肇，謀也。’”餘皆見《詩》。”引之謹案：郭言“餘皆見《詩》”，則“惟”、“基”亦見《詩》也。今案：《大雅·生民篇》“載謀載惟”，鄭箋曰：“惟，思也。”“思”與“謀”義相成，則“惟”亦謀也。蓋三家《詩》有訓“惟”爲“謀”者，故郭云“見《詩》”。褚少孫《續史記三王世家》曰：“維者，度也。”“惟”、“維”古字通。“度”亦謀也，“載謀載惟”猶言“是究是圖”，“弗慮弗圖”，“爰究爰度”，“來咨來茹”，“周爰咨諏”，“周爰咨謀”，“周爰咨度”，“周爰咨詢”，皆古人複語也。《爾雅》“惟”、“圖”、“詢”、“度”、“咨”、“諏”、“究”、“茹”、“慮”皆訓爲謀，則其義皆通矣。《康誥》曰：“周公初基作新大邑于東國雒”十二字連讀。鄭注以“基”爲謀。見《康誥》正義。某氏傳以“初

基"爲"初造基",於"基"上加"造"字以釋之,非是。《孔子閒
居》引《詩》"夙夜其命宥密",鄭注曰:"《詩》讀'其'
爲'基',基,謀也,密,靜也,言君夙夜謀爲政教以安
民。"鄭訓"基"爲謀,與毛傳異,毛傳:"基,始也。"蓋亦本
三家也,故郭亦云"見《詩》"。"基"或通作"惎",定
四年《左傳》"管蔡啟商,惎閒王室",謂謀閒王室也。說
見《左傳》。邵引《盤庚》"人惟求舊",《周語》"后稷始基
靖民",皆失之。"人惟求舊",與"器非求舊"對文,則"惟"爲語
詞,猶《呂刑》言"非訖于威惟訖于富"也。《周語》曰:"后稷始基靖
民。"又曰:"基福十五,基禍十五。"三"基"字文義相承,則基非謀也。

依立目而言,似欲辨證二字,而在論證"惟"字時,兼及"圖
詢度咨諏"等義訓。於"基"字,首引《康誥》及《正義》,
繼用《孔子閒居》,再辨毛傳、鄭箋異同,復舉異文"惎",最
後批評邵晉涵《爾雅正義》之誤,思維縝密,邏輯清晰。兩相
對覈,文字、旨意與懷祖不同,故題"引之謹案",亦無涉著
作權問題。

(二) 從王懷祖 "《經義雜志》" 到王伯申《尚書訓詁》與
《經義述聞》

　　王懷祖爲李惇作《群經識小序》前後,有群書劄記積稿,
卻無《經義雜志》書稿,即使撰作《廣雅疏證》之前或之中,

積稿容可不斷增多，仍未如李惇哀輯成書。蓋以《疏證》自乾隆五十三年始撰，至五十七年僅成四卷，六十年年中方成七卷。其間感歎官務繁劇，"終日碌碌，刻無寧晷"，"人事擾擾，殊非所堪"，"衰病之軀"，"日甚一日"，致有告老致仕之想①。一位曾以日注三字、期以十年成書者，在俗務纏身《疏證》未成之前，即使劄記積稿盈案，絶無時間捨此拾彼。《疏證》在伯申佐助下於六十年年底完成。嘉慶元年，《疏證》完稿付梓，理應拾取"經義雜志"叢稿整理，然其《讀管子雜志敘》云："余撰《廣雅疏證》成，則於家藏趙用賢本《管子》詳爲稽核，既又博考諸書所引每條爲之訂正。"② 竟未理《經義》之稿而轉去操《雜志》之觚，似匪夷所思。及至嘉慶二年初刻本《經義述聞》行世，方可悟其未曾棄置《經義》叢稿不理，而是撰著計劃因疏證《廣雅》、發明經義而有所更張。

1. 撰著計劃更張

王懷祖校注《説文》，補正《方言》，皆因師門或師友有著在先而擱置，似是浪工費時，轉而疏證《廣雅》，卻是因失而得。個中緣由，其在《敘》中已有透露，惜常人多泛泛讀

① 王念孫《又與劉端臨書》，《王石臞先生遺文》卷四，《高郵王氏遺書》，第 153 頁上。

② 王念孫《讀管子雜志敘》，《王石臞先生遺文》卷三，《高郵王氏遺書》，第 135 頁上。

過，忽略未省。敘云："博士張君稚讓，繼兩漢諸儒後，參考往籍，遍記所聞，分別部居，依乎《爾雅》，凡所不載，悉著於篇。其自《易》《書》《詩》《三禮》《三傳》經師之訓，《論語》《孟子》《鴻烈》《法言》之注，《楚辭》漢賦之解，讖緯之記，《倉頡》《訓纂》《滂喜》《方言》《說文》之說，靡不兼載。蓋周、秦、兩漢古義之存者，可據以證其得失；其散逸不傳者，可藉以闚其端緒，則其書之爲功於詁訓也大矣！"① 張揖所輯，所包如此之廣，尤可珍者，是保存不少失傳古義。援失傳古義印證周秦經典，可發明不少周秦經典正解，至少是優於不少漢魏舊注之解；挹經典正解校覈漢魏傳注，可紏正諸多存世傳注舊解譌誤。在訂正、疏證萬六七千字、成書八十餘萬、長達七八年時間裏，懷祖不僅對此有極其深刻之領略，更循乃師戴震四體二用六書理論，用聲音貫串訓詁，已紏正無數古注譌誤，積累大量原始資料。此時即使不改弦更張，僅將《疏證》中已揭示之經籍古義正解和已紏正之漢魏經師傳注譌誤，轉從各部經典文句與傳注立目，予以闡發辨證②，即可成一部大著作，其成就決非先前一經一

① 王念孫《廣雅疏證敘》，江蘇古籍出版社 1984 年影印本，第 1 頁上。
② 參觀前文《廣雅疏證》與《雜志》《述聞》相關條目之梳理比較，即可參悟其生發過程。

子校勘、十條百條剳記之比，其功用更在不改正文僅著異同
的校勘記之上。故懷祖在《疏證》過程中，正醞釀著一個覆
蓋盡可能多的周秦漢經典正譌計劃①。此一宏大計劃之實施結
果，既奠定了王氏父子在乾嘉考據學中學術的冠冕地位，也
改變了傳統語文學研究思路與方向。

2. 著書方式改變

方其獨得聲韻訓詁互蘊之旨，貫通經義奧蘊欲有所發揮，
卻困於冗務，牽於疾病，即《廣雅疏證》尚難完成，遑論其
他。若欲完成遠遠大於《疏證》之周秦漢經典正譌計劃，一人
之力絕難肩任，必須改變獨撰方式，故嘗遍求合作者。章學誠
曾述其心態云：“王懷祖氏自言所得精義，不暇著書，欲求善
屬辭者，承其指授而自著為書，不必人知所著本於王氏。”② 然

———————

① 道光二年（1822）朱彬致書王懷祖云：“前書詢及《管子》，夏
間始知已刊木，然私心所大願者，安得周秦古書一一皆經先生手定乎？”
此恐非一時興到之筆，或亦某人接謦欬於懷祖之意圖而傳之於師友間者。
羅振玉輯《昭代經師手簡》，華東師範大學出版社 2014 年影印本，第十
八葉上。（圖三十七）

② 章學誠《與邵二雲論學書》，《章氏遺書·文史通義·外篇三》，
商務印書館 1936 年版，第一冊，第 318 頁。按，章書無年月，《遺書》置
於《與邵二雲論修宋史書》後，修《宋史》書作於乾隆五十七年，則此
書在其後。劉盼遂輯錄懷祖治學要語引章學誠《信摭》一，意與此同，而
稱“王懷祖御史”，懷祖五十八年九月擢升吏科給事中，若章氏官職稱謂
紀實，則在五十八年九月之前。時懷祖正處於事遽病磨，《疏證》無法順
利進行，學術思想成熟，而佐助無人之際。

以久居京官，孑然一身，非若書院山長、宗藩大員可以驅遣學生、幕僚合力共纂，是以迄無所得。正當懷祖有求賢之想，而人才難得之際，適逢長子伯申入都侍奉。伯申自應順天鄉試不中式而歸，"亟求《爾雅》《說文》《音學五書》讀之，乃知有所謂聲音文字詁訓者"①。懷祖知其近數年間嘗究心於文字音韻訓詁之學，於是有意培養之。

　　3. 習作《名字解詁》與《尚書訓詁》

　　伯申五十五年入都，即以所見質於乃父。懷祖見其學業大有長進，即命習作《名字解詁》與《尚書訓詁》。《解詁》重在古義之辨識②，《訓詁》抽繹《尚書》虛詞實詞，辨識同音通假，側重於聲韻與訓詁之匯通，疑此係乃父試其音韻訓詁應用之能力。伯申所作，頗得乃父讚許，以爲"乃今可以傳吾學矣"。《訓詁》計二十三條，七條釋虛詞，後收入《釋詞》，十七條收入《述聞》（一條與《釋詞》重複）。觀其所解，已是《述聞》形式，即據訓詁、詞例等辨釋經文、古注之誤。其文多言"失其意矣"（"立"條）、"蓋失其傳久矣"

---

① 王引之《經義述聞序》，江蘇古籍出版社 1985 年影印本，第 1 頁。
② 乾隆五十五年（1790），念孫寓書劉端臨云："小兒頗有志於學，近作《周秦名字解詁》二卷，於古義間有發明，南歸後當令録出呈覽，幸先生教之也。"此引之進京侍讀最先之習作，已得乃父好評。《與劉端臨書之二》，《王石臞先生遺文》卷四，《高郵王氏遺書》，第 153 頁。

（“弔”條）、“解者失其義久矣”（“猷裕”條）、“文義未協”（“尚”條）等等，（圖三十八）已純然《述聞》口吻。二書之成，伯申嘗持之遍干京城鴻才碩儒，若汪中饋贈唐硯，許爲“可讀父書”，容甫不輕許人，以爲當代通儒僅八人，而王氏居其二①，翁方綱“覽而善之”，以爲有才②。王昶稱淮海四士，王氏父子亦居其二③。容甫卒於五十九年，其善贊時，伯申尚未中舉。莊述祖讀其《説文》古文及《名字解詁》，亦謂“義極精確”④。諸家之多伯申，縱使震於乃父聲名學問而虛譽客套，言過其實，而懷祖亦許爲“可以傳吾學”，則正與曾釗言伯申“博學負氣，不肯下人，懷祖患之”，使陳觀樓折之一事可正反印證⑤。若非“博學”，豈敢“負氣”，故當是實情真語。唯其好學深思，復又父子“授受一庭，無間寒

---

① 汪喜孫《汪容甫先生年譜》五十六年譜下，國家清史編纂委員會文獻叢刊《新編汪中集》，廣陵書社 2005 年版，第 36 頁。

② 王引之《翁覃溪閣學手札跋》，《王文簡公文集》卷三，第 204 頁下。

③ 王昶《四士説》，《春融堂集》卷三十五，《續修四庫全書》第 1438 册，第 46 頁上。王昶謂“給事中王念孫及其子國子監生引之有蒼雅之學”，懷祖乾隆五十八年擢給事中，時伯申爲國子監生，正在乃父指導下撰《尚書訓詁》，其成就已爲學界老成所首肯。

④ 莊述祖《致王引之書》，《昭代經師手簡》二編，第三十九葉。（圖三十九）

⑤ 曾釗《陳觀樓先生傳》，《面城樓集鈔》卷四，《續修四庫全書》第 1521 册，第 557 頁下。

暑，焚膏繼晷，中夜不輟"①，誠亦孺子可教。懷祖謂《廣雅
疏證》第十卷伯申所作，不言何時。意《解詁》與《訓詁》
作成稱乃父之意後，即已佐助《疏證》撰作②。以迥出儕輩
之資，侍奉乃父五年，潛心小學，習作《解詁》《訓詁》，佐
助《疏證》，所謂"特濡染家學，亦有助於速成，而大其所
業"也③。乾隆五十五年至六十年，正懷祖苦於官務，纏於病
魔，《疏證》撰作遲緩，遍求合作者而不得之時，有子如此，
遂定爲合作施行周秦經典正譌計劃之"善屬辭者"。

4. 由分工合作到分撰二書

《疏證》於嘉慶元年完成付梓，懷祖即轉而校勘《管子》，
甚或其他經典諸子。與此同時，伯申應在繼續熟悉乃父授意之經
典正譌計劃體式，擴充《訓詁》，嘉慶二年刻成之《經義述聞》
三百餘條，即其肆習之成果。懷祖有二十年積累之劄記，又有疏
證《廣雅》時糾正漢魏傳注譌誤之資料，其校勘經典諸子同時，
已逐漸形成分工合作之形式。所謂分工，即與伯申分別對以前所
校群書校記，擇其可考證者摘録成條，撰寫新稿；合一二十年來
已寫劄記，整理舊稿。如此積累數年之後，分隸到《雜志》與

① 王壽昌《伯申府君行狀》，《王氏六葉傳狀碑誌集》卷五，第35頁下。
② 參見虞萬里《王念孫〈廣雅疏證〉撰作因緣、時間、旨要再
議》，《史林》2015年第5期。
③ 張舜徽《清人文集別録》卷九，中華書局1963年版，第249頁。

《述聞》。所謂合作，即在邊撰邊編，將兩書中應互相參見之條目，作詳略不同之處理，或懷祖授意指導，伯申檢尋覆覈，或伯申撰寫初稿，懷祖審閱補充，切磋商討，以臻完善。王筠曾記王氏父子撰著配合之默契云：“初，尚書有所著，赴署後，先生手抄而增改之，以爲常，年逾八十猶然。《經義述聞》中屢書‘家大人曰’者是也。”① 王壽昌等云：“〔府君〕退食之餘，侍先大父，即以考訂爲承歡之具。”② 以考訂爲承歡之具，適可與懷祖以伯申爲“分則父子，情猶朋友”之感覺相印證③。將《稿本》與刊本《雜志》校覈，合《疏證》《述聞》《雜志》諸書互勘，並參據《述聞》小注，可證諸説信非虛構。積累之叢稿經史子集皆有，懷祖所以讓伯申司職經部，而自司於子史集之職，抑亦有因。一、伯申習作《述聞》已刊，不妨繼續。二、十三經注疏之校勘，盧文弨蓄意數十年④，雖有校勘，未及整理，終賷志以歿，

---

① 屈萬里、鄭時輯校王筠《清詒堂文集·傳記》，齊魯書社 1987 年版，第 177 頁。

② 王壽昌、彦和、壽同等《伯申府君行狀》，《王氏六葉傳狀碑誌集》卷四，《高郵王氏遺書》，第 34 頁。

③ 王筠《清詒堂文集》，第 177 頁。

④ 盧文弨於乾隆四十五年見到浦鏜《十三經正字》，四十六年獲見山井鼎《七經孟子考文》，遂於《周易註疏輯正題辭》中云：“余有志欲校經書之誤，蓋三十年於兹矣。”《抱經堂文集》卷七，乾隆六十年刻本，第 1 頁下。

其稿後歸阮元①，元建詁經精舍，輯《十三經校勘記》，盧實啓之。盧弟子臧在東於五十九年受知於阮元，王氏父子與元關係密切，自無不知。懷祖素不欲拾人牙慧，故避《説文》《方言》而疏證《廣雅》，既知有人整理，自不必再肩任經部。三、清初至乾嘉，校經者多，研子者少。史部名著錢、王、趙三書雖刊②，與懷祖所役異塗，子部書如《管子》《墨子》《晏子》皆簡斷文錯，難以卒讀，而攻堅涉難，險境獨造，是其性格，故自任子史集三部。四、以《雜誌》所附《餘論》觀之，《雜誌》至少包容《後漢書》《老子》《莊子》《吕氏春秋》等八部著作。《吕覽》已有校本，若全部完成，其篇幅將倍蓰扵今本《雜誌》，可覘懷祖成竹在胸，自肩重任。

5.《雜志》《述聞》定稿形式推測

在長達數年以至數十年分頭撰著過程中，父子共居一處，切磋交流，自在家常便飯之際，雖伯申求教受訓是其所常，然

————

① 蕭穆《記方植之先生臨盧抱經手校十三經注疏》云：“抱經先生手校《十三經注疏》本，後入山東衍聖公府，又轉入揚州阮氏文選樓，阮太傅作《校勘記》，實以此爲藍本。道光四年，吾鄉方植之先生客於廣東督署，曾以阮刻《十三經注疏校勘記》，借抱經先生原本詳校一過，上下四旁朱墨交錯。”《敬孚類稿》卷八，黃山書社 1992 年版，第 209－210 頁。

② 錢大昕《廿二史考異》刊於乾隆五十五年，王鳴盛《十七史商榷》刊於乾隆五十二年，趙翼《廿二史劄記》成書於乾隆六十年。王氏父子嘉慶初從事工作，當聞見其書。

其浸潤經典，父步子趨，不可能無一得獨見。二百年前門庭內之互動，今已無法復原，然研磨二書，仍不無蹤跡可尋。前文分析"案""曰"術語之實踐，已例舉多則父子共撰一條之實例，足見兩人交流析疑在文本上留有痕跡。若再衡以時間，更可窺測二書至少《述聞》必有一種定稿形式。如《尚書下》"小民乃惟刑用于天下厥民刑用勸"條，孔傳以"刑"爲"刑法"，懷祖曰："經言'刑用于天下'，不言'用法于天下也'。余謂《爾雅》'刑，常也'，言王在德元，則小民常用王德於天下也。"此條爲三刻所增，是時伯申亦在增補《爾雅述聞》"則刑職常也"條，徵引頗富，故用《尚書·多方》補充乃父之説。又《述聞·公羊傳》"哆然"條，楊士勛以"哆然"爲寬大貌，伯申非之，而以邵晉涵《爾雅正義》哆、誃音同義通訓"離"爲是。而文末有"家大人曰：《荀子·王霸篇》：'四方之國，有侈離之德。'侈亦離也。'侈'與'哆'同"一段補充文字。"哆然"條二刻所無，乃三刻所補，而懷祖《讀荀子雜志·王霸篇》有"侈離"條，謂兩字同義，亦引邵二雲説爲證，因伯申未引《荀子》爲旁證，故補之。《雜志》與《述聞》乃至《釋詞》中，父子同條共證者並非尠見。由有限之補充文字可推知，當時一人撰寫之後，很可能互審其稿，至少懷祖會審閱或部分審閱伯申之稿，唯審閱後需補充者畢竟是少數，故同條共證未遍及全書。前文述及《述聞》中小字有爲懷祖補充者，由此延展，二書中除參見與標注性小字外，其他則需從審閱角度作深入研究。

6. 《雜志》《述聞》書名含義

清儒考證之著多有以"劄記""古義""雜志""雜記"名者。懷祖以刊成之叢稿定名《讀書雜志》，揣其原本即欲以"雜志"名。及其更張、實施經典正譌大計劃，叢稿包容四部，後經部分出爲"經義雜志"，其餘三部若用"史子集雜志"，名實不雅，故改稱"讀書雜志"。"經義雜志"積稿必多懷祖先前所校所撰，若《大戴禮記》《左傳》《國語》等是。及伯申試手，趨承庭訓，退録緒言，摘録校記，蒐輯旁證，日積月累，纂輯成書。比式《讀書雜志》，似當名"經義雜志"，然付梓時以"經義述聞"名，中心詞在"述聞"。述趨庭所聞，此《述聞序》初刻、二刻、三刻不變之辭。中心詞一改，性質轉成"撰録"，內容既已爲且撰且録，作者自變成二人，而用語亦既有"引之謹案"，復有"家大人曰"，名實相符，賓主斯分。故不僅懷祖仍將《述聞》視爲己作，伯申亦不斷增益，至乃多出懷祖一層。懷祖尋求善屬辭之合作者，既"不必人知所著本於王氏"，今與兒子合作，書中又標明"家大人曰"，故直署"高郵王引之"而絶無著作權問題。然父摯師友之間，固莫有疑義也。

7. 王念孫及師友眼中之《述聞》

嘉慶十一年間，臧庸寓書懷祖云："大著《經義》已有成

書，並乞頒讀是荷。"① 時無卷次葉碼之初刻已成，臧索要而謂
"大著"，是知伯申述父説也。懷祖《致宋小城書一》云："念
孫於公餘之暇，惟耽小學，《經義述聞》而外，擬作《讀書雜
志》一書，或作或輟，統計所成，尚未及三分之二，刮劂正未
有期也。"② 陳鴻森考定此書撰於嘉慶十五年（1810）七月王懷
祖休致之前③。按，此函前文提及《諧聲補逸》一書，更可推
書作於嘉慶八年至十一二年間④。時《述聞》初刻已行，懷祖
猶如此視《述聞》。同門段玉裁寓書懷祖云："《經義述聞》喬
梓之學，俱精詣造極，將來更有《讀書雜志》，如竹汀《養新

---

① 《臧庸致王念孫書二》，羅振玉輯《昭代經師手簡》，華東師大出
版社 2014 年影印本，第廿六葉 B。（圖四十）

② 王懷祖《致宋小城書》之一，羅振玉輯《王石臞先生遺文》卷
四，《高郵王氏遺書》，第 154 頁上。

③ 陳鴻森《阮元刊刻〈古韻廿一部〉相關故實辨正——兼論〈經義
述聞〉作者疑案》，第 451 頁。王章濤《王念孫、王引之年譜》繫於嘉慶
十五年春夏間。廣陵書社 2006 年版，第 176 頁。

④ 函云"《諧聲補逸》一書，闡發古音，洵有功於許氏，惜無由奉
讀耳。《爾雅》郭注亦非全璧……足下欲作《集注》，以補前人缺失，疏
通而證明之，誠不刊之盛事也"。按，宋保先作《諧聲補逸》，次撰《爾
雅集注》，此函當是撰著《集注》前，因念孫已成不刊名著《廣雅疏證》，
又係鄉先輩，故致函請教。《補逸》刊於嘉慶八年，無由奉讀，似當已刊。
懷祖《致宋小城書二》云"大著《諧聲補逸》分別精審，攻究確當"，則
十六年之前已拜讀其書。

録》最妙。"① 此嘉慶十一年間書，時《述聞》才初刻。至嘉慶二十年前後，友摯固認爲《述聞》是喬梓共同之著。二十三年三月，許宗彦致函王伯申，云"春歲從小雲世兄處奉到手函並《經義述聞》全帙，忭幸無似。亡友藏在東嘗云閣下橋梓小學出六朝人之上，真不誤也"②。（圖四十一）阮元爲懷祖作《墓誌》，亦云"子引之撰《經義述聞》，亦多先生過庭之訓，故高郵王氏一家之學海內無匹"③。則伯申朋輩亦持同著之見。焦循寓書王伯申太史云："六月十三日接得手書一通，大作《經義述聞》一部，第一條辨'奤'字，便見精覈之至。"④ 此"夕惕若厲"條乃"家大人曰"，焦氏稱"大作"，固知其述聞於大人者；陳奐寓書伯申云"賜到大著《述聞》"云云，皆以致書對象而言，並不專屬伯申也。

8. 發明權與著作權

《雜志》《述聞》對四部經典字詞文句正譌辨誤，塗轍多

---

① 《段玉裁致王念孫書五》，羅振玉輯《昭代經師手簡》，華東師大出版社 2014 年影印本，第十一葉 A。

② 羅振玉輯《昭代經師手簡》二編，第三十八葉 A。又前書二亦有"手書及《經義述聞》快讀一過，何減麻姑蟬處搔也。橋梓何音漢之向、歆"之語，七葉 A。

③ 阮元《王石臞先生墓誌銘》，《碑傳集補》卷三十九，上海書店 1988 年影印本，第四冊，第 3568 頁上。

④ 焦循《果堂札記·乙丑手札》，《焦循詩文集》，廣陵書社 2009 年版，下冊，第 638 頁。

端，然其最主要原則，亦即懷祖數十年校勘經籍、疏證《廣雅》所歸納之方法——"就古音以求古義，引伸觸類，不限形體"①，或云"以聲求義，破其假借之字而讀以本字"，蓋"説經者期於得經意而已，前人傳注不皆合於經，則擇其合經者從之，其皆不合，則以己意逆經意，而參之他經，證以成訓，雖別爲之説，亦無不可"②。此一方法源於懷祖對周秦經典譌誤之深刻認識——"詁訓之指存乎聲音，字之聲同聲近者，經傳往往假借"，於是"諸説並列，則求其是；字有假借，則改其讀"，③此即其自謂獨得之"精義"。即此精義，揭示出混亂經典千古之秘。筆者以爲，二王著作，若以今人署名著作權分之，必紛紜異説，即使原始文稿顯現於世，仍難平息爭端。若熟翫二王書序，籀讀其内容，審知懷祖獨窺經典奧閫，發明假借旨意，建立推求方法，構築古音部居。而伯申秉此旨要，受此利器，上下求索，左右逢源，推衍父説④，增益部帙。得此利器，非唯伯申能解，乾嘉而下，俞蔭甫能解，孫仲容能解，陶瓏石

---

① 王念孫《廣雅疏證敍》，江蘇人民出版社 1984 年影印本，第 2 頁上。

② 以上兩條見王引之《經義述聞序》引家大人説，江蘇人民出版社 1985 年影印本，第 2 頁上。

③ 王引之《經義述聞序》引王念孫説，第 2 頁上。

④ 龔自珍《工部尚書高郵王文簡公墓表銘》轉述引之説云："吾之學未嘗外求師，本於吾父之訓。"《龔自珍全集》，第 148 頁。

能解，于思泊亦能解，雖高下不免差異，精麤亦有分別，塗轍則無二致。必欲分別涇渭，可立發明權與著作權二項，懷祖既有發明權又有著作權，伯申則唯著作權而已。從現存《稿本》《抄録稿》《行草稿》及《雜志》《述聞》等分析、互證得知："念孫案"固其所撰條目；"家大人曰"多數亦其所撰條目而爲伯申迻録者，部分係伯申撮取《疏證》《雜志》已揭示之經典正解與傳注訛誤立條而歸爲懷祖之説，更有爲"引之過庭之日，謹録所聞於大人者"。"引之曰""引之謹案"應不乏孤鳴獨發之例，而更多當是"由大人之説觸類推之"者，亦有"見古人之訓詁有後人所未能發明"，"字之假借有必當改讀"而"補正者"，① 然亦不無曾"所聞於大人"日長時久記憶模糊記作"引之謹案"和"引之案"者。綜斯二者，必亦有伯申迻録成稿後，呈請懷祖審定，因而增刪潤飾者。王筠所説，蓋紀實也。《述聞》二刻三刻時，懷祖猶能撰作，則其審閱時補充、移易、删潤，豈會不措手其間②？故孔庭之内，父子之間，交流之際，啟發之時，融入意識，形諸文字，莫分你我，難定甲乙，所謂劉家異同辭，世人那得知也。世之分割王氏父子文字

---

① 王引之《經義述聞者》，第 2 頁下。
② 前文已考證指出幾則古韻通諧小注爲王念孫所加。《述聞》中其他小注還須從標注性實、文字長短等多方面予以研究，然其中有念孫之筆可以無疑。

者，多從引用經典例句剖判，不知聲韻訓詁考證文字，精要在聲韻通假無誤，本字定位不二，文義明確通順，其例句之異同多少，殆其餘事。强生分別，徒滋紛擾，蠱惑來者，厚誣古人矣。

（三）《經義述聞》初、二、三刻條目遞增與來源

《述聞》刊刻增補年月，論者多視伯申初刻序、阮元二刻序及通行家刻本伯申序後雙行小注“道光七年十二月重刊於京師西江米巷壽藤書屋”爲據，故有嘉慶二年、二十二年、道光七年三刻之説。依序爲説，固是《述聞》三次雕版之時間節點，然《述聞》係二王三四十年讀書考訂之成果，成書時間甚長，刊刻形式亦稍顯特殊。陳鴻森統計初刻不分卷本得三百六十條①，二刻十五卷本增二百五十四條，三刻增千一百三十二條，② 合《名字解詁》《太歲考》爲三十二卷。並校覈伯申前後二序文字異同，所論精詳③。唯所謂《述聞》初刻遠不止一種，筆者於上海圖書館更見兩種初刻，比勘條目，不無出入。

---

① 此初刻本爲史語所李宗焜藏本。

② 按，此與筆者所統計略有出入。

③ 陳鴻森《阮元刊刻古韻廿一部相關故實辨正——兼論〈經義述聞〉作者疑案》，第441、454頁。

一爲劉嶽雲所藏①，八冊，首頁鈐有"食舊德齋藏書"陽文方印和"寶應劉氏嶽雲字佛卿"陰文方印，故列爲善本（下稱"劉藏本"）；一爲普通刻本，六冊。又於國家圖書館查得兩種初刻，計其多寡，更有異同，一爲卷號 a02046，八冊；一爲卷號 02437，六冊。數種刻本裝訂冊數不同，卻有諸多共同特點，一版式相同，二無卷次，三無葉碼，四無牌記，五則每一條均不相連續，唯撰作形式與所用術語已漸趨統一。

初刻版框半葉十行，皆四周雙邊，書口刻"經義述聞"，單魚尾。無卷次無葉碼，顯示數百條考證係伯申秉承懷祖旨意，採擷懷祖説之習作（其中不乏懷祖自撰，亦有示範之意），有待不斷增補，遠非《述聞》終極篇幅。無牌記，顯示二王並不將此刻作爲一種刊本。尤爲特殊者是每條不連屬，即每一條分別雕版，不相接續，如《尚書·梓材》"惟其陳脩"一條四行八十字，其後面五行和後半葉十行均空缺，後一條"越若來三月"另起一葉；又第一條《易》"夕惕若"占二葉，（圖四十二）後空八行，下一條"巛"仍另起一葉不連刻。古籍版刻中前後篇什不相連屬

---

① 劉嶽雲有《廣雅疏證》補正文字，見拙文《廣雅疏證整理本弁言》所述。按，筆者在上圖查閲《述聞》時，承陳先行先生惠贈《明清稿鈔校本鑒定》，拜讀得知，陳先生亦將《述聞》初刻視作"未正式印行的刻本"，是"僅供校改修訂之用"，可謂先得我心之同然，專家之見，增我信念。上海古籍出版社 2009 年版，第 5 頁。

者常見，清人著作尤多如此①。《述聞》刻版爲一條一版二版或多版，揣其用意，蓋便於隨時依經典篇次先後插入新增或抽去不妥條目，以此流佈朋輩間，旨在求其友聲。既用意在此，故不標示卷次頁碼，不刊牌記，示此本屬於試刻而非正式刊版②。

謂其爲試刻而非正式刊本，上述三無及不相連續外，更有篇幅條目之證據。臺灣李宗焜所藏初刻本據陳鴻森統計爲三百六十條，順序依次爲：《周易》三十六條，《尚書》五十三條，《毛詩》六十八條，《周官》十七條，《儀禮》八條，《禮記》五十三條，《大戴禮記》十六條，《左傳》五十四條，《國語》三十八條，《公羊》五條，《穀梁》七條，另附五條③。上圖普通藏本爲

---

① 清代朱士端《强識編》係讀書雜記之著，刊刻亦循此種版式。朱氏於道光己丑（九年）入都館王引之家，曾親炙王氏父子，其《强識編》刊刻不相連屬，又陳壽祺《左海文集》亦每篇不相連續，陳與引之爲同年進士，或皆與領略王家著書體式有關。推而廣之，清代文集、筆記數萬種，單就已編成之《清代詩文集彙編》所收而言，此種篇章、雜記不相連續者比比皆是，推其刊刻意圖，乃是爲不斷分類增益留下足夠空間。王氏父子《述聞》之刊刻，亦當本此意。

② 筆者從此刻無卷次、葉碼、牌記及每條不相連續，更因下文展示此刻各本條目多寡各不相同，遂論定此不能作爲正式刊本，否則無法準確指稱各種條目多寡不同之刻本。若此則其二刻當爲初刻，而三刻應爲二刻。然改稱又恐引起學界已有定式思維之混亂，不利於學術討論，故本文仍用"初刻"統稱嘉慶二年至二十二年前之刻本，必要時加定語別之。

③ 據陳鴻森《阮元刊刻古韻廿一部相關故實辨正——兼論〈經義述聞〉作者疑案》，第456頁。

三百六十八條，《易》多二條，《毛詩》多七條，《國語》少一條，《公羊》多一條，後附四條（"時"一條首論《小雅·頍弁》"爾殽既時"故歸入《毛詩》中，劉藏本仍在最末），次序相同。

劉藏本很亂，首先無"匪由勿語""受言載之""受之云爾"三條，多"心類德音"一條，總爲三百六十六條。《詩》"作于楚宮"後之"匪直也人"訂在"維其偕矣"後，相隔二十餘條，《豳風》"宵爾索綯"後插入《左傳》"有所有名而不如其已""不爲義疚""魯君世從其失""其間王室""公戟其手"五條，《國語·周語》"玩則無震""犬戎樹"二條，再接《豳風》"亦孔之將"，之後方是《小雅》"維其偕矣"條。《周官》在《儀禮·士昏禮》"勖帥以敬先妣之嗣"之後，排列竟是先《考工記》"則弓不發"，而後依次爲"陽聲""淫當爲涅""樹渠""師都建旗""故書蜡爲蠶""鏨讀爲憂戚之戚""邱封之度與其樹數""飾行""鞭度""振掌事者之餘財""内例""巾絮""傳別""和布""臘人府史俱無""府多於史"，次序完全顛倒。《儀禮》自"勖帥亦敬先妣之嗣"至"還相爲質"二十一條排列亦顛倒。凡此均因無卷次葉碼，而刷版裝訂工匠疏忽所致。國圖02437本《詩小雅》"匪由勿語"在"受言載之"後，其他條目亦有錯亂多寡。而"匪直也人"條各本或置前或置後，"時"一條，或以其釋《詩》而歸《詩》，或仍附於最末，亦無一定。

國圖a02046係刊版與手稿本合一之本，即在刻本中夾訂所要增補之條目。其刊版即無卷次葉碼之本，間插入十行行格紙手抄稿本條目，分訂八冊，各經在增入之第一條手抄稿本條目前，黏貼半葉浮籤，用行書書寫本經增入條目名及條目數①。（圖四十三）此本序次和所收條目數與前兩種均有較大差別。《周易》增十三條，共五十三條；《尚書》增十二條，共六十五條；《毛詩》增二十五條，共與一百零四條；《國語》增三十三條，共八十四條；《左傳》《公羊》《穀梁》增三十六條，共八十四條；《周禮》《儀禮》《大戴禮記》增十條，共五十二條；《禮記》增二十三條，共七十八條。總計五百三十條②。若分計之，則此本有刊版三百七十八條，手抄稿本一百五十二條。其刊版數多於李藏本、劉藏本和上圖藏本、國圖本，而總數又不足嘉慶二十二年六百一十條之刻本，應是嘉慶二十二年二刻前曾欲付梓卻終未付梓之清本。其原委是條目時有增益，還是先

①　如《周易》所增“女子貞不字”條前有浮籤云：“女子貞不字光　大人否　蠱　康侯　十朋之龜　乾行也　後有則也　衍在中也　類族辨物　終不可用也　爲駁馬　故受之以大壯　共十三條。”

②　此本依國圖膠卷顯示，第一冊《周易》，第二冊《尚書》，第三、四冊《毛詩》，第五冊《國語》，第六冊《左傳》《公羊》《穀梁》，第七冊《周禮》《儀禮》《大戴禮記》，第八冊《禮記》，次序與他本不同。唯因無葉碼卷次，故有前後顛倒之可能。然即便有錯亂，其《國語》《禮記》另冊，而不接續《左傳》與《儀禮》，已與他本不同。對照道光七年本《禮記》在《大戴禮記》後，《國語》仍接《左傳》，則此本可視作中間過渡性排列，反映出王氏父子意識之轉變。

刻《讀書雜志》，抑或伯申官務繁劇無暇，不敢臆測，然此本
確非二刻之清本則可論定。從三百六十條到三百六十六條、三
百六十八條、三百七十八條、五百三十條直至六百一十四條，
顯示出王氏父子從嘉慶二年至二十二年歷年撰作遞增之過程。

初刻本《述聞》與《訓詁》和二刻三刻在形式上有同有
異，同中有異。初刻《述聞》和《訓詁》每條經文前皆標示所
屬篇名，如初刻《述聞》"《禹貢》九河既道""《禹貢》嵎夷
既略""《周語》吾聞夫夫犬戎""《周語》先王之於民也"
"《周語》召穆公曰"，詮釋同一篇條目，前後重出篇名。至二
刻、三刻僅首條標示篇名，後連續幾條同篇，不再標示"禹
貢"和"周語"等等，殆以二刻、三刻屬正式刊版，且同篇多
條，重出則徒費筆墨。將此體式變化，聯繫北大所藏《讀書雜
志稿本》，更可窺其著述之步驟。《稿本》每條所以標示所屬
書、篇名，蓋以摘錄校記批語浮簽時，若不標示所屬，遇經文
相同者，無法歸類，積稿一多，必致混亂。嘉慶二年《述聞》
爲刻本，已依書順次，本可省略，然初撰試作，雖已省去同書
書名，尚留先前摘錄與初撰時篇名痕跡，且以無葉碼標記，必
須標示篇名以次先後。至二刻三刻，更訂體例，越趨歸整，凡
同篇多條，一律省卻書篇名。

其異者是：《訓詁》中"案""曰"術語紛亂不一，有
"案"有不"案"，有"今案"，有"引之案"，有"引之謹

案"，有"家大人曰"，有"引之聞之父曰"。《述聞》刻本已
大致統一作"引之謹案"，並將"引之聞之父曰"改爲"家大
人曰"。此一術語之修改統一究在何時？參據國圖所藏《經義
述聞》稿本，可確定其時間節點。國圖 a05187《述聞》稿本係
清稿本，與刻本相應之條目如"童蒙求我""苞蒙""喪羊于
易""遲歸有時""困剛揜也"等原皆作"引之聞於父曰"，至
刻本皆改爲"家大人曰"；"劓豕""公覆餗""鳴鶴在陰""謙
尊而光"等原皆作"引之案"，旁加"謹"字，至刻本則旁注
入正文，一律作"引之謹案"。由此可推知"引之謹案"與
"家大人曰"術語之約定與統一，應在二年刻本付梓前不久。

從初刻經二刻至三刻，篇幅成倍增加，其增益之顯而易見
者，固在條目，然亦不乏完善論證與增加例證。且從增量上分
析，可見有專書附入；從內容案語考察，可識別付梓用力所在；
從時間上觀察，亦可推知增益條目之大致年月。

1. 專書附入與條目遞增

三刻本與二刻本最大區別在增入《太歲考》與《名字解
詁》。伯申序文末云"合《春秋名字解詁》《太歲考》凡三十二
卷，道光七年十二月重刊於京師米巷壽藤書屋"，表明《述聞》
中《太歲考》與《解詁》爲單刊專書之附入，故卷帙增加四
卷；其他從《周易》至《爾雅》二十八卷，爲二刻十五卷增益
條目與內容而成。

（1）《太歲考》與《名字解詁》附入。《太歲考》《周秦名
字解詁》二書皆嘉慶中由伯申署名之單刊本①。今檢上圖所庋
蔣抑卮藏本，《太歲考》與《爾雅》合爲二册②。首葉大題頂
格作"太歲考上"，下小題作"經義述聞"，下爲墨釘，無卷
次，蓋有意附入《述聞》而未知編入卷幾故也。（圖四十四）
《考》分上下二卷，首有小序一段，云此《考》因讀錢大昕文
集及《史漢考異》《養新錄》，不同意其觀點而作，文僅一百一
十字。國圖有張仁黼藏本，首有浮簽一張，第一行題"經義述
聞弟二十九　高郵王引之"，次行"太歲考上八條"，次行"太
陰者，太歲之别名也。古人言太歲太陰者，皆合爲一，近時錢
曉徵先生始分爲二"云云計二百五十九字③。謂錢氏將太歲、

----

①　書無刊刻年月。據陳壽祺嘉慶二十年寅王引之翰云："臘前復接
七月六日手教，並《太陰考》一册。"則十九年已刻成。《爾雅》款式與
之同，其刊刻或同時，或前於《太歲考》。

②　據顧廷龍簽條云，此書係李鋭藏本，上有王引之自改墨跡和李鋭
紅筆校語。書原爲汪鳴鑾所藏，後轉入蔣家。顧氏簽條係隨手所寫，無落
款。承陳先行先生見告，謹致謝忱。

③　國圖膠卷號爲 a02047，卷首鈐有"張仁黼印"白文方印一。此改
本題"經義述聞弟二十九"，則知浮簽寫於道光七年刊本前不久，意欲附
入之時。浮簽上文字亦有改易，如三刻"而不考太初元年歲在丑"，原作
"而不知太歲建辰有二法"；三刻"而分太歲太陰爲二，仍與錢説無異"，
原作"而分應歲星晨見之月者爲太陰，應星日同次之月者爲太歲，亦與
《淮南》舊注'太陰，太歲也'之文不合"，簽末有"大字在卷首　弟一論
ママ在後一行"，知此皆付刻時所改。

太陰分而爲二，錢氏外，孫星衍、許宗彥亦各有説，而皆因
《漢志》有誤文而不得其要。伯申以爲《漢志》"在子"爲
"在寅"之譌（要旨在第四篇"《漢志》太歲在子當爲在寅"），
故演其術而繫之以表。原本分爲二十六篇，三刻增爲二十八篇，
看似僅增二篇，實則增删調整，與原本頗多異同。（圖四十五）
三刻"弟二論太歲歲星相應之法有二"末"顓頊數元乙卯兼甲
寅表"有云：

> 李氏尚之曰：乙卯，《顓頊數》元也；甲寅，《殷數》
> 元也。據《漢志》所稱，《顓頊》乙卯所起，在《殷數》甲
> 寅元後六十一年，然則乙卯、甲寅兩元夐乎不同。謂顓頊數
> 元乙卯是也，而云兼甲寅恐非。引之案：《殷數》之甲寅元
> 與《顓頊數》之甲寅元絶異，《顓頊數》之甲寅元應歲星與
> 日同次之寅月，《殷數》之甲寅元應歲星與日隔次晨見之寅
> 月。此所兼者，乃《顓頊數》之甲寅元，非《殷數》之甲
> 寅元也。顓頊數元之乙卯甲寅同在一年，不分先後①。

此段文字在張仁黼藏本浮簽上，三刻附入，乃伯申不同意李鋭之
説。觀李鋭批本，與伯申觀點不同，蓋李爲錢大昕弟子，故持論
相駁。以上文字，李藏批本無，意當時或有書翰往返。然三刻較

---

① 王引之《經義述聞》卷二十九，江蘇古籍出版社 1985 年影印本，
第 686 頁上。

之原本，改動不小，多篇文末有補正語，如原本上篇"第八論太歲紀歲其來已久"，三刻改爲卷下"第九論太歲紀歲其來已久"，文末多出一段：

> 《爾雅》曰："太歲在寅曰攝提格。"《淮南·天文篇》曰："太陰在寅歲名曰攝提格。"則太陰即太歲矣，何得分以爲二乎？

更增駁斥口吻。三刻不僅文字有改易補充，復增"論司馬遷、劉歆所據殷數之不同"、"論《埤雅》鵲巢向天一而背歲之誤"、附"歲星與日隔次晨見說"等，可推知此《考》始因錢氏而作，繼而在與師友辯論中得以修正完善，最後改刻附《述聞》以傳①。

《周秦名字解詁》嘉慶間刻本，亦不署年月。考焦循《壬戌會試記》云："〔三月十六日〕王伯申來，贈以所著《周秦名字解詁》。"② 則此書嘉慶七年已刊成。國家圖書館藏有此刻之批改本③，不僅改動大，並增補多條，且眉批文字口吻多似懷

---

① 國家圖書館藏有《太歲考》批改本，改動遠較上圖藏本爲多，當作專論，此不贅。

② 焦循《雕菰集》卷二十《壬戌會試記》，《焦循詩文集》，上冊，第 366 頁。

③ 國圖藏本係涵芬樓舊藏，云海鹽張元濟經收。核張元濟《涵芬樓藏善本目錄》有"《周秦名字解詁》，王文簡公刪改稿本，由子三三七號移入"一條，當即此本。《明清以來公藏書目彙刊》，北京圖書館出版社 2008 年影印本，第 28 冊，第 34 頁。

祖。如開首第一葉眉批云：

> 凡轉引之書、直引某書而以出處旁注於下。凡引《左
> 氏春秋傳》正文俱不載公與年，旁註於下。凡引《詩》
> 《書》《易》俱不言《詩》《書》《易》。《公》《穀》則稱
> "公羊氏春秋傳"、"穀梁氏春秋傳"。公與年旁注。凡韓非
> 子稱"韓子"，凡《淮南》某訓稱"淮南某篇"，凡《家
> 語》某解稱"家語注"。（圖四十六）

眉批爲懷祖手筆。《周秦名字解詁》係伯申進京後習作，此雖
刻本，必是初刻，是以懷祖乃在其上傳授引書凡例，以期各書
引證趨於一律。

與三刻本相較，三刻本接受批校意見，但未悉遵，知伯申
訂補時參據乃父意見，並以己意增補修改。先論伯申聽從懷祖
之刪改建議者。原本《名字解詁》第一條是詮解"魯公夏首字
乘"，伯申之意是：

> 初生曰首，增加曰乘；建一曰首，匹偶曰乘；率領曰
> 首，副貳曰乘。《方言》：賸，雙也。又云：飛鳥曰雙，鴈
> 曰乘。賸、乘聲近而義同。《説文》：賸，物相增加也。一
> 曰副也。賸、乘聲義竝同。⋯⋯

讀其首段，即知甚爲牽强。懷祖此條批改二處，又圈去，復云：
"首與道通。□路之一，故字乘。"然最後還是批曰"闕疑"。

孔庭既有此訓，伯申最後删去此條。① 伯申第二條是"魯穀梁俶字元始"，所釋僅云："《釋詁》云：俶，始也。淑、俶古字通。"懷祖批云"《經典釋文序録》引七條"，"古人之字無用二字者，元始之説不足據"，"《元和姓纂》引《尸子》'淑'作'俶'"，最後導致此條亦删去，而以"鄭游吉字大叔"爲第一條。即以此條爲第一，伯申開首原引《周禮·天官·大宰》文及鄭注計九十餘字爲解，懷祖將此一段勾乙删去，三刻本前面改成"取大吉之義也。'大'當如字讀。二十二年、二十四年《傳釋文》竝音'泰'，非也"。又"魯季公亥字公若"一條，懷祖亦批"闕疑"，三刻删之。②

---

　　① 按，《述聞》三刻删去此條不録，然其初刻亦必有流傳。後俞樾《春秋名字解詁補義》、胡元玉《駁春秋名字解詁》、洪恩波《聖門名字箋詁》黄侃《春秋名字解詁補誼》各有己見，多非達詁。唯于省吾《春秋名字解詁商誼》云："按首、道古通，《逸周書·周月》：'周正歲道'，《芮良夫》：'予小臣良夫，稽道謀告。'均假道爲首。《史記·秦始皇本紀》：'追首高明。'《索隱》：'會稽刻石文首字作道。'《易·離》注：'四爲逆首。'《釋文》：'逆首，本又作遁道。'道從首聲，古音道讀如首。《説文》：'馗，九達道也，從九從首。'吾友楊遇夫謂從首即從道，是也。名道字乘，於義最洽。自首道之通假不明，而古義晦矣。"于氏曾收有王懷祖《説文段注籤記》，是否見過此懷祖批改稿本，姑不論。其舉證可謂深切詳明，經此論證，此條乃不可更易。故周法高《集釋》謂"于説較長"。參見周法高彙編《周秦名字解詁彙釋》，中華叢書委員會 1958 年版，第 193 頁。

　　② 按，季公亥字公若之義，後俞樾、胡元玉、黄侃、周法高皆有説。見周法高《周秦名字解詁彙釋》卷下，第 176 頁。

今本《名字解詁》中，不少是伯申據懷祖批語覈實後補入正文者。如："宋羊斟字叔牂"條，懷祖批云：

> 錢氏《養新錄》曰：《左傳》其御羊斟不與。《淮南繆稱》篇云：羊羹不斟而宋國危。則斟爲斟酌之義。當以羊爲其御之名，"斟不與"三字爲句。玩下文，其御字叔牂，正與羊名相應。傳文後兩"斟"字或後人所加。

懷祖批下這段文字，加注"查《養新錄》卷三"六字，可見批語係憑記憶而加。伯申查閱錢氏《養新錄》之後，並不同意錢說，於是徵引錢說，並加案語以申述己意：

> 羊斟，《史記‧宋微子世家》作羊羹。案：羊斟即羊羹也。肉汁謂之羹，亦謂之斟。《燕策》"廚人進斟羹"，《史記‧張儀傳》作"廚人進斟"，《趙世家》："使廚人操銅枓行斟。"《索隱》云："斟謂羹汁，故名汁曰斟。"《方言》："斟，汁也，北燕朝鮮洌水之間曰斟，關西曰汁。"羊斟字叔牂者，《爾雅》云："羊牝牂。"錢氏曉徵《養新錄》云："《淮南‧繆稱》云：'魯酒薄而邯鄲圍，羊羹不斟而宋國危。'則斟爲斟酌之義。《左傳》'其御羊斟不與'，當以羊爲其御之名，'斟不與'三字爲句。細玩下文，其御字叔牂，正與羊名相應，《傳》文後兩'斟'字或後人所加。"引之案：《吕氏春秋‧察微篇》："鄭公子歸

生率師伐宋，宋華元率師應之大棘，羊斟御，明日將戰，
華元殺羊饗士，羊斟不與焉。”則華元之御，自以羊斟二
字爲名。《傳》云：“其御羊斟不與。”又云：“君子謂羊斟
非人也。”又云：“《詩》所謂人之無良者，其羊斟之謂
乎？”皆以羊斟連讀，不得以“斟不與”三字爲句，亦不
得謂下文兩言羊斟，“斟”字皆後人所加也。《淮南》所云
當由誤讀《左傳》而然，殊不足據。《漢書·古今人表》
亦有羊斟，“斟”字之屬上讀明甚。①

經增改後之此條實際可分爲三段落，“錢氏曉徵《養新録》
云”以前是伯申原文，《養新録》一段是懷祖指示，兩相對照，
文字略有差異，足見懷祖之博聞强記。“引之案”之後是伯申
研讀《養新録》後，並不同意錢説，遂著文辯證。又懷祖在此
條天頭批語有引《潛夫論·衰刺》《宣四年傳》文等，伯申亦
未予以微采。

《解詁》中亦有可以視爲懷祖之手筆者，如“魯子家羈字
駒”條後，懷祖增補一條云：

> 萊正輿子字子馬　《荀子·堯問篇》注。　駕馬所以
> 引輿也。

---

① 王引之《經義述聞》卷二十三，江蘇古籍出版社 1985 年影印本，
第 567 頁。

三刻即將此條原文載入。總之，伯申對懷祖批語，順從校改者多，而堅持己見者畢竟少數。返觀此書術語之運用，因旨在增補，術語非所注重，故道光七年後倉促附入《述聞》，"引之案""謹案"術語留有早期痕跡，未能與全書劃一。

（2）《周易述聞》增補。《周易》初刻有三十六條、三十八條、四十條、五十三條等不同；二刻五十四條，較之最初刻本增十八條；三刻一百零六條，刪去二刻五條，增五十七條。三刻《周易上》懷祖增四條（且與伯申共條），伯申增三十一條；《周易下》懷祖增三條，伯申增十八條。與伯申所共一條"亦未繘井"是懷祖引《廣雅》"矞，出也"，矞與繘通，是矞井即出井，而後伯申總結，此完全可能是懷祖有校，伯申援以爲説。由此知嘉慶二十二年二刻之後，《周易》之增補主要由伯申肩任。（圖四十七）

（3）《尚書述聞》增補。《訓詁》二十三條，有十七條已收入初刻《述聞》，《初刻》爲《訓詁》之擴充，是懷祖正式授意下周秦經典正誤計劃實施之最初成果。初刻已有相當一部分是從《廣雅疏證》中提及漢魏經師傳注失誤抽出，分別改從相應經典立目，予以考證（參見前文所舉）；部分是王懷祖"經義雜志"叢稿，或由伯申整飭，或由懷祖定稿。初刻《尚書述聞》五十三條中，伯申三十三條，懷祖二十條，其中"自作弗靖""用宏茲賁""勿辯乃司民湎于酒""義民 鴟義"等"家大人曰"皆係從《廣雅疏證》抽出另立條目，"子孫其逢"則是懷祖《經義雜記》說①。（圖四十八）如"泯亂"條釋《康誥》"天惟與我民彝大泯亂"，《疏證》"愍"字下已指出"《傳》訓'泯'爲'滅'，失之"，故云"家大人曰"。然伯申亦自有其卓見。如《康誥》"應保殷民"條云"引之謹案：《廣雅》'應，受也'"云云，似是用《廣雅疏證》，但懷祖《疏證》下未用《康誥》文，後《補正》將原先考釋儘數勾乙，改爲：

> 引之云：《康誥》"應保殷民"，應，受也。《周頌·賚篇》云："我應受之。"襄十三年《左傳》云："應受多福。"《周語》"叔父實應且憎"，韋昭注云："應，猶受也。"《楚辭·天問》"鹿何膺之。"王逸注云："膺，受也。"膺與應通。"應保"即"膺保"也，《周語》云"膺保明德"是也。膺保，猶"受保"也。《士冠禮》字辭云"永受保之"是也。或言"承保"。《洛誥》云"承保乃文祖受命民"，"承"亦"受"也，傳云"上以應天下以安我所受殷之民衆"，戾於經文矣。②

---

① 王念孫在《尚書·洪範》此條下云："此條本出足下，不過增成之耳。"（《高郵王氏父子手稿》，第63頁。）故有引之《尚書訓詁》"引之聞之父曰：李進士成裕"及《述聞》"家大人曰：予友李進士成裕"之辭。

② 王念孫著，王國維摘錄《廣雅疏証補正》，江蘇古籍出版社1984年影印本，第428頁下。

可見此條本伯申所創發，懷祖以其解釋確切，故修正先前之《疏證》。"應保"之訓，《尚書詁訓》已有，不知《疏證》刊刻前何以未及改正，《補正》勾乙，當在嘉慶二年前後。

（4）《大戴禮記述聞》增補。《大戴禮記》初刻僅《夏小正》《曾子立事》《曾子疾病》《帝繫》《千乘》《文王官人》數篇，其中"家大人曰"十一條，"引之謹案"五條。蓋懷祖雖嘗校勘《大戴禮記》①，嘉慶初年固未系統整理，其所寫幾條，或係示範。二刻所增不多，至三刻，《大戴禮記上》懷祖增六十條，伯申增十二條；《大戴禮記中》懷祖增五十六條，伯申增五條；《大戴禮記下》懷祖增四十产條，伯申增二條，差別懸殊。（圖四十九）懷祖早年校《大戴禮記》，折衷諸家之説，持論與盧文弨不同，爲學界所共知。初刻收十六條，二刻收三十餘條，三刻猛增至一百三十六條，可想見此十年中，懷祖雖以《讀書雜志》爲主，必有一段時間整理《大戴禮記》校本，寫成一百餘條，擴充爲三卷。伯申爲《述聞》主筆，故其他各書以伯申所增爲多，其所説有多少受之庭訓，無法懸測。

（5）《公羊述聞》《穀梁述聞》增補。《公羊》《穀梁》在

《述聞》中佔二卷，屬少數。初刻《公羊》僅五條，四條家大人説，一條引之説；《穀梁》七條，六條家大人説，僅一條引之説。似懷祖有引領指導之意。二刻雖有增益，皆不過寥寥十餘條而已。至三刻《公羊》有五十四條，《穀梁》六十一條，應是作過專門收集考證。僅從三刻統計，《公羊》增四十二條，懷祖説八條，伯申説三十四條；《穀梁》增五十一條，懷祖説八條，伯申説四十三條，皆以伯申爲主。（圖五十）推想嘉慶二十二年二刻之後，伯申曾有一段時間專注於此二書之研討。

（6）《爾雅述聞》增補。《爾雅》版式同《太歲考》，雖未分卷，卻分《爾雅》一、二、三、四、五，收録一百三十餘條。其中"家大人曰"七十餘條，"引之謹案"者六十餘條。國圖藏《述聞》稿本中有《爾雅》稿本，王氏後人在卷前有一題識云："此册乃付江西盧明經刻時原稿本，庚寅年增刻時即取盧本與新增手寫本分付鈔胥合寫付梓。故此册無目録，且盧本無而庚寅年刻本所有者，此册亦無之。"（圖五十一）盧宣旬嘉慶二十二年所刻《述聞》無《爾雅》，此云付盧所刻，當是與《太歲考》同時所刻，故二書合册。庚寅爲道光十年（1830），若然則道光十年又有所增益。如原《爾雅述聞》有"從重也"條，文如下：

> 引之謹案：《大雅·既醉篇》曰："釐爾女士，從以孫子。"是"從"爲重也。郭曰："隨從所以爲重疊。"從有

重義，故隨亦有重義。《巽·象傳》曰："重巽以申命。"《象傳》曰："隨風巽。"是"隨"亦重也。《坎》曰"水洊至"，《離》曰"明兩作"，《震》曰"洊雷"，《艮》曰"兼山"，《巽》曰"隨風"，《兌》曰"麗澤"，皆重疊之義。

國圖稿本在其上有一浮簽，文云：

> 郭曰："神未詳。"錢曰："重有重疊之義，又有尊重之義，從申加，重疊之重也；神彌崇，尊重之重也。"家大人曰：錢以"神"爲"尊重"之"重"是也。《禮器》曰："一獻質，三獻文，五獻察，七獻神。"正義曰："七獻神者，謂祭先公之廟，禮又轉尊，神靈尊重也。"《荀子·非相篇》曰："寶之珍之，貴之神之。"亦謂貴之重之也。邢曰："《大雅·鳧鷖》云：'福祿來崇。'"家大人曰："崇"又爲"輕重"之"重"，《盤庚》曰："高后丕乃崇降罪疾。"傳曰："崇，重也，湯必大重下罪疾於我。"釋文："重，直勇反。"又下文曰："丕乃崇降不祥。"《多方》曰："乃大降罰，崇亂有夏。"傳曰："重亂有夏。"釋文："重，直勇反。"諸"崇"字皆訓爲"輕重"之"重"。

是伯申之《爾雅述聞》原稿只訓釋"從"字，後懷祖有對"神"字、"崇"字有心詮釋，故三刻將此浮簽文字補入。因爲皆爲懷祖之説，故兩云"家大人曰"。既然已增釋"神"、"祟"，條目相應改成"從神祟重也"。

又如"勞、來、謂，勤也"條，原稿係伯申引述懷祖之説，文云：

> 家大人曰："勤"有三義，一爲勤勞之勤，《金縢》曰："昔公勤勞王家"，是也；一爲相勸勉之勤，《康誥》曰："周公咸勤。"某氏傳曰"周公皆勞勉五服人"，是也；一爲相勞苦之勤，《小雅·采薇·序》曰："杕杜以勤歸。"鄭箋曰："以其勤勞之故，於其歸，歌杕杜以休息之。"《穆天子傳》曰："天子大饗，正公諸侯王吏，勤七萃之士于羽陵之上。"郭注："勤猶勞也。"是也。"勞來"亦有三義，一爲勤勞之勤，《説文》："勑，勞勑也，從力來聲。"經傳通作"來"，《孔子閒居篇》"奉三無私以勞天下"，鄭注曰："勞，勞來也。"《史記·周本紀》："武王曰：'日夜勞來，定我西土。'"《墨子·尚賢篇》曰："垂其股肱之力而不相勞來。"是也；一爲相勸勉之勤，《吕氏春秋·孟夏篇》"勞農勸民"，高注曰："勞，勉也。"《漢書·王莽傳》"力來農事"，顏師古注曰："力來，勸勉之也，來音郎代反。"《孟子·滕文公篇》"勞之來之"，《漢書·宣帝紀》"勞來不怠"，皆謂勸勉，是也；一爲相勞苦之勤，《小雅·大東篇》"東人之子，職勞不來"，毛傳曰："來，

勤也。"正義曰:"以不被勞來爲不見勤,故《采薇序》
曰:'枖杜以勤歸。'即是勞來也。"《鴻雁序》曰:"勞來
還定安集之。"是也。"强"、"事"、"謂"皆勤勞之勤也,
《小雅·隰桑篇》"心乎愛矣,遐不謂矣",箋曰:"謂,勤
也,我心愛此君子,豈能不勤思之乎?"《呂氏春秋·開春
篇》"周厲之難,天子曠絶,而諸侯皆來謂矣",言諸侯皆
來勤周也。

此通篇疏通釋詞和被釋詞"勤"、"勞"二字字義而略涉"來"
字,後稍解"謂"字,雖云"'强'、'事'、'謂'皆勤勞之勤
矣",然於"强、事"二字略不之及。因爲邵晉涵在《爾雅正
義》中懷疑《衆經音義》中"來,强事也"之"强事"爲犍
爲舍人所增,[1] 後伯申乃有增補申辯之辭:

> 邵曰:"《衆經音義》卷十三引舍人云:'來,强事
> 也。'疑'强事'二字本係舍人之注,傳寫者溷入正文
> 也。"引之謹案:郭注云:"自勉强者,亦勤力者。由事
> 事,故爲勤也。"則郭本有此二字,《釋文》亦不言衆家本
> 無此二字,則與郭本同,未必衆家之本皆誤增此二字也。
> 徧考書傳,亦無訓來爲强事者,竊疑舍人之注本舉"來强

---

① 邵晉涵著,李嘉翼、祝鴻傑點校《爾雅正義》卷二,中華書局
2017年版,上册,第97頁。

事"三字而總釋之。唐時已脱其總釋之語，但存"來强事
也"四字，而釋玄應誤引之也。上文"癲、癇、癢，病
也"，《釋文》引舍人曰："癲、癇、癢，皆心憂懥之病
也。"《釋言》"禦圉，禁也"，《衆經音義》卷九引《舍
人》曰："禦圉，未有而預防之也。"《釋訓》"虩虩謞謞，
崇讒慝也"，《大雅·板篇》正義引舍人曰："虩虩、謞謞，
皆盛烈貌。"是舍人注有總釋經文之例，此注"來强事"
下安知其無脱文，未可遽以"强事爲來"之訓釋，而謂經
有衍字也。

伯申所申述者原寫於浮簽黏貼在當條上，至三刻則歸入本題之
後。尤可區別者，伯申補充之"邵曰"以後文字，三刻本另起
一行，與前不想接排，更能證明前者爲懷祖之説，後者爲伯申
之文，涇渭分明。考懷祖有《爾雅雜纂》與《爾雅分韻》，疑
《爾雅》中懷祖條目多半爲據《雜纂》舊稿增删撰成，而伯申
條目多集中在《釋草》以下，即三刻卷二十八《爾雅下》六十
條，大多爲伯申作，此與其乾隆末年疏證《廣雅》卷十有關。
《述聞》三刻《爾雅》部分增七十九條，合原本重新分爲三卷。
上卷懷祖增十二條，伯申二十二條，中卷懷祖增十二條，伯申
二十六條，下卷懷祖一條，伯申六條。（圖五十二）下卷二人
皆少，蓋《釋草》以下可辯者伯申先前多已寫出刻成。

　　（7）《通説》二卷增補。初刻已有"時""爲""猶豫"

"從容""無慮"五條泛論古詞字義者。其後積稿漸多，自當彙
而刊之。今《通説上》四十一條，前十八條皆"家大人曰"，
十九條以後爲伯申之説。以上可謂平時之積累，三刻時付梓作
爲附錄。至《通説下》蓋爲總結整部《述聞》考訂謁誤類型之
作，猶如懷祖《淮南子内篇弟廿二》總結《淮南子雜志》九百
餘條爲六十二種謁誤類型，將十二部傳世經典中謁誤歸爲"經
文假借""語詞誤解以實義""經義不同不可強爲之説""經傳
平列二字上下同義""經文數句平列上下不當歧異""經文上下
兩義不可合解""衍文""形謁""上下相因而誤""上文因下
文而省""增字解經""後人改注疏釋文"十二種類型。其中僅
"上下相因而誤"一條標示"家大人曰"，其他均爲"引之謹
案"。其"語詞誤解以實義"下"余曩作《經傳釋詞》十卷，
已詳箸之矣，兹復約略言之"云云，知乃伯申總結之詞，則
《通説下》純爲伯申仿《淮南子後敘》總結《述聞》之例。
《經義述聞》刊入阮元主編之《清經解》第一百四十四種，卷
帙列於一一八〇至一二〇七，共二十八卷。然實際則有三十卷，
其《通説》上下二卷作爲一二〇七卷之中與之下，顯係嚴杰編
纂時，王、嚴商定預留之篇幅爲二十八卷，及至交稿爲三十卷，
而後面卷次已排定，甚至已刊刻，無法更動，不得已綴於卷一
二〇七之後。又《通説》"形謁"條舉"笑字隸書與先相似而
誤爲先"下注云"余前説以同人之先爲約舉經文，非是"，此

正針對《述聞·周易上》"同人之先以中直也"而言，此條首署"引之謹案"，既可證明確係伯申之總結文字，也可推定《通説》撰作時間已在《周易》"同人"條刊成無法更改之後。考《清經解》於道光六年六月刊刻已過千卷①，此時後面數百卷卷次應已排定，《述聞》七年刊成，可推知《通説》二卷應在道光六七年間纂成。

（8）《太歲考》二卷增補。嚴杰編纂《清經解》收《述聞》三十卷，時在道光六年前後。三十卷中《通説》二卷已如上説，仍有《太歲考》二卷未曾收入。以"經"衡之，《國語》與《左傳》爲《春秋》內外傳，清代已有附於經而稱十四經者。《名字解詁》所解皆《春秋》《左傳》等書人名，自當附入。唯《太歲考》雖與經傳有關而無所附麗，是當時懷祖、伯申未念及，抑是嚴杰不同意，尚未有文獻證明。今三刻《述聞》伯申敘末云"合《春秋名字解詁》《太歲攷》凡三十二卷，道光七年十二月重刊於京師西江米巷壽滕書屋"，則《太歲考》應是繼《通説》之後，最後附入《述聞》者。

以上係尚能約略推見之整書或批量增益條目及其大致時間節點，藉此可覘父子二人在此十年中增補《述聞》內容之側重。其中較爲重要者是伯申仿懷祖《淮南子》條例所作之《通

---

① 參見拙文《正續清經解編纂考》，《榆枋齋學術論集》，江蘇古籍出版社 2001 年版，第 694 頁。

説下》十二例，是對《述聞》考訂成果之全面總結條理。他如
王氏父子批校過朱彬《禮記訓纂》與《經傳考證》，其批校過
程中自會增益一批《禮記述聞》條目。至《毛詩》《左傳》
《三禮》等增入之具體情況，尚須深入研究。

2. 條目内容增益完善與體式進一步統一

《述聞》成書，前後歷經三十年，先前所撰所考，固可一
錘定音，故初二三刻相當一部分條目即將先前條目迻録。然古
籍舛譌，有其共性，讀書漸多，識見提高，續有增補，勢所必
然。且既分經立目正譌，爲使證據確鑿，往往互爲證據。故隨
《述聞》篇幅不斷增益，其原刻條目之例句與論證，亦不斷增
益修改，漸趨完善。

（1）調整形式。伯申撰作《訓詁》時，《述聞》體式未定，
至初刻時，體式、術語皆有約定，故論證形式也有調整。如
《訓詁》"尚"條：

> 《淮南·覽冥訓注》及《廣雅》並云："尚，主也。"
> 《秦誓》曰："邦之杌陧，曰由一人；邦之榮懷，亦尚一人
> 之慶。""尚"與"由"相對，言主一人之慶也。《傳》以
> "尚"爲"庶幾"，文義未協。引之聞之父曰：《大學》引
> 《秦誓》"尚亦有利哉"，"尚亦"當爲"亦尚"，尚，主
> 也。今《秦誓》作"亦職"，職，主也。"亦尚"與"亦
> 職"同，寫者誤倒其文耳。（圖五十三）

先引古注字義，非《述聞》體式。至初刻調整爲：

> 亦尚一人之慶
>
> 《秦誓》"邦之杌隉，曰由一人，邦之榮懷，亦尚一人之慶"。引之謹案：高誘注《淮南·覽冥篇》曰："尚，主也。""尚"與"由"相對，言主一人之慶也。傳以"尚"爲"庶幾"，文義未協。《大學》引《秦誓》曰："尚亦有利哉。""尚亦"當爲"亦尚"。說見後"尚亦有利哉"下。今《秦誓》作"亦職"。"職""尚"皆主也。與"亦尚一人"之"尚"正同義。

初刻有《秦誓》二條，此爲第二條，仍標"秦誓"，當時未措意篇名，至三刻有《秦誓》四條，此爲最後一條，故省去"秦誓"篇名。《訓詁》先引古注，初刻已調整爲經典傳注——謹案——論證之形式。《訓詁》用"引之聞之父曰"，初刻作"引之謹案"，似有攘竊之疑，悉心分析，此條主要是用《淮南子》高注和《廣雅》之訓以證孔傳"庶幾"之誤，此伯申在《訓詁》中已解決。聞之於父者，僅是《大學》引《秦誓》之旁證，故無礙其用"引之謹案"。

（2）完善論説。一條考證，並非輕而易舉寫成，個別條目往往經過反覆修改，方成今貌。只是其過程多隱没在二王思維和初稿中，難以察覺表述。偶有痕跡，取之演述如下。稿本《述聞·易》"覆公餗"條云：

《鼎》九四"鼎折足，覆公餗"，《釋文》："餗，送鹿反。虞翻曰：八珍之具也。馬融曰：犍也。犍音之然反。鄭玄曰：菜也。"《穀梁疏》引馬融曰："餗，謂糜也。"僖二十四年。引之謹案：案《説文》曰："犍，鬻也。"又曰："鬻，鼎食。惟葦及蒲，陳留謂犍爲鬻。或作餗。"謂犍爲餗，正與馬合。昭七年《左傳》："正考父鼎銘曰：饘於是，鬻於是，以糊余口。"杜注曰："於是鼎中爲饘鬻。"是犍爲鼎實也。餗之爲言猶鬻也。故《繫辭傳》曰："《易》曰：'鼎折足，覆公餗。'"馬本餗作鬻。又案《大雅・韓奕》正義曰："《鼎卦》鄭注以餗爲八珍所用，《天官・醢人》疏引《鼎卦》鄭注曰"糝謂之餗，震爲竹，竹萌曰筍，筍者，餗之爲菜也，是八珍之食。"然則菜與八珍之訓，皆鄭注兼之。《釋文》以菜之一訓爲鄭注，八珍之具爲虞注，殆誤也。（圖五十四）

此條旨在證鼎中之餗義爲犍爲糜，即以馬融説爲是。稿本全引《釋文》虞翻、鄭玄兩説，又加案語，引《韓奕》正義和《鼎卦》鄭注兼菜與八珍之訓，以斥《釋文》之誤。其實鄭玄訓八珍，並不能排斥虞翻亦訓爲八珍，《釋文》據實而録，未必誤，故二年刻本將稿本中帶點文字删去。此一删改是懷祖所批改，抑或伯申自删，今已無法推究。至二刻、三刻，又梳理古注，分爲菜、粥二説：

《鼎》九四"覆公餗"有二説。《説文》曰："鬻，鼎實，惟葦及蒲。"即"維筍及蒲"之異文。或作餗，《周官·醢人》疏引鄭注曰："糝謂之餗，震爲竹，竹萌曰筍，筍者，餗之爲菜也。"蓋據《大雅》"其蔌維何，維筍及蒲"之文。此一説也。《説文》曰："陳留謂鍵爲鬻。"鍵與饘同。《釋文》引馬融注曰："餗，鍵也。"僖二十四年《穀梁傳》疏引馬融曰："餗，謂糜也。"《繫辭傳》："《易》曰：'鼎折足，覆公餗。'"馬本餗作鬻。此又一説也。引之謹案：馬注爲長。昭七年《左傳》："正考父鼎銘曰：饘於是，鬻於是，以糊余口。"杜注："於是鼎中爲饘鬻。"是鍵爲鼎實，古有明文，故《博古圖》有宋公䜌餗鼎，餗鼎者，鬻鼎也。若筍與蒲，乃醢人加豆之實，不聞以之實鼎。《大雅》之蔌，殆非此所謂餗也，辯見《大雅》。

以上爲三刻文字，其中帶點之字爲二刻所無，殆爲三刻所加。並引二説之古注來源，二刻徵引《左傳》正考父鼎銘銘文，三刻又補充《博古圖》宋公䜌餗鼎例證，而從馬融之説，並斷《説文》引《大雅》菜之一説非此所謂餗也。考其所以增補改寫，予以評判，殆以伯申已撰寫《大雅》"其蔌維何"條並有詳細考證，"其蔌維何"條爲三刻所有，則此條最後修改必與之同時，故綴以"辯見《大雅》"一語。與此類似者有《述聞·尚書》"罔不率俾惟受責俾如流"條，從初刻到三刻，亦改動頗大。

（3）加強例證。《述聞·毛詩》"曷維其亡　德音不忘　壽考不忘　不可諅忘"條，亡與忘之義訓爲何，初刻在引舉正文和傳注、正義後云"引之謹案：亡，猶已也，作忘者假借字耳。曷維其亡，猶言曷維其已也；不可諅忘，猶言憂從中來，不可斷絶也；德音不忘，猶言德音不已也；壽考不忘，猶言萬壽無疆也。解者皆失之"。此皆從《毛詩》本文證之。三刻於"作忘者假借字耳"下增補《管子·乘馬》《莊子·刻意》《史記·孟嘗君列傳》《漢書·武五子傳》《淮南子·脩務》等亡、忘異文，使兩字關係連接，致後文解釋有據。在最後"解者皆失之"前，又增補："《周語》曰：'萬年也者，令聞不忘之謂也。'亦謂令聞不已也。《漢書·賈山傳》："功德立於後世，而令聞不亡。"其字正作亡。"復使"亡憂已"有文獻證據。如此整條證據確鑿，無懈可擊。

（4）增補他説。《述聞·毛詩上》"濟盈不濡軌"條，此條初刻係懷祖引李惇説而以己説加強之，已極詳細，到三刻又改動極大。《毛詩·匏有苦葉》"濟盈不濡軌"一句，《毛傳》謂"由輈以上爲軌"。所釋不清晰。《釋文》云："舊龜美反，謂車轊頭也。依《傳》音宜音犯。案：《説文》云：'軌，車轍也。從車，九聲。'龜美反。'軌，車軾前也。從車，凡聲。'音犯。車轊頭，所謂軌也。相亂，故具論之。"

由陸説可見，六朝時已有軌、軓兩種寫本。元朗以爲依《毛傳》，應是"軓"字。孔疏亦以爲是軓，並云"非軌也。但軓聲九，於文易爲誤，寫者亂之也"。《正義》之後，論者頗多，所當揭櫫者，戴震曾謂"當爲車轍之'軌'，古音讀如'九'。《毛詩》蓋譌作軓，遂以車軾前之軓解之"。① 李惇謂軓有二義，一是車轍之軌，一是車轊頭之軌。此詩所用當是車軌頭之説爲確。讀音如九，與"牡"爲韻。若作"軓"，則出韻矣。懷祖謂"成裕此説，足正唐以後傳注相沿之誤"。懷祖繼李惇之説，進一步考證"由軓以上爲軓"一語，當作"由軸以上爲濡軌"，即"軸"誤作"軓"，而"軌"上脱"濡"字。懷祖曾將己説告知段玉裁，段玉裁"聞而韙之"。及至懷祖修正此條時，段氏已下世，可見此條曾經一再修訂。然在三刻刊出時，伯申在文末附有一針對段玉裁之説的論辯。原因是，段玉裁於嘉慶十三年六月撰有《濟盈不濡軌傳曰由軓以下曰軌》一文②，提出新説，謂"軌之本義，謂輿之下兩輪之間也。輿之下兩輪之間成扁方形，是曰軌"。懷祖初稿未提及與段氏交流，三刻亦未及兩人交流時間。段氏文做與

① 戴震《毛鄭詩考正》卷一，《戴震全集》，黃山書社1995年版，第一册，第599頁。
② 段玉裁《濟盈不濡軌傳曰由軓以下曰軌》，《經韻樓集》，上海古籍出版社2008年版，第9頁。

嘉慶十三年，是必見二王初稿而作。伯申摘引其說，逐條加
以批駁申論，云"段氏此說，其誤有三"：

> 傳文三言"由"，三言"以上"，皆謂水之所至。今以
> "由膝以上"、"由帶以上"爲水濡之度，而"由軨以上"，
> 則但釋車軌之名而不及水之高下，同一文義而上下異訓，
> 其誤一；傳文"由軸以上爲濡軌"，今本誤作由"軨以上
> 爲軌"，"軨"字誤而"上"字則不誤，未嘗云"由軨以
> 下"也，今改"上"爲"下"而創爲輿下輪內爲軌之說，
> 徧考書傳，皆無此訓，其誤二；經言"濡軌"，實有其物，
> 若輿下輪內之空處則不可以言濡矣。傳曰："濡，漬也。"
> 謂轄水爲水所漚也。輿下輪內之空處，何物之可漚乎？其
> 誤三。

段氏"由軨以下爲軌"之說，是懷祖當時疑"上"爲"下"以
告段氏者。段氏由此而引申出軌爲"輿之下兩輪之間"之義。
後來懷祖又重新認識"上"字不誤。再由伯申糾正段說。即此
一條，可見《經義述聞》一書中條目不乏經過反覆認識，反覆
修正之歷程。

（5）刪削冗詞。《述聞·易》"苞蒙"條云：

> 九二"苞蒙"，鄭注曰："苞，當作彪。彪，文也。"
> 家大人曰：呂祖謙《周易音訓》引晁說之曰："京房、鄭、

陸績、一行皆作'彪，文也'。"鄭説蓋本於京房。《藝文
類聚》引漢胡廣《徵士法高卿碑》曰："彪童蒙，作世
師。"蔡邕《處士圈叔則碑》曰："童蒙來求，彪之用文。"
張華《勵志詩》："彪之以文。"① 又《司徒袁公夫人馬氏靈表》
曰："俾我小子，蒙昧以彪。"皆用《蒙》卦之辭，<u>則九二
之苞蒙，漢時諸家《易説》必有作彪而訓爲文者，故鄭本
之爲説。</u>

以上字下帶點者爲二刻所加，有下劃線者爲二刻所删，三刻同。
究其增删之意，當爲據吕祖謙增補晁説之説，則陸績、一行爲
三國吳和唐人，作"彪"者更非僅有漢代易家，故删去最後一
句，不枝不蔓。

（6）統一術語。從《訓詁》經稿本《述聞》到初刻《述
聞》，"案""曰"術語已大致統一，前已有述。至於《訓詁》
或先引經文，或先引字書訓詁，或先出異文，或先下判斷，形
式各異。及正式作《述聞》，多先引經文傳注，而後加"案"
"曰"以考證。唯撰作伊始，未能嚴格恪守，偶有置"家大人
曰"或"引之謹案"於句首者，如《左傳·桓公十三年》"日
虞四邑之至"條起首即用"家大人曰"，至二刻、三刻統一先

① 《述聞》稿本此九字在天頭眉批，旁有"右雙行小字"五字。前
之"家大人曰"原作"引之聞於父曰"，知刊刻時改正。

出經文、杜注，將"家大人曰"置其後。偶有未加改正者①，已無礙整體之劃一。其新撰條目，不再有舊式痕跡。

以上爲大段、整句修改增删及體式之統一，其他個別字詞不同程度修飾，難以一一羅列。如原刻《爾雅上》"尚，右也"末伯申指責邵晉涵説"大誤"，三刻改爲"未確"，語氣平和；《毛詩》"寧訓爲乃"是訓詁式，與其他以經文立目不類，三刻改用《正月》"甯或滅之"原句立目，此類無論。其立目文字、條目前後亦皆有調整，如二刻《尚書》"在治忽"原在"萬邦作乂"之前，三刻調整至"女爲"條後；二刻《周官》"淫當爲涅"原在"引而信之欲其直也"前，三刻調整至其後。

增益是總趨勢，卻並非絶對，前舉初刻條目，至二刻删去，如"還相爲質"條援引戴震説，謂《禮運》"五味六和十二食還相爲質也"，應作"還相爲滑"，與"五色六章十二衣還相爲質"相區别。伯申徵引前後文云"今作質者，因與下文相涉而誤"，無多發明，故二刻删去。又稿本有"時乃大明服"一條，文云：

────────────

① 由於父子兩人主要精力在於增加條目與内容，體式仍有未能改盡者，如初刻"萬邦黎獻""惟時怙冒""舍我穡事而割正夏""咸劉厥敵"諸條以"引之謹案"起首，"明聽朕言""予仁若考""泯亂""終風且暴""維葉莫莫""翹翹錯薪""維其偕矣""我心則休""哿矣富人""我從事獨賢""則不我聞""明明天子""維今之疚"諸條以"家大人曰"起首，至三刻仍未統一改正。

　　　家大人曰：《左傳·僖二十三年》及《荀子·富國》
　　篇竝引《康誥》"乃大明服"。今本上有"時"字，疑因上
　　文"時乃不可殺"而衍。《傳》曰："是乃治理大明。"則
　　東晉古文已有"時"字矣。漢《封邱令王元賓碑》"三國
　　客寧，乃大明服"，亦無"時"字。

此條乍看也能成立，但未刻已刪，是否證據單薄，今已無法逆
料。也有初刻、二刻已刊條目，至三刻刪去。審察原委，情形
各異。二刻卷十《左傳》"日官居卿以厎日"條云：

　　　桓十七年《傳》："日官居卿以厎日。"杜注曰："厎，
　　平也。"《漢書·律志》引《傳》文蘇林注曰："厎，致
　　也。"引之謹案：蘇説是也。《周官·馮相氏》曰："冬夏
　　致日，春秋致月。"《考工記·玉人》曰"土圭尺有五寸以
　　致日"，是其證。《白帖一》："《左傳》曰：官以厎日。厎，
　　致也。"所引蓋古注①。（圖五十五）

與初刻相比，二刻增補《白帖》一證。此條雖糾杜注釋"平"
之非，然《周禮》、蘇林説及古注皆有明文，並非獨發奧蘊，
故三刻刪去。又二刻卷十一"瘧疾"條云：

　　　襄七年《傳》："子駟使賊夜弒僖公，而以瘧疾赴于諸

　　――――――――――

　　① 《經義述聞》卷十，清嘉慶二十二年刻本，第七葉上。

侯。"家大人曰：瘧非死疾，子駟弑君而以瘧疾赴于諸侯，其孰信之。瘧當爲虐，今作瘧者，因下疾字而誤加疒耳。昭十九年《傳》"許悼公瘧"，《月令》"民多瘧疾"，《釋文》並音魚略反，而此獨無音，則其爲虐字可知。虐者，暴也。《金縢》"遘厲虐疾"某氏傳：虐，暴也。謂以暴疾赴于諸侯也。《史記·鄭世家》記此事曰："子駟使廚人藥殺釐公，赴諸侯曰：釐公暴病卒"是其證矣。唐石經已誤作"瘧"①。（圖五十六）

瘧疾暴發，其來突然，亦能致死。且古文獻"瘧"與"虐"多互用。唯其疾之來突然，故引伸爲暴，虐之爲暴，則瘧亦有暴義。懷祖謂瘧疾非死疾，似非。此所以三刻删去之由②。其他如《述聞》三刻《周易》删去"劇豕""確乎其不可拔""八卦相錯"，《尚書》删去"小民方興"，《周官》删去"弓矢圍""官中"，《大戴禮記》删去"長股也"，《禮記》删去"左个""百膢時起""理萬物者也"，《左傳》所删如上所舉外有"呼"，等等。亦有調整詞目者，如二刻本卷二《尚書》有"敷求　別求別播敷"條，首引"往敷求于殷先哲王，用保乂民"，至三刻删

---

① 《經義述聞》卷十一，第一葉 a。
② 其後俞樾未必見二刻本《述聞》，而於《群經平議》卷二十六提出與念孫同樣之説。見《儒藏》精華本第 102 册，北京大學出版社 2014 年版，第 657 頁。

去首句及解釋"敷求，徧求也"云云，將詞目改爲"別求　別播敷"；二刻《易》"虎視眈眈"至三刻擴大爲"履虎尾　虎視眈眈　大人虎變　風從虎"而統論"虎"。(圖五十七)

　　就《周易》與《大戴禮記》二書之側重，似可推想王氏父子在二刻《述聞》以後，再用其理論與經驗，自《周易》而下逐一檢尋演繹，以補漏略；懷祖與朱彬書云"此書(引按，指《述聞》)年來又續添三四百條"，是僅就自己所補，抑統括父子所增，皆當深入研究。

　　《述聞》之撰作、修改、刊刻、增益，至最後成書，前後長達三十年，經典與經典，條目與條目，字義異同，字形譌誤，彼此牽連，互相糾葛，或是此而非彼，或增甲而删乙，故不乏初刻有而二刻删去之條目，如《禮記》之"不以人之親痁患""還相爲質""質幣""公戟其手"等。而至三刻又將"不以人之親痁患"補上，文字基本不變，是版片一時檢尋不出，抑是前後認識改變，無法揣測。因無葉碼之連貫，刷版裝訂難以控制先後，故劉藏本、普通本、二刻、三刻本條目順序時有顛倒。三刻刻成，仍有錯譌，並非完美。觀伯申道光八年致許瀚短札云："《述》二十一樣本，二十六至三十八……譌錯顛倒，脱字衍文，但祈簽出。其筆畫小有不合，則可略也。"① 印林爲伯申

---

① 王引之《致許印林短札》，王獻唐輯《顧黃書寮褉錄》，齊魯書社 1984 年版，第 30 頁。

督學山東所取士，深於《説文》之學，道光八年在京入武英殿佐助伯申校勘《康熙字典》①，時《述聞》三刻甫出一年，遂畀之校簽。其所校記當呈伯申審正，惜此後未聞修版挖改，故不克融入家刻本。

---

① 參見袁行雲《許瀚年譜》，齊魯書社 1983 年版，第 26 頁。

六、改"念孫案"爲"家大人曰"説平議

王懷祖命伯申佐撰《廣雅疏證》卷十，前九卷自署"高郵王念孫學"，卷十則署"引之述"，述也著，述乃父之庭訓，主次有別。及分撰《雜志》與《述聞》，約定體例，分工合作，乃於《雜志》署"高郵王念孫"，《述聞》題"高郵王引之"。"引之曰"在《雜志》中佔 13.7％，"家大人曰"在《述聞》中佔 42.4％，雖當時師友咸知父子共著，然接近半數之"家大人"説，已在學界埋下爭端之幾。同時師友書翰往返，或屬父，或屬子，或云喬梓，語出恭賀，父子受之不以爲意。不意身歿之後，紛爭即起。

伯申門下十龔自珍表其墓，有云："公所著書□□卷，謂之《經義述聞》。述聞者，乃述所聞於兵備公也。《通説》四十餘事，又説經之大者，在《述聞》之末。"① 龔氏此言，本書名用意所在而爲當時學界共識，乃伯申子壽同頗不以爲然，復函

----

① 龔自珍《工部尚書高郵王文簡公墓表銘》，《龔自珍全集》，第148 頁。按，《全集》中《述聞》卷次空而未填，蓋以《述聞》不斷增刻，自珍或有疑惑，遂空之。《王氏六葉傳狀碑誌集》卷一收入時，據書填作"三十二"卷。

云："先君著《經義述聞》，名述聞者，善則歸親之義。其中凡
先光禄公説十之三，先文簡公説十之七，其書閣下亦既讀之矣。
今不別其辭，而渾舉曰述聞於兵備，則先君《述聞》一書，不
僅寫録之勞乎？"① 意壽同所以斤斤於辯，恐時論已有疑惑故
也。唯其所説《述聞》中父子之説比例當須糾正爲伯申十之五
六，懷祖十之四五，外人所疑，亦在此也。龔氏嘉道名流，壽
同咸豐英烈，一門人，一嗣子，異同之辭，世所關注。

一九二二年，羅振玉自海東返津沽，得王懷祖手稿及雜書
一笥。明年夏，王國維赴天津，借閲羅氏所購懷祖《釋大》及
《方言疏證補》等稿②，當時必前後翻閲，檢尋所需。故劉盼遂
謂王靜安師云："在津沽曾見石渠先生手稿一篇，訂正《日知
録》之誤，原稿爲'念孫案'，塗改爲'家大人曰'。"③ 靜安
所見，必在翻檢《釋大》《方言疏證補》及《韻譜》等文稿時
偶一見之。李宗焜於史語所所藏王氏手稿中檢出"地從也聲"
一稿，（圖五十八）係討論錢大昕與顧炎武關於"地"之古音，
上題"家大人曰：'顧説是，錢説非也。'"經與羅振玉所編
《書錢氏〈答問〉説地字音後》校覈，文字全同，而《書後》

① 見龔自珍《工部尚書高郵王文簡公墓表銘》後注釋二引王壽同
《擬復龔定盦書》，《龔自珍全集》，第 149 頁。
② 袁英光、劉寅生《王國維年譜長編》，天津人民出版社 1996 年
版，第 383 頁。
③ 劉盼遂《高郵王氏父子著述考》，《劉盼遂文集》，第 372 頁。

確作"念孫案"。此稿是顧而非錢，與靜安所見訂顧之誤者不同，是否靜安記憶之誤，今已無可徵矣。然改"念孫案"爲"家大人曰"者已確鑿無疑，且又不僅止此。李宗焜引周鳳五說云：

> 曾於屏東見王氏後人所藏王念孫手稿，內容爲經義之討論，乃用上下二欄紅界格之賬簿書寫。其中"念孫案"亦塗改爲"家大人曰"，但從筆蹟看，並非王引之所改，而是王念孫手改。然則從"念孫案"到"家大人曰"，有些應是王念孫所"故意"或"授意"的，可能王念孫只是起個頭或舉其綱目，而準備交由引之增益前，自己先做的改動①。

若周氏確係於王氏後人處所見，則靜安所見與史語所所藏未必是同，而塗改之稿絕非杪見。據筆者前對王氏父子著作撰寫過程推測，其文稿前後歷經：摘錄經傳文句——加"案"——"念孫案"（或"引之謹案"）——改"家大人曰"（或"引之曰"）之過程。從《稿本》"引之案"到《雜志》"引之曰"之實例，可以證明"念孫案"改"家大人曰"之文稿不僅確實存在，而且一定不少。劉盼遂推衍乃師說云："據此事，知《經義述聞》中凡有'家大人曰'者，皆石渠札記原稿，非經伯申融會疏記者

---

① 李宗焜《記史語所藏高郵王氏父子手稿》注二十九，《高郵王氏父子手稿》，第39頁。

也。"實不知王氏父子撰著體式之論。依體式，凡王懷祖文稿編入《述聞》，必須改爲"家大人曰"。"念孫案"塗改爲"家大人曰"，著作權未曾變更，仍爲石臞之説，此與伯申是否"融會疏記"不相關涉。與此形式相反而旨趣相同者即是懷祖將"引之案（謹案）"改爲"引之曰（云）"，兩者皆既非"故意"，亦非"授意"，更無"攘竊""歸美"之意，一切由撰著體式使之然。

由父子分工司職之撰著體式更進而探論"家大人曰"與"引之曰"之稱謂意義。"大人"本指在高位者或道德高尚純粹者，如王公諸侯等，引申指長老者。《史記·高祖本紀》云："高祖奉玉卮，起爲太上皇壽曰：'始大人常以臣無賴。'"是劉邦以"大人"自稱其父。隋唐以後以迄明清，於"大人"前加"家"字，用"家大人"自稱其父，猶曹植稱曹操爲"家父"。古者所以稱"家大人"、"家父"，蓋受避諱制度制約，孝子於父母，"聞名心瞿（懼）"，更"見似目瞿（懼）"。故斷不可在自署其名之著作中出現乃父之名諱。緣此，伯申編著《述聞》，迻録懷祖之劄記考證，豈敢直呼其名？必須改"念孫案"爲"家大人曰"，方始目順心安，不然在《述聞》中出現七百四十餘次"念孫案"字樣，姑不論伯申如何心懼目懼，其著作傳之學林後世，亦必背上不孝之名。非唯須改"念孫案"爲"家大人曰"，即自己之案語，在與乃父案語同處並行，亦當稱"引之謹案"以示謙敬。相反，懷祖著《雜志》，迻録伯申之劄記考證，因《曲禮》有"父前子名，君前臣名"之訓，故直稱"引之曰"無礙。與其子之劄記考證並行，亦無須恭敬加"謹"，乃亦直書"念孫案"。此當時父子約定之深意，從六七千條劄記稱謂之整體一律而無例外中，可決然論定而無疑。

至於"念孫案"改爲"引之曰"，因著作權由懷祖變更爲伯申，是所當討論者。許維遹曾借傅斯年所藏王懷祖《呂氏春秋》校本，（圖五十九）逐録其校記案語於所著《呂氏春秋集釋》中，由於其親見《呂覽》王校本校記，覈對《雜志》，乃云："《呂氏春秋雜志》計引伯申十條，今復按底本，有七條爲石臞所校，又《十二紀》'雷始收聲'條，陳觀樓引作石臞云，與底本合，而《經義述聞》校《月令》爲'引之案'，其痕跡不可掩矣。"[1] 觀許氏所言，容易誤會伯申十條之中，有七條爲懷祖所撰校語，亦即爲懷祖所撰，此必須辨正：

《呂覽·仲夏紀·古樂》"有倕作爲鼙鼓鐘磬吹苓管塤篪鞀椎鍾"王懷祖圈"苓管"兩字作校語云：

> "苓"當作"筶"，古"笙"字也。"笙"之爲"筶"，猶"旌"之爲"旆"。

《雜志餘編·呂氏春秋》立"苓管"條云：

---

[1] 許維遹《郝蘭皋夫婦年譜》，《清華學報》第十卷第一期，收入《郝懿行集》，第七冊，第 6121 頁。

"吹苓管壎箎"。引之曰："苓"當爲"筌"，即"笙"字也。古從"生"聲之字，或從"令"聲。"笙"之爲"筌"，猶"旌"之爲"旍"也。《玉篇》云："旍同旌，見《禮記》。"《爾雅·釋天》《釋文》云："旌，本又作旍。"《月令》"載旌旐"，《吕氏春秋·季秋篇》"旌"作"旍"。隸書從"竹"之字，多變從"艹"，故"筌"譌作"苓"。或曰："篁"字之譌，"竹"誤爲"艹"，又脱下半耳。

此條懷祖校語已指明譌誤所在，然伯申博徵文獻，完善其説，又引入"苓"或爲"龠"之説，可謂略有補充。

再舉一條，《吕覽·任數》"嚮者煤炱入甑中"王懷祖改"煤炱"爲"臺煤"而作校語云：

《文選注》本作"炱煤"，作"煤炱"者，俗本耳。

《雜志餘編·吕氏春秋》立"煤室"條云：

《任數篇》"嚮者煤室入甑中"，高注曰："煤室，煙塵也。"《文選·陸機〈君子行〉》注引此"煤室"作"炱煤"，又引高注"炱煤，煙塵也。'炱'讀作'臺'。"《家語·在厄篇》"炱煤"作"炱墨"，今本《家語》"炱"誤爲"埃"，蓋"炱"字似"矣"而誤爲"矣"，後人又加土旁耳。墨、煤古同聲，説見《唐韻正》。《説文》："炱，灰炱煤也。"《一切經音義》十五引《通俗文》云："積煙爲炱煤。"引之曰：
"煤室"當作"炱煤"，"炱"與"室"字形相似而誤。蓋
正文借"臺"爲"炱"，而注讀"臺"爲"炱"也。今本
"臺煤"二字誤倒，"臺"字又譌作"室"，而注內復有脫
文。《文選注》所引"炱煤"亦當作"臺煤"，其引高注
"炱讀作臺"當是"臺讀作炱"，今本《文選》亦後人所
改。"炱"爲正字，"臺"爲借字，故云"臺讀作炱"。若
云"炱讀作臺"，則是反以假借之字易正字，不可通矣。
畢校本據《文選注》改"煤室"爲"煤炱"，非也。"炱"
與"室"形聲俱不相近，若本是"炱"字，無緣誤爲
"室"。且《文選注》及《説文》《玉篇》《一切經音義》
皆作'炱煤'，非作'煤炱'也。

兩相對照，懷祖校語雖直指譌誤核心，若僅看校語，仍使人難
會其旨意。經伯申旁徵博引之梳理，譌誤之原委清晰呈現。其
他五條校本校語與《餘編》條目之旨意和文字差異大致如上，
不更舉。七條校語究竟是懷祖所校抑是伯申所校，猶有探討餘
地，唯筆者不敢妄測孔庭之內，懷祖如何授受。許維通所説伯
申改父説，"其痕跡不可掩"者，必須比勘澄清。許氏《集釋》
卷八《仲秋紀》"雷乃始收聲"下引王懷祖校語云：

"聲"字當刪，注內舉正文無"聲"字，此字乃妄人
所加。《淮南·時則訓》及《初學記》引《月令》，《類

聚》《書鈔》引《周書·時訓》竝作"雷乃始收"是也。
自唐《御修月令》始改作"雷乃始收聲",而今本《月
令》、今本《周書·時訓》遂並作"雷始收聲"①。

懷祖案語用八十字篇幅,引述《淮南子》《初學記》《藝文類
聚》《北堂書鈔》《逸周書》《唐月令》六書互相校覈,已將問
題作出初步梳理。對照《述聞·禮記上》"雷始收聲"條,竟
用六百二十三字論證此句(文繁不録)。徵引除懷祖所舉外,
又增《管子·版法》《莊子·馬蹄》《在宥》、《荀子·儒效》
《吕覽·禁塞》《韓非子·外儲説右篇》《戰國策·韓策》《淮
南子·俶真篇》《周禮·韗人》疏、《七經孟子考文》《北堂書
鈔》、宋撫州本《禮記》《易通卦驗》等典籍予以全面印證②。
指出"'雷始收聲',本作'雷乃始收',古人多以'乃始'二
字連文",各種典籍錯綜複雜,係妄人信手亂改,所謂"無者
加之,有者減之,而原本幾不可見。幸賴引者參差不齊,改之
未盡,得以求其蹤跡耳"。誠屬一篇精悍論證文字,與懷祖校
語,雖旨要相同,已不可同日而語。其中有五百餘字非"家大

① 許維遹《吕氏春秋集釋》卷八,中華書局 2009 年版,上册,第
177 頁。

② 按,上所舉爲三刻本文字,其初刻少《管子》《韓子》兩種,《北
堂書鈔》前無"抄本"兩字。再溯而上之,稿本此條《在宥》、《荀子·
儒效》二證補於天頭,《韓策》補於地脚,可窺其逐漸增加痕跡。

人曰”，若仍題“家大人曰”，實有欠公允。凡此仍應將發明權歸懷祖，而將著作權歸伯申，實因引證排比，亦需大量時間功夫。許維遹指出校本“念孫案”轉成《述聞》“引之曰”，即筆者所謂王氏父子先摘録校本中經文、校語，而後引據、論證之撰作過程。最後題誰人之名，作“念孫案”抑或“引之謹案”當以懷祖或伯申具體撰作爲準。至於撰作中間請益求教，庭訓點撥，切磋琢磨，即學友、師弟間尚可坦誠無隱，況乃父子共著之時，一字之師，一言之教，雖憤悱啓發，豁然貫通，亦不致頓改“案”“曰”之主。

以《吕覽》之校語與《雜志餘編》文字校覈，參驗北大《稿本》，再次證明，王氏父子著作過程是摘録校語後引證擴充，寫成條目。其間很可能既分你我，又不分你我，既分頭撰寫，亦互相切磋，儘管總會是庭訓多於切磋。以此爲認識基點，可以消弭其他王氏校本與著作間之著作權矛盾。如王欣夫以陳昌齊《淮南子正誤》所引懷祖校語校覈《讀淮南子雜志》，以爲《正誤》所引懷祖校語在《雜志》中“已載者，往往易以伯申名，可證實皆石臞所作也”①。王氏未舉出實例，筆者亦未校覈《正誤》原書，即若屬實，亦有可能是伯申摘録後隨即考證寫成，而爲其父採入者，不能因此而指爲歸美。再以此評判

_____

① 王欣夫《蛾術軒篋存善本書録·甲辰稿三》，上海古籍出版社2002年版，下册，第1297頁。

《管子》校本校語與《讀管子雜志》。張錦少對上圖所藏王懷祖《管子》校本已作深入研究。據其所統計，《讀管子雜志》共六百五十則，其中“引之曰”者一百三十六條。將“引之曰”與《管子》校本對照，顯出幾種情況：

（一）《雜志》稱“引之曰”，校本作“引之曰”或“謹案”者，共十五則；

（二）《雜志》稱“引之曰”，校本亦有相關校改和校語，然未注明校者爲父爲子，共四十九則；

（三）《雜志》稱“引之曰”，然校本無相關校改或校語，共七十二則；

（四）校本有“謹案”的伯申校語，而《雜志》未曾予以立目疏證者十一則。

張氏將第一類校本之“謹案”與《雜志》之“引之曰”對勘，並從校本“下泉於地之下”句旁王懷祖手書“引之曰：‘泉’當爲‘臮’”切入，證明校本“謹案”爲伯申所加案語，固是。若從王氏父子《雜志》《述聞》中術語推衍，伯申在懷祖校本上再加案語，用“謹案”來區別與式敬，順情在理，毋庸置疑。關於第二類未注明爲誰所校之校語歸屬，張氏亦從《雜志》之“引之曰”和洪頤煊《管子義證》歸爲伯申校案，理由是洪之《義證》刊刻早於《讀管子雜志》。筆者從另一角度思考：《雜志》中“引之曰”文字詳於校本案語，與《吕覽》

校本一樣，當係伯申摘録懷祖或自己校語予以疏證之結果，張氏所舉《雜志》"致于鄉屬""蟲易"條"引之曰"文字詳於校本案語，後者洪氏《義證》文字亦詳於校本而與《雜志》同，只能證明王氏父子曾將未刊稿一同借予洪氏，否則無法相同。其有個別字句差異，證明王氏刊刻前又經過潤飾加工。故此四十九則校語，至少大部分仍可能是懷祖所校，區別於引之所校的"謹案"，個別若屬伯申校語，當視爲個案。第三類校本無校語，而《雜志》有立目並有"引之曰"者，很可能是伯申撰寫條目在查閱校覈原書時臨時發現隨手撰寫者。至於最後一類，從王氏校本整體著眼，並非所有校語最終都寫成條目，相當一部分無法證明、未能發揮者多已捨棄，也有可能是伯申寫成交給懷祖後，未被採納。張氏舉出一條，即本文前節論及的"吾欲守國財而毋稅於天下"，是遺漏抑或未被採納，無從徵實。王伯申在《管子》校本與《雜志》中可以互證之實績，證明懷祖《讀管子雜志敘》"長子引之亦婁以所見質疑，因取其說附焉"云云並非歸美性虛語，又其著一"婁（屢）"字，表見父子間往復磋商之情節與神情。

此類伯申受懷祖啟發、撰寫新證後，又質疑或增補之例，只要細心研讀王氏四種，隨處可以發現，茲舉一例以證：

> 《廣雅·釋詁第一下》："謫徒革、過，責也。"
>
> 王念孫疏證：過者，《吕氏春秋·適威篇》"煩爲教而

過不識，數爲令而非不從'高誘注云：'過，責也。'《趙
策》云：'唯大王有意督過之也。"

此訓"過"爲督責，懷祖以高誘注參證，引《趙策》爲佐證，
固已完整。伯申緣此而寫《毛詩下·勿予禍適》條，文云：

　　　"勿予禍適"，毛傳曰："適，過也。"箋曰："勿罪過
　　與之禍適。"引之謹案：予，猶施也。禍，讀爲過。《廣
　　雅》曰："讁、過，責也。""讁"與"適"通。"勿予過
　　讁"，言不施譴責也。《晏子春秋·雜篇》曰："古之賢君，
　　臣有受厚賜而不顧其國族，則過之。臨事守職不勝其任，
　　則過之。"《呂氏春秋·適威篇》曰："煩爲教而過不識，
　　數爲令而非不從。"高誘注曰："過，責也。"《趙策》曰：
　　"唯大王有意督過之也。"《史記·吳王濞傳》曰："賊臣晁
　　錯擅適過諸侯。"《新序·善謀篇》曰："令讁過卒分守成
　　皋。"是"過"、"適"皆責也。"禍"與"過"古字通。
　　《荀子·成相篇》説刑曰："罪禍有律，莫得輕重。"即
　　"罪過"字。《漢書·公孫弘傳》"諸常與弘有隙，雖陽與
　　善，後竟報其過"，《史記》"過"作"禍"。

毛傳訓"適"爲"過"，無誤。鄭箋釋"禍適"爲"禍適"，
同辭相訓，不明所以。故伯申以《廣雅》"過，責也"爲證，
並引《呂氏春秋·適威》和《趙國策·趙策》例，可見其確以

懷祖《廣雅疏證》爲據。然其更引《晏子春秋·雜篇》《新序·善謀》《荀子》《史記·吳王濞傳》《漢書·公孫弘傳》諸例，則溢出懷祖所證，糾正鄭箋更加有據。抑不僅此，據王國維整理之《廣雅疏證補》，伯申還在懷祖已刊《疏證》上增補如下文字：

> 引之云：《商頌·殷武篇》"勿予禍適"，"予"猶"施"也，"禍"讀爲"過"，"適"與"謫"通，"勿予過謫"謂不施譴責也。《史記·吳王濞傳》云："賊臣鼂錯擅適過諸侯。"是"過""適"皆責也。"禍"與"過"古字通，《荀子·成相篇》說刑云："罪禍有律，莫得輕重。""罪禍"即"罪過"也。

伯申首引《殷武》篇，是其補《疏證》必在考證《毛詩》"勿予禍適"條之後。其略去傳箋不言，蓋此在於補證《廣雅》，不在辯證傳箋正誤。所補《史記》和《荀子》例，前者欲明"禍"、"適"皆"責"之義，後者則在證"過"、"禍"古字相通。此條係伯申由《廣雅》得其義，援懷祖所疏例證證《鄭箋》之失，又以所得新例補懷祖《疏證》，使《疏證》例證更加豐富。由伯申此類補義，可證其時有闡發，絕非因人成事；懷祖不會亦無必要將自己意見既加名於"引之"又在已刊《疏證》中也標示"引之曰"。須知《廣雅疏證》前九卷全係懷祖自撰，若如此煞費心機安排，豈但天厭之，懷祖自己亦不可能静心於著述矣。與此相反而相成之條目有：

《廣雅·釋詁弟三上》："娍曰，輕也。"

王念孫疏證："娍"之言"越"也。《説文》："娍，輕也。"《爾雅》："越，揚也。"是"娍"與"越"同義。《荀子·非相篇》："筋力越勁。"越者，輕也。《説文》云："赵，輕勁有材力也。"楊倞注"以越爲過人"〔亦〕失之。《説文》："跋，輕足也。"義亦與"越"同。

疏證中引《爾雅》"越，揚也"，與《廣雅》不甚一致。《荀子·非相》篇楊倞注"越"爲"過人"，與"勁"字不相屬，故懷祖另寫"越勁"一條劄記：

《讀書雜志·荀子弟二·非相》"越勁"條：

"筋力越勁，百人之敵也"，楊注曰："越，過人也。"念孫案：如楊説，則"越"、"勁"二字義不相屬。今案：越者，輕也，言筋力輕勁也。《説文》云"赵，輕勁有材力"是也。"越"字本作"娍"，《説文》曰"娍，輕也"，《廣雅》同。《玉篇》音"于厥切"。"娍"與"越"古字通，《吕氏春秋·本味篇》注曰："越越，輕易之貌。"《緇衣》引《大甲》曰"毋越厥命以自覆"，言毋輕發厥令以自傾覆也。鄭注以"越"爲"顛隮"，非是。説見《經義述聞》。《説文》"跋，輕足也"，義亦與"越"同。

此條劄記糾正楊注之失，並揭出《呂覽·本味》高注一證。連類而引及《緇衣》"毋越厥命以自覆"語，謂康成注亦非，因又撰寫《太甲》一條（兩條當是同時所撰）：

> 《經義述聞·禮記下》"毋越厥命以自覆也"條：
>
> "大甲曰：'毋越厥命以自覆也。'若虞機張，往省括于厥度則釋"，鄭注曰："越之言蹶也。言毋自顛蹶女之政教以自毀敗。"家大人曰：越，輕易也。言毋輕發女之政令以自敗也，必度於道而後行之。若射之省矢括於其度而後釋，正見發令之不可輕易也。上文曰："小人溺於水，君子溺於口，大人溺於民，皆在其所褻也。夫水，近於人而溺人，德易狎而難親也，易以溺人。口費而煩，易出難悔，易以溺人。夫民，閉於人而有鄙心，可敬不可慢，易以溺人，故君子不可以不慎也。"曰"在其所褻"、曰"易以溺人"、曰"不可不慎"，皆戒其輕易也。《說文》"娍，輕也"，古通作"越"。《荀子·非相篇》"筋力越勁"，謂輕勁也，《說文》曰"輕勁有材力"是也。楊倞《注》以"越"爲過人，失之。

懷祖既指出康成之非，是必隨手寫成此條，伯申編錄《述聞》，如實標示"家大人曰"，並未攘竊爲己作標"引之謹案"。同時，在王國維所整理之《廣雅疏證補》中，此條刪去"《爾雅》：'越，揚也。'是'娍'與'越'同義"十一字，增加一段：

> 《吕氏春秋·本味篇》注云："越越,輕易之貌。"是
> "越"與"娍"同義。《緇衣》引《太甲》曰："毋越厥
> 命,以自覆也。若虞機張,往省括于厥則釋。"越,輕易
> 也。言毋輕發汝之政令以自敗也,必度于道而行之,若射
> 之省矢括于其度而後釋。正見發令之不可輕易也。上文云：
> "小人溺於水,君子溺於口,大人溺於民,皆在其所褻也。
> 故君子不可以不慎也。"曰"在其所褻",曰"不可不慎",
> 皆戒輕易也,鄭注以"越"爲"顛躓",失之。

更將原引《荀子》後"越者,輕也"之解,改爲"亦謂輕勁
也"。以上三條及《疏證補》一條互相關聯,文字如出一手。
懷祖疏證《廣雅》在乾隆末年,即使其撰寫《緇衣》"毋越厥
命以自覆也"條時標作"念孫案",迨及嘉慶初年或以後編纂
《述聞》時,無論自己改"家大人曰",抑是伯申改爲"家大人
曰",皆屬《述聞》體式所規定,與"歸美"、"攘竊"毫不
相涉。

七、對王氏父子著書過程之初淺認識

王懷祖幼承戴震之學，於四體二用六書理論深有體會領悟，長校群書，於周秦經典傳抄謠奪已有真切認識。中年校注《說文》，補疏《方言》，雖因故擱置未成，而於經典異文及形音義關係已瞭然於胸。及其疏證《廣雅》，因張揖之書備載秦漢經師古義，恍然悟徹"周秦兩漢古義之存者，可據以證其得失；其散逸不傳者，可藉以闚其端緒"，因萌發周秦經典正謠計劃。唯茲事體大，非一人之力所能肩任，於是物色後進才俊，欲與共證音義道要，以成不朽鴻業。然京官廣文之地，無處覓才，適長子伯申入都侍奉，遂授以獨得精義，試以《疏證》《訓詁》，頗覺啼聲清美，孺子可教，復使習作《述聞》，演繹旨要，亦稱其意，於是分工合作《雜志》與《述聞》二書。其撰著過程始終是校勘群籍，整理舊稿，撰寫新稿，合成定稿。間則比類推證，參互生發，期於最大限度解決經典謠誤。由今存王氏《稿本》《抄錄稿》《行草稿》《述聞》稿本與四種刻本及單刊《太歲考》《爾雅》、二刻《述聞》等參互求索，可得王氏父子撰著之大致步驟如下：

（一）遍校經典群籍，圈改或旁注王氏認爲正確之字詞、

短語，或加案語説明理據，間或引例爲證，或加浮簽説明並簡
單論證。①

（二）將所校經典群籍中可申發、推闡、論證之字詞、短
語摘録另紙。因摘録不同經籍彙總一處，容易淆亂，故標示書
名、篇名、例句。原有之校語、説明、例證和簡單案語等也予
迻録。②

（三）摘録成條目，便於本書前後關聯與不同書籍相同内
容之關聯，既便於歸併條目（《雜志》《述聞》皆有不同條目解
釋同一字詞），也便於本書互證，他書互證。在另紙條目上進
行疏證，靈活方便，後有所得，可增補前例；前有所失，或所
解不妥，後有新證新識，復可隨時修正前説。凡有所證，均加
"案"字，或直接標示"念孫案"或"引之案"以區別所屬。

（四）從校勘群籍到寫成著述，父纂子述，既有分工，又有
側重。《雜志》由懷祖主筆，己説用"念孫案"表述，援伯申説
則改"引之案（謹案）"爲"引之曰"表述；《述聞》由伯申主
筆，己説用"引之謹案"表述，援父説則改"念孫案"爲"家
大人曰"，以示尊敬。至於伯申撰作中之憒悱，懷祖庭訓時之啓

---

① 一書不嫌重校再校，不嫌父校子再覆校。《雜志》《述聞》中很多
是在撰作覆覈過程中發現之新問題。
② 並非一時將所有已校群籍之校記案語全部摘録，可以分書分批，
但爲防止群籍近同詞句錯亂，故標明書名篇名。

發，或未必處處改標"家大人曰"。最後由懷祖統攬全局。

（五）在以校勘群籍爲主要來源之同時，尚有數端，懷祖數十年積累之"群經雜志"舊稿，固爲最初稿源之一；《廣雅疏證》中已揭示、簽記漢魏舊注、經典正文之譌誤者，轉從經典字詞文句立目，旁徵文獻，詳爲疏證，是爲稿源之二；在疏證此句此條旁證他書他注時，若同誤並譌，同書則合併一處，他書則另立詞條，彼此互證，不嫌重複，是爲稿源之三。其分纂各條，例雖不嫌相重，而論則盡量明豁，故或詳或略，相互參見①，務使簡要得體。由此及彼，由近及遠，若雪球之滾動然，詞條篇幅由此增益，而經典正譌系統亦由此建立。

（六）撰作之中，因父子同處共著，其切磋交流，可謂無日無之，故你中有我，我中有你，難分彼此，儘管以父説爲主。稿成之後，可能互審，至少懷祖審閲過伯申部分文稿，並略有補充。補充文字刊出時以正文大字還是雙行小字，抑或大小字皆有，尚需深入研究。

（七）積稿成書，有一定量者分篇排列（如《讀書雜志》），不足一定量分篇太少者，以書分上、中、下（如《經義述聞》）。迨及條目依篇順次類聚，爲省篇幅，删去原條目中書

---

① 《雜志》《述聞》《釋詞》三書中有大量參見條，均有著落；筆者僅檢出《釋詞》"率"字下云"辯見《經義述聞》'我祖底遂陳于上'下"，《述聞》實無此條。若獨自撰作，各不相謀，則參見照應，失誤必多。

名、篇名（每篇第一條留篇名），僅標以所考證之字詞、文句。《雜志》以篇分，一索即得，《述聞》不以篇分，一卷之中條目過多不易檢尋，遂在卷前列目，以便檢索。

（八）王氏家刻著作，多不署刊刻年月，一則欲先刻分贈師友求教，而後彙總修改重刻；二則雪球滾動，不斷有須增補條目與增刪文字。《雜志》中《荀子》《淮南子》之補，《述聞》初刻、二刻、三刻之增，皆其增益之事實。

自乾隆五十三年始，至道光十二年止，前後四十餘年，懷祖創之，伯申承之，父撰子述，配合默契。唯伯申通籍，仕宦亨通，冗務纏身，不免分心；懷祖致仕，清心寡慾，銳意著述，絕無旁騖。且以聲韻通訓詁之精義，原係懷祖鑽研獨得之秘，正周秦經典譌誤之計劃，亦始終由懷祖擘畫掌舵。故伯申撰稿之際，不少庭訓；成稿之後，多由乃父刪正潤飾，補充審定。《疏證》先成，復有《補正》；《雜志》初刻十六卷，次刻四十三卷，後又增三十九卷；《述聞》則由《訓詁》而初刻，至二刻增爲十五卷，三刻爲二十八卷，至道光十年又加合刻補正。蓋以既得道要，觸類而生，新稿日增，舊譌漸減，一刊再刻，正復不能已已也。仰鑽鴻著，細梳纖微，蕞爾淺才，豈能盡覘，況乃遺稿散落南北二百年之後哉！僅就一管之窺，一得之愚，期以顯王氏父子四十年苦心孤詣撰著方式之一斑，俾予小子進學有所向，並敢冀世之博雅君子有以教我云爾。

八、卷後語

　　三十年前讀《雜志》《述聞》，又手抄劉盼遂《高郵王氏父子年譜》，知道光十二年正月懷祖化去，伯申於制中整理遺稿，彙刊《餘編》二卷，殿《雜志》後，乃人情事理之常。然《餘編》之《莊子》《老子》《呂覽》殊非易讀，皆僅零落數條、數十條，後於許維遹《呂覽集釋》獲知王氏校本有校語一二百條，不免悵怏惜之。近年主持《高郵王氏四種》整理，乃重理舊業，博涉相關史事，得讀王菉友《王懷祖先生軼事》一則，謂懷祖先生嘗曰："讀書之傷生也與酒色同。若好讀書而復有他所好，必至於死，故吾損棄他事，專精於書也。"予深以爲先得我心之同然，其所以翹然爲乾嘉之懷祖者歟？繼述之云："先生之壽八十八歲，卒於道光某年正月某日。筠是年固在都，而忘之矣。冬已病，其子伯申尚書請假侍養。正月某日，請曰：'大人愈矣，今日開印之期，兒赴署可乎？'許之，遂行。先生平昔教子而不教孫，是日悉召之，教戒於床前曰：'我將卒矣。適所以不告爾父者，分則父子，情猶朋友也。彼喪此老友，其何以爲情？然年已六十，爾輩宜勸之勿過哀。服闋後亦不須再出，出亦不吉。然吾知其必出也。'遂不復言，顏色遽變。諸公子使人至署謁尚書。尚書馳而歸，請訓。先生但揚目視之而已。是日遂卒。"① 乃恍然前述懷祖之語爲有待也。懷祖專心一意、青燈黄卷數十年，孜孜於周秦經典正譌一事，豈僅刊落聲華者比邪！方其雄心勃勃，遍校群書，尋覓俊逸，共證道真，所期豈十種八十卷而已邪？伯申制中匆遽所輯《餘編》二卷，又豈厭懷祖九泉之所望邪？伯申之必出，知子莫如父也，而斷出之不吉，懷祖豈天人邪？噫！何伯申生時其有舁鷹異夢也。天之與懷祖齡亦裕矣，猶有慳焉，何其不與伯申以齡，而世又有與齡之猜測誤解，豈不詭哉？走筆至此，不禁掩卷憮然，仰視茫然，若有所失，若有所得。

二〇一五年二月六日至三月五日初稿
二〇一五年三月六日至三月八日二稿
二〇一八年九月增訂三稿
二〇一八年十二月增訂四稿

① 王筠《清詒堂文集》，齊魯書社 1987 年版，第 177 頁。

附：高郵二王著作考實圖版

附錄高郵王氏父子著述考

已刊者

經義述聞三十二卷 王引之撰

王靜安師云在津沽曾見石渠先生手稿一篇訂正日知錄之誤原
稿爲念孫案塗改爲家大人曰盼遂案據此事知經義述聞中之凡
有家大人曰者皆石渠札記原稿非經伯申融會疏記者也石渠有
與宋小城書云念孫於公餘之暇惟耽小學經義述聞而外擬作讀
書雜記一書此經義述聞爲石渠所著伯申則略入已說而名爲己
作之切證也亥王愛子有輿鈴之夢石渠或亦然矣數年前上虞羅
氏得王氏稿本七十餘册爲書凡數十種皆石渠手翰伯申寸幅
無俚靜安師詬盼遂云伯申之才作太歲攷經義述聞通說嘗宜謹
嚴精懿著恐非所任林宰平師述其先德鹽塘先生說侯官陳喬樅
所著諸書類皆其父左海之稿而略爲點定名字者也盼遂案此蓋

《高郵王氏父子年譜》

與王家事近石渠先生成廣雅疏證第一卷時伯申年纔二十一從
事肄業而書中己履引其說粱任公師云米元章代米子友仁作楚
山淸曉圖進呈徽宗殆亦與王氏事類盼遂案米家無明文安
史本傳及周密淸波雜志皆言米蒂進楚山淸曉圖鄧椿畫繼云米
元章當置畫學之初召爲博士便殿賜上其子友仁題山淸曉
圖合史傳曉與畫繼親之則楚山淸曉圖實元章所作而嫁名友仁者
也去歲傳石斯年收得王懷祖呂氏春秋雜志稿本以較讀書雜志
則凡引之說者皆爲念孫案也又王子蘭文集有與槧自珍書謂槧
讖伯申不自著書其證亦極强

廣雅疏證二十二卷 王念孫撰

石渠先生自序云不揆檮昧爲之疏證殫精極虑十年于玆石渠府
君行狀及徐士芬作墓志亦云公官御史時注釋廣雅以三字爲
率十年而成賚 永定河道王公事路狀 今實核之疏證之作始於乾

四十　百勤樓印行　来薰閣藏書

圖一

劉盼遂《高郵王氏父子著述考》

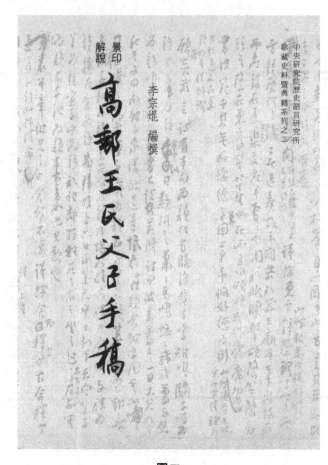

圖二

李宗焜整理《高郵王氏父子手稿》

圖三

張錦少《王念孫古籍校本研究》

高郵王氏遺書目錄

王氏六葉傳狀碑誌集六卷

方言疏證補一卷（王念孫）

釋大（同上）

毛詩羣經楚辭古韻譜（同上）

王文肅公遺文一卷

王石臞先生遺文四卷丁亥詩鈔一卷

王文簡公文集四卷附錄一卷

往在海東作金壇段茂堂先生年譜讀蘇州府志知王石臞先生曾撰茂堂先生墓誌因求石臞先生文集不可得戊午返國振京畿水災復求之於春明寶瑞臣宮保（熙）爲言文簡父子未刻稿甚多藏於某氏欲就觀不果僅得石臞先生羣經字類手稿二卷亟影印以傳之及返國寓居津沽壬戌秋金息侯少府（梁）始爲介紹於藏文簡父子手稿之江君購得叢稿一箱亟求茂堂先生墓誌仍不可得也因將石臞先生及文簡遺文編錄共得八卷已而友人以王氏家集刊本見假則刊於咸豐末年取校新緝本則互有出入因重爲釐定付諸手民其石臞先生遺箸可整理繕寫者得三種復編錄其家狀誌傳成書六卷因匯印爲王氏遺書其他未寫定之遺稿以韻書爲多異日當陸續刊布世之治高郵王氏學者倘亦樂觀厥成乎乙丑十月六日上虞羅振玉記

目錄　一

圖四

《高郵王氏遺書》目録與羅振玉記

陳秉才
張玉範 編

北京大學圖書館藏

稿 本 叢 書

（5）

天津古籍出版社

圖五

《北京大學圖書館藏稿本叢書》扉頁

觀其自養齋畫餘錄總目

卷一

釋經　先文蘭公經義闡中未採者補作述闇拾遺

釋經又　經義近世諸家訓詁以家學折中參政己說作

釋子　先光祿公讀書襍志未採者補作襍志拾遺亦

卷二

釋采　稿全失采色如墨与調之處尜鳥亦謂之鸝之類

碑致墓志　題名　圖頌　造像　鑄銘　銅器

字斂

說韵　釋先光祿公古均廿一部之作稿未成

圖六（1）

《稿本叢書》第五冊《觀其自養齋爐餘錄》總目

· 174 ·

卷三

論說書後　跋　紀事　節略　銘　贊

序說書

書家書

詩賦　律示　票稿　說帖　會情紀聞記山川形勢風

卷四

公牘議　土人情與所辦事件　守城日記自咸豐二年十一月初旬

十起至十二月初三日稿全失

圖六（2）

《稿本叢書》第五冊《觀其自養齋爐餘錄》總目

石臞為梓字體不易分別苦逐條細讀凡加謹

審或引之棄者皆文簡所書凡石臞采用其子之

説則加引之曰其餘徵引摩書校勘宋本各本

及采錄孫洪二家之説皆石臞親筆或以有文簡

代書及加校者不敢肊定也惟黏簽字體不因寄

條情人涅札記錄出者宋氏謂即擇要商酌如

三原李雜志所潙為後來所增志知信否黏簽

修改之處別皆石臞筆也前附藏氏一札采入雜

圖七（1）

王念孫所校趙用賢刻本《管子》書影

（上海圖書館藏）

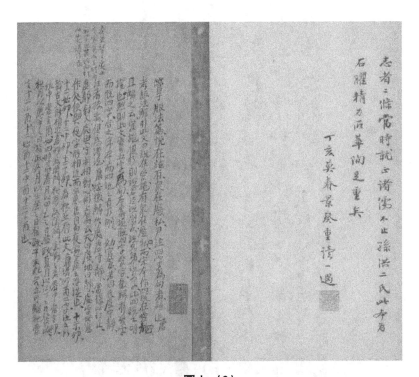

圖七（2）

王念孫所校趙用賢刻本《管子》書影

（上海圖書館藏）

圖七（3）

王念孫所校趙用賢刻本《管子》書影

（上海圖書館藏）

左操五音，右執五味，此言君臣之分也。君道右陰臣道，故曰君出令佚，故立于左。君但出令故立于左，臣則力佚。右勞臣任力勞，故立于右，故曰勞。右爲用事。夫五音不同聲而能調，此言君之所出令無妄也。五音雖有不同樂師，盡能調之諭。百度各有別而無所不順而令，君則盡能裁之，故所出無妄。行政成，君出令則政成。之所任力無妄也，臣守任事而無妄。五味不同物而能和，此言臣之所任力無妄也。臣則任職而無妄，臣宰夫五味和之而無妄也。臣能任職得宜，務而財必得宜多也。不得待而力務財多。其國而無齊其欲，民欲亦異常隨宜。其民欲既異，故君出令而無正。教之也，一其愛而無獨。

第五
第六目

大揆度儀，若覺臥，若晦明，若敖之在堯。
也第六 毋訪于佞，毋蓄于諂，毋育于凶，毋監于讒。
不正廣其荒第六目 不用其區區第七目 鳥飛准繩第八目
充末衡易政利民舉第九目 毋犯其凶舉第十目 毋通其求反
而遠其愛，高爲其居，厄顛莫之救舉第十目 可淺可深
可浮可沇，可曲可直，可言可默舉 天不一時
地不一利，人不一事舉 二舉夫天地一險一易，若鼓之有掉反
目二舉夫天地一險一易，若鼓之有掉反
擋丁用反 則擊天地萬物之橐宙合有橐天地三舉

圖七（4）

王念孫批校《管子》卷四書影

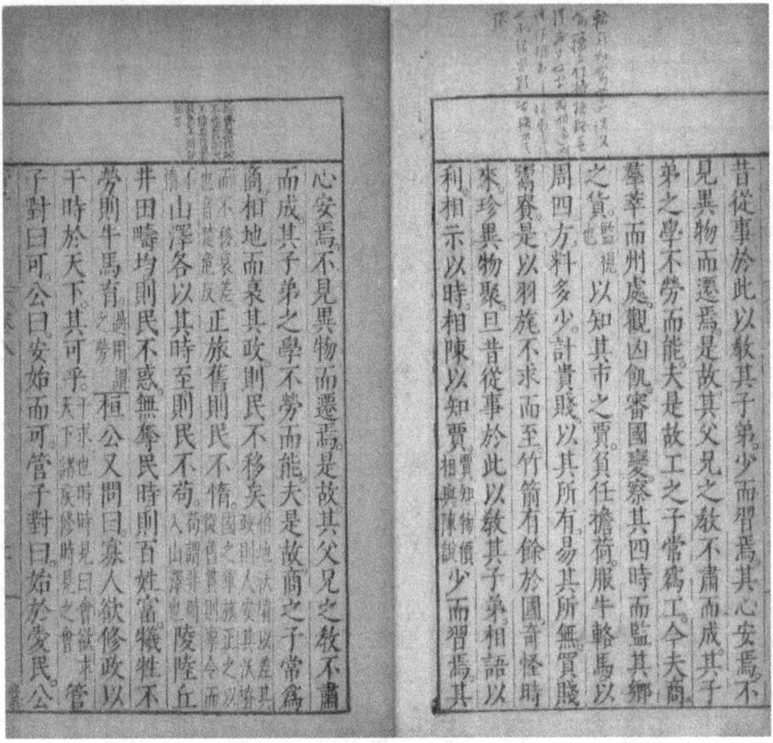

圖七（5）

王念孫批校《管子》卷八書影

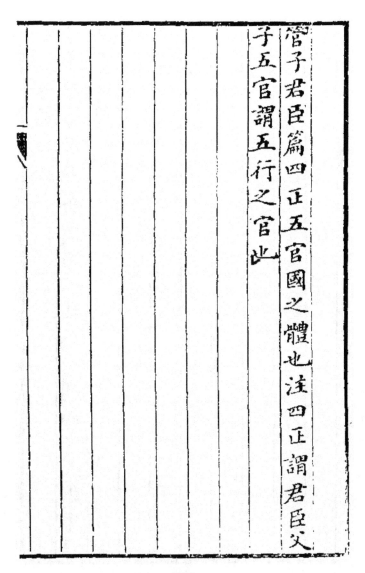

圖八

《稿本叢書・讀書雜志補遺》稿本

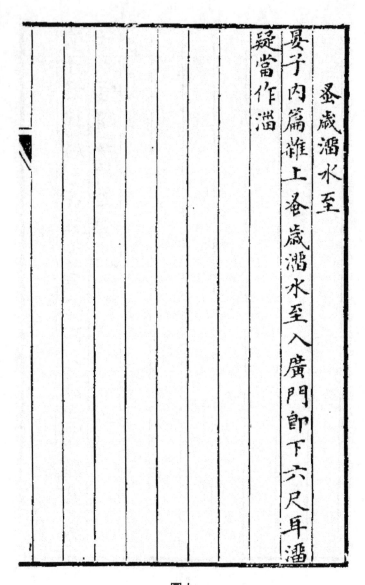

蚤歲潦水至

晏子內篇雜上每歲潦水至入廣門卽下六尺耳潘

疑當作涾

圖九

《稿本叢書·讀書雜志補遺》稿本

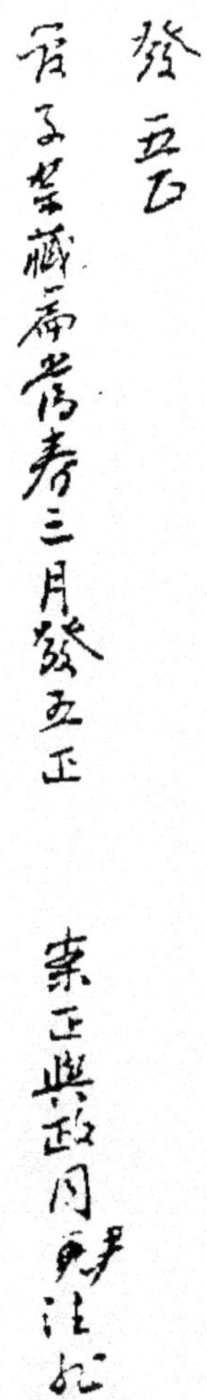
癸五正
宜子孫藏兩當壽三月癸五正
柬正與政同 尹注如

圖十

《稿本叢書·讀書雜志補遺》鈔録稿

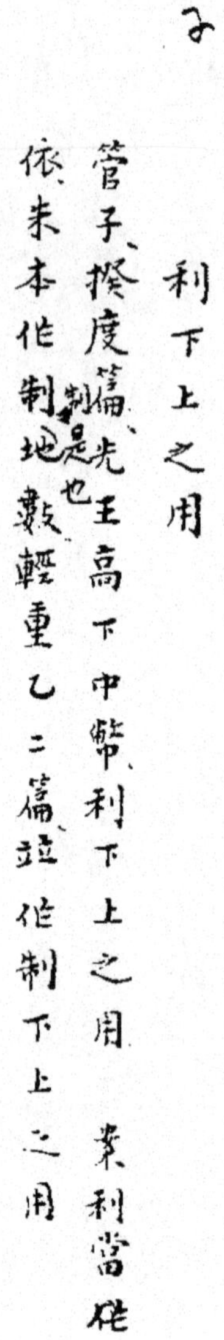

子

利下上之用

管子、揆度篇、先王高下中幣、利下上之用　素利當砥
（制是也）

依朱本作制地數輕重乙二篇並作制下上之用

圖十一

《稿本叢書・讀書雜志》鈔錄稿

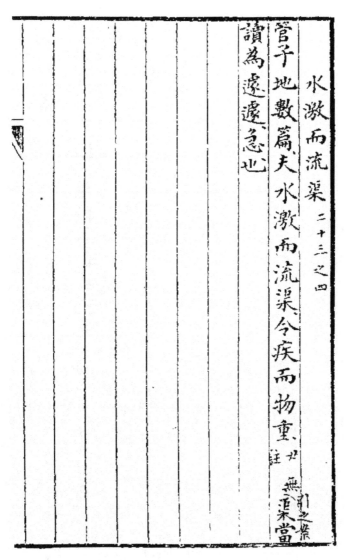

水激而流渠 二十三之四

管子地數篇夫水激而流渠令疾而物重註〇
無渠之業無渠當
讀為遽遽急也

圖十二（1）

《稿本叢書・讀書雜志補遺》稿本

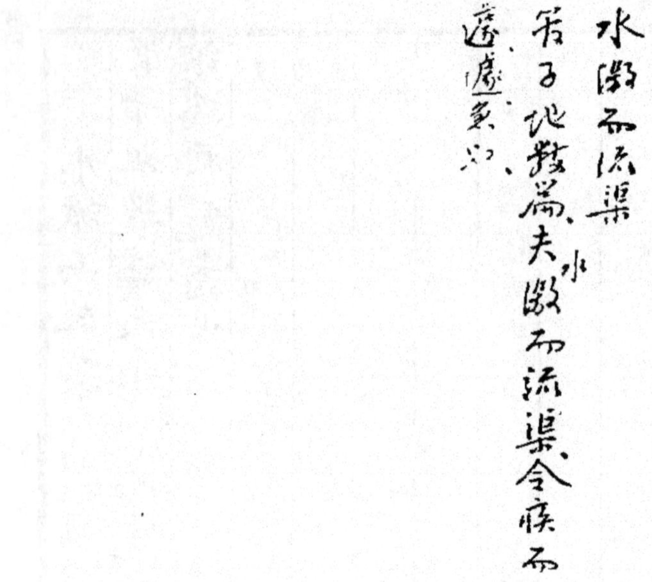

水澌而流渠

名子吡數篇夫水澌而流渠令疾而物重津每

遂盧熒也

桑渠當讀為

圖十二 (2)

《稿本叢書·讀書雜志補遺》行草稿

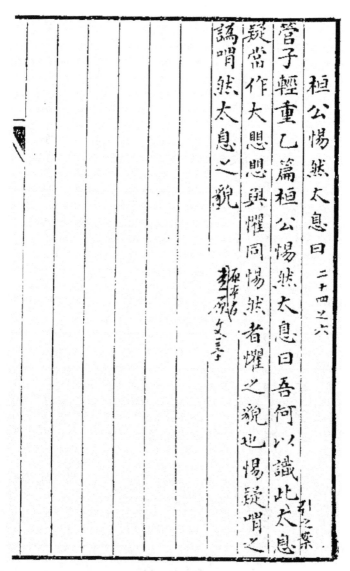

桓公惕然太息曰 二十四之六 引之案

管子輕重乙篇桓公惕然太息曰吾何以識此太息

疑當作大悤悤與懼同惕然者懼之貌也惕疑喟之

譌喟然太息之貌

圖十三 (1)

《稿本叢書・讀書雜志補遺》稿本

濟於大海身當為舟

桓公愀然太息曰

管子、輕重乙篇桓公愀然太息曰吾何吕識此、業太

息疑當作大愚、愚与懼同、愀然者懼之皃也

圖十三（2）

《稿本叢書·讀書雜志》鈔錄稿

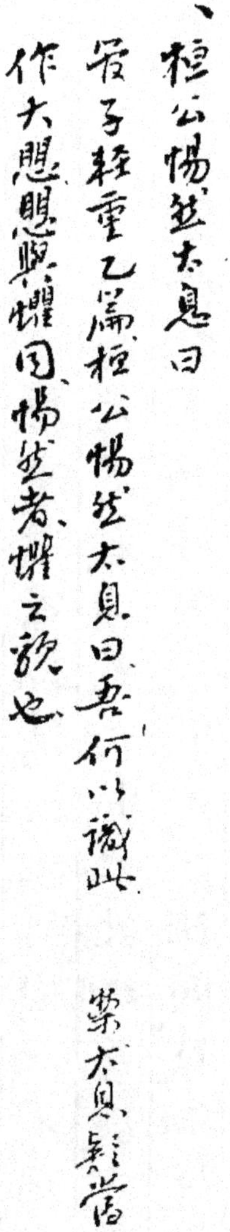

、桓公惘然太息曰

吳子輕重乙篇桓公惘然太息曰吾何以識此

作大悶悶與懼同惘然者懼之貌也

紫太貝影營

圖十三 (3)

《稿本叢書·讀書雜志補遺》行草稿

而毋稅於天下　若以身濟於大海　二十三之五

管子地數篇吾欲守國財而毋稅於天下而外因天

下可乎又天本富而財物殽不能守則稅於天下五

穀興豐巨錢〔巨錢疑當作己錢〕而天下貴則稅於天下然則

吾民常為天下虜矣夫善用本者若以身濟於㹠下㒼

觀風之所起天下高則高天下下則下天下高我下

則財利稅於天下矣謹案稅當為挽挽者奪之借字

地廣韻奪挽並輕重甲篇知萬物之可因而不因者

奪於天下奪於天下者國之大賊也此遒吾欲守國

財而毋挽於天下而外因天下義正相同故知挽即

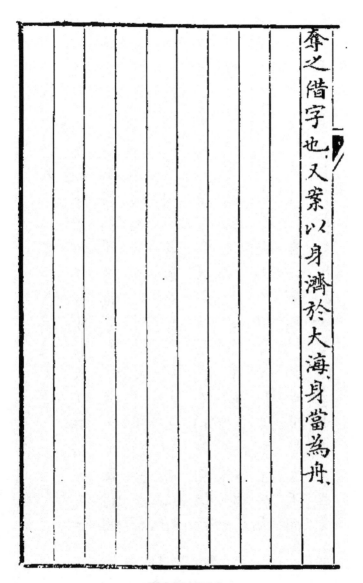

奪之借字也，又案以身濟於大海，身當爲舟，

圖十四（2）

《稿本叢書·讀書雜志補遺》稿本

而毋稅於天下　若呂身濟於大海

管子、地數篇、吾欲守國財、而毋稅於天下、而外因天下

可乎、又天本富而財物衆、不能守、則稅於天下、五穀興

豐、巨錢他巳賤、當而天下賤、則稅於天下、朕剽吾民常

爲天下虜矣、夫善用本者、若呂身濟於大海觀風之所

起、天下高則高、天下則下、天下高、我下、則財利稅於

天下矣、業稅當爲稅、稅者奪之借字也、廣韻奪稅并

輕重甲篇、知萬物之可因、而不因者、奪於天下、奪於天

下者、國之大賊也、此非吾欲守國財、而毋稅於天下、而

外因天下、義正相同、故知稅即奪之借字也、又案呂身

圖十四（3）

《稿本叢書·讀書雜志》鈔録稿

濟於大海身當為舟

桓公惕然太息曰

管子輕重乙篇桓公惕然太息曰吾何以識此　案太

息疑當作大愚愚与懼同惕然者懼之兒也

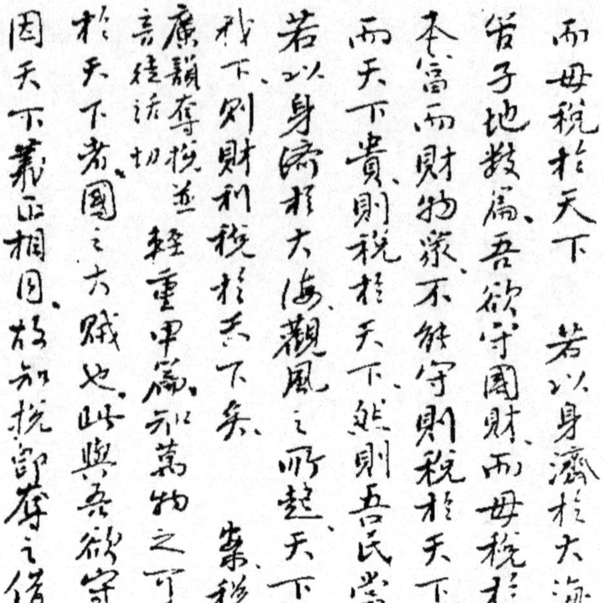

而毋稅於天下　　若以身藏於大海

皆子地數篇、吾欲守國財而毋稅於天下、而外困天下可于又天

本富而財物豢、不能守則稅於天下、五穀興豊、巨錢作巳賤當

而天下貴則稅於天下、然則吾民當為天下虜矣夫善用本為

若以身藏於大海觀風之所起、天下高則高天下下則下、天下高

我下、則財利稅於天下矣、　集穀當流稅授者奪之偕守也

廣韻奪稅益、　輕重甲篇、亦萬物之可困而不困者奪於天下、奪

於天下者國之大賊也、此與吾欲守國財而毋稅於天下、而外

音徒活切、困天下義亚相因、故如抑即存之偕守也、又紫以身藏於大海

圖十四 (5)

《稿本叢書·讀書雜志補遺》 行草稿

身常為母

荀子正論篇、犀象以為樹琅玕龍茲華覲以為寶槨

謹樹樹之於壙中也寶謂寶於棺槨中引之案上文

謂棺槨之藏此謂口中之物也樹讀為柱士喪禮記

曰寶貝柱右顙左樹柱古聲相近因借樹為柱耳

士禮以貝為柱此則易以犀象耳實亦謂口中含玉

也覲讀為玕琪古音華與玕琪一聲之轉猶

附羨施之期逼作勤騏驥之騏或作驥柱恣本書下文

捫人之墓抉人之口而求利正謂抉口以取其所以

為樹為寶者也棠此說亦非也樹仍謂樹木實則樹

栗此說二処七　蓋前兩者無行恭芝誤　而圅乃行於後

許圅庵董園在在下偏之不省稻家自证头说失之　此二托此記耶

圖十五 (1)

《稿本叢書‧讀書雜志補遺》稿本

圖十五 (2)

《稿本叢書・讀書雜志補遺》稿本

東海有紫絈魚鹽焉　五之八

荀子王制篇、東海則有紫絈魚鹽焉、然而中國得而
衣食之、楊注、紫紫貝也、絈未詳字書亦無絈字當為
蛄、郭璞江賦曰、石蛄應節而揚葩、注云、石蛄龜形春
則生花、葢亦蚌蛤之屬、古者以龜貝為貨、故曰衣食
之、引之案下文云、中國得而衣食之、則紫絈為可衣
之物、魚鹽為可食之物、較然甚明、紫與此通管子輕
重丁篇菜人善染練、此之於菜純錙、緺綬之於菜
亦純錙也、其周中十金、是東海有紫也、絈當為絈右
蜀谷字與去相似而譌、絈之譌絈、猶郤之譌郤也、漢王

圖十六（1）

《稿本叢書·讀荀子雜志》稿本

· 198 ·

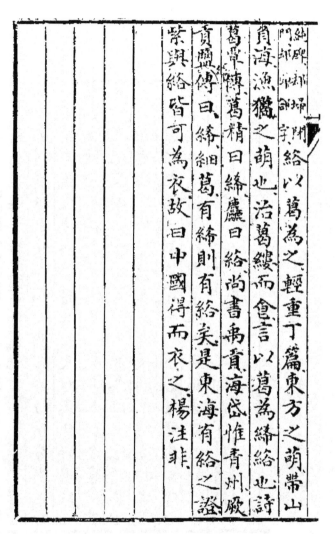

圖十六（2）

《稿本叢書·讀荀子雜志》稿本

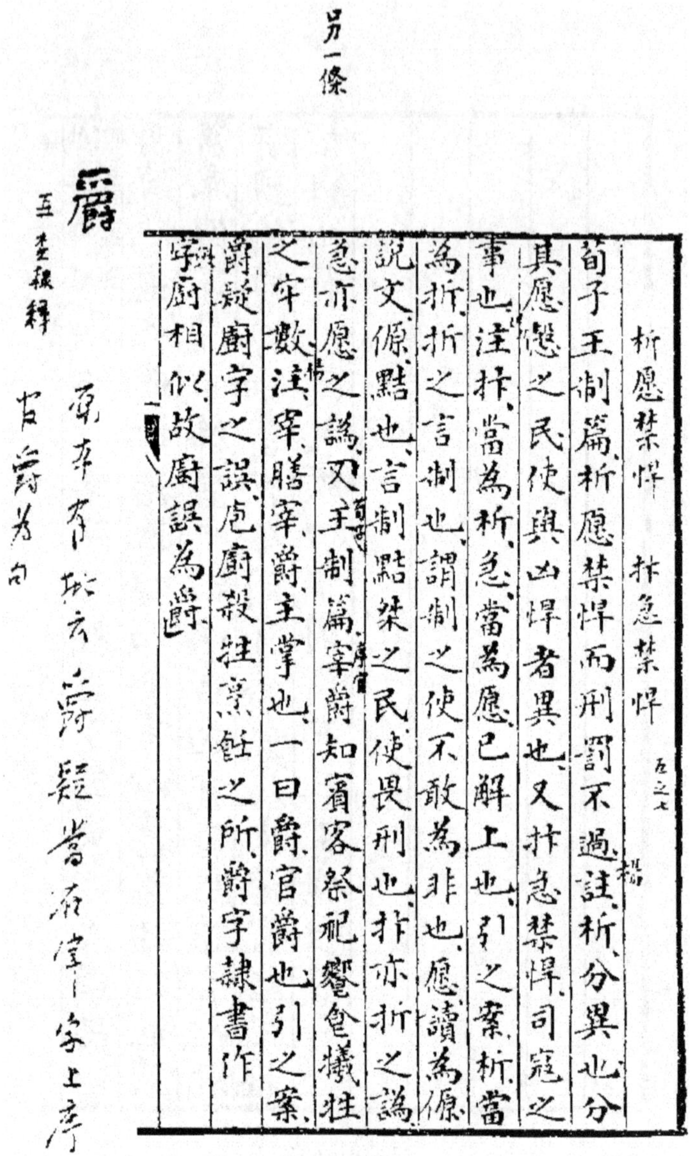

另一條

析願禁悍　扴急禁悍 <small>左之七</small>

荀子王制篇析願禁悍而刑罰不過註析分異也分
其願愿之民使與凶悍者異也又扴急禁悍司寇之
事也註析折之言制也謂制之使不敢為非也愿讀為原
為析析之言制也當為析急當為愿愿已解上也引之案析當
說文愿謹也點也言制點桀之民使畏刑也扴亦析之譌
急亦愿之譌又王制篇宰爵知賓客祭祀饗食犧牲
之牢數注宰膳宰爵主掌也一曰爵官爵也引之案
爵疑廚字之誤庖廚殺牲烹飪之所爵字隸書作
字廚相似故廚誤為爵

爵

玉臺新釋

原本有此云　爵疑當作廚字上序

古爵為句

圖十七

《稿本叢書·讀書雜志補遺》稿本

衣服有制宮室有度人徒有數喪祭械用皆有等宜此

何又見楊注曰皆有等級各當其宜也念孫案楊注失五此

王霸篇楊注曰儀大雅文王篇瑩鑒于殷大學引此儀作宜

之迂宓讀爲儀儀趬采服之儀春官注引此儀作宜

儀與等義相近周官大司徒曰以儀辨等則民不越典

俞曰掌諸庆之五儀諸臣之五等之位大行人曰以九

儀辨諸庆之命等諸臣之爵皆是也衣服有制宮室有

度人徒有數制度數與等儀義亦相近哀公篇曰人有

五儀有庸人有士有君子有賢人有大聖謂人有此五

等也楊以儀爲儀法亦失之

析愿　抃急

【志八之三】　七

析愿禁悍而刑罰不過念孫案析愿二字義不可通當

從韓詩外傳作折暴字也折暴與禁悍對文下文

曰如是而可以誅暴禁悍矣富國篇曰不足以禁暴勝

悍皆以暴悍對文則此亦當作折暴禁悍明矣楊云析

分異也分其愿愨之民使與凶悍者異也此不得其解

而爲之詞又下文抃急禁悍防淫除邪抃急二字語意

不倫當亦是折暴之誤下文暴悍以變姦爲邪不作正承

此文而言則當作所暴禁悍又明矣楊云抃當爲析急

當爲愿亦失之

王者之等賦政事財萬物所以養萬民也

圖十八

《讀書雜志·荀子第三》

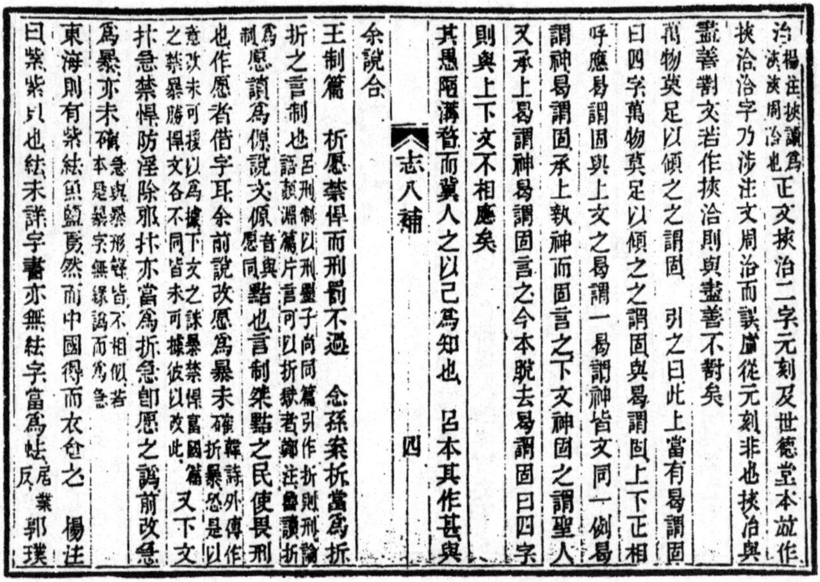
治（楊注：挾讀爲浹，浹，周洽也）。正文挾治二字，元刻及世德堂本竝作挾洽，洽字乃涉注文周洽而誤。盧從元刻，非也。挾治與盡善對文，若作挾洽，則與盡善不對矣。

萬物莫足以傾之之謂固　引之曰：此上當有曷謂固曰四字。萬物莫足以傾之之謂固，與曷謂固上下正相呼應。曷謂固與上文之曷謂一、曷謂神，皆文同一例。曷謂神曷謂固，承上執神而固言之，下文神固之謂聖人，又承上曷謂神曷謂固言之。今本脫去曷謂固曰四字，則與上下文不相應矣。

其愚陋溝瞀而冀人之以己爲知也　呂本其作甚，與余說合。

志八補　四

王制篇　折愿禁悍而刑罰不過　念孫案：折當爲折，折之言制也（呂刑：制以刑。墨子尚同篇引作折則刑。論語顏淵篇：片言可以折獄者，鄭注：魯讀折爲制）。愿讀爲傆，說文：傆（音與愿同），黠也。言制桀黠之民，使畏刑也。作愿者借字耳。余前說改愿爲暴，未確（韓詩外傳作折暴，恐是以意改，未可援以爲據。下文之誅暴禁悍，富國篇之禁暴勝悍，文各不同，皆未可據彼以改此）。又下文扑急禁悍，防淫除邪，扑亦當爲折。急卽愿之譌。前改急爲暴，亦未確（急與暴形聲皆不相似，若本是暴字，無緣譌而爲急）。

東海則有紫紶魚鹽焉，然而中國得而衣食之　楊注曰：紫，紫貝也。紶，未詳。字書亦無紶字，當爲蚨（居業反）。郭璞

圖十九

《讀書雜志·荀子補遺》

之時民固剝林木以戰矣勝者為長　長則猶不足治之

故立君〔立置〕君又不足以治之故立天子天子之立也出

於君君之立也出於長長之立也出於爭

爭之所自來者久矣不可禁不可止〔天生五材民並用之誰能去兵之〕

故曰兵之來久矣聖人以治亂人以廢興〔故〕

故古之賢王有義兵而無有偃兵家無怒笞則豎子嬰兒

之有過也立見〔家無嚴親怒笞則小國無刑罰則百〕

姓之悍侵也立見〔無刑罰則臣下故有相侵凌奪攘〕

之悍相侵也立見〔子好爭上下逆罰臣下故有相侵凌奪攘之罪〕

傳大忠無所佛悟索隱云不撝轄於君正義本於此書無可誅

剝去古字假借耳今本史記作揚雄誤

古書最相暴也立見〔無可誅〕

大懼故相暴小也故怒笞不可偃於家刑罰不可偃於國誅伐不

〔念孫按此行文生刑之異也念而慎字行文生刑之異也〕

〔刑之異此異四者〕

〔之說也也非案三陽〕

圖二十（1）

王念孫《呂氏春秋》校本書影（傅斯年圖書館藏），

轉引自張錦少《王念孫古籍校本研究》

七日　三代所寶莫如因，因則無敵。禹通三江五湖，決伊闕，
溝迴陸注之東海，因水之力也。迴通。舜一徙成邑，再徙成
都，三徙成國，二[周禮四井為邑，邑方二里也。四縣為都，都方
十二里也。邑有封，都有成，然則邑小都大也]而堯授之禪位，因人之
心也。禪位與成皆因人之心也。之授。湯武以千乘制夏商，因民之欲也。
喜紂之故，曰眾曹好之，故曰因民之心也。湯武是也。釋紂所惡，鮮其不
濟。湯武是也。○案周語下泠州鳩對周景王。如秦者立而至，有車也；
適越者坐而至，有舟也。秦越，遠塗也，竫立安坐而至者，因其械也。
械，器也。竫，正也。○案古者車行舟行。立而至者因其械也。械，器也。

武王使人候殷，候，視也。反報岐周曰：「殷其亂矣！」武王
曰：「其亂焉至？」對曰：「讒慝勝良。」讒邪也。慝惡也。而皆進用之，故曰勝良
也。忠良黜遠之，故曰勝良也。武王曰：「尚未

吕氏春秋卷十五貴因

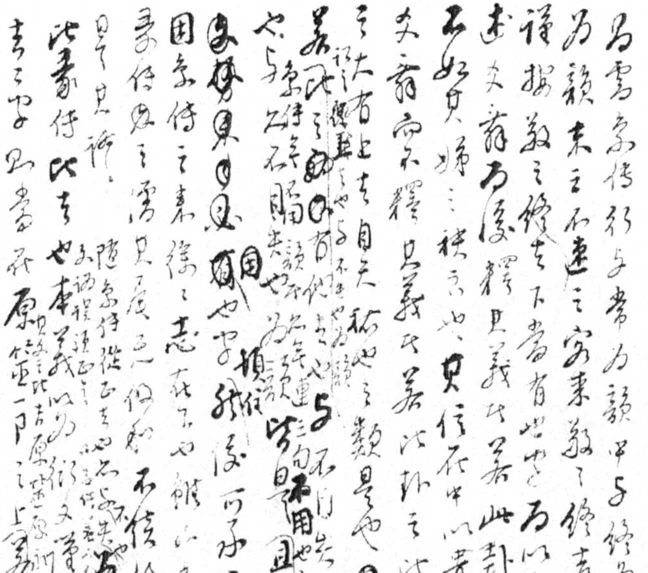

圖二十一（1）

王念孫《經義雜志》手稿，轉引自李宗焜《高郵王氏父子手稿》

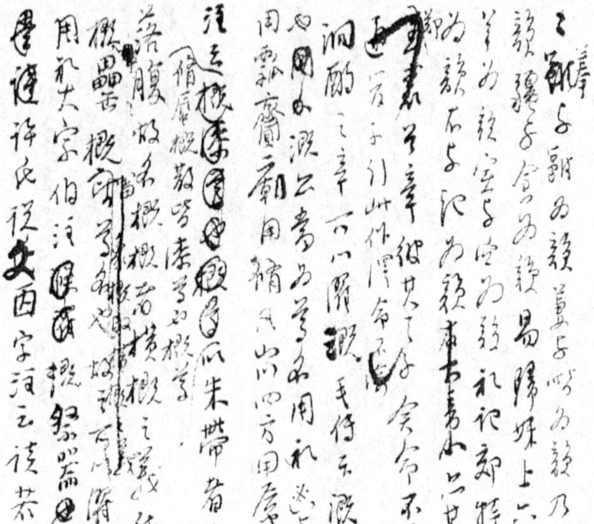

圖二十一（2）

王念孫《經義雜志》手稿，轉引自李宗焜《高郵王氏父子手稿》

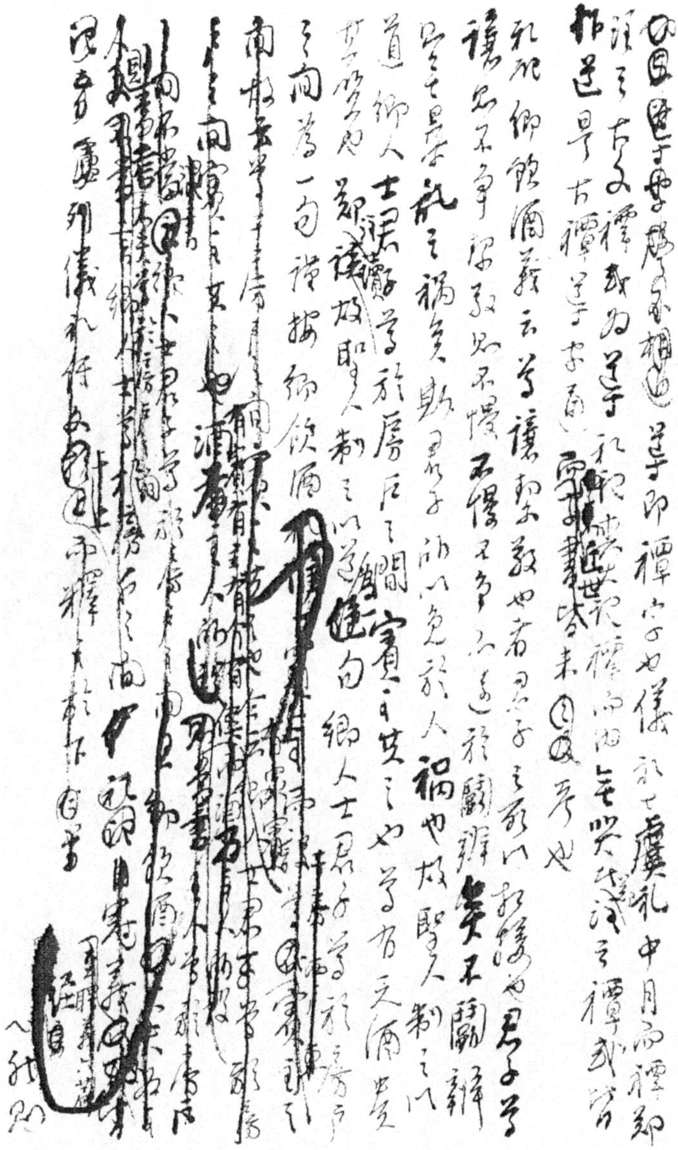

圖二十一（3）

王念孫《經義雜志》手稿，轉引自李宗焜《高郵王氏父子手稿》

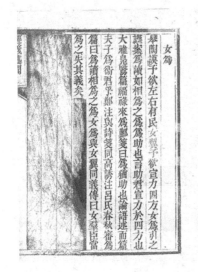

圖二十二（1）

初刻本《經義述聞》書影

子上能而讓其下小人農力以事其上　農力猶努力語之轉也　管
子大匡篇曰耕者用力不農有罪無救此皆古人謂勉
爲農之證

　　惟訖于富

典獄非訖于威惟訖于富傳曰言堯時主獄有威有德
有恕非絕於威惟絕於富世治貨賂不行引之謹案訖
竟也終也富讀曰福　謙象傳鬼神害盈而福謙京房福作富郊特牲曰富也者福也大雅福
瞻卬篇何神不富毛傳曰富福也大戴禮威福相對爲
武王踐阼篇勞則富盧辯注曰躬勞終福
文作福作威言非終于立威惟終于作福者
下文曰惟敬五刑以成三德一人有慶兆民賴之是其

圖二十二（2）

二刻本《經義述聞》書影

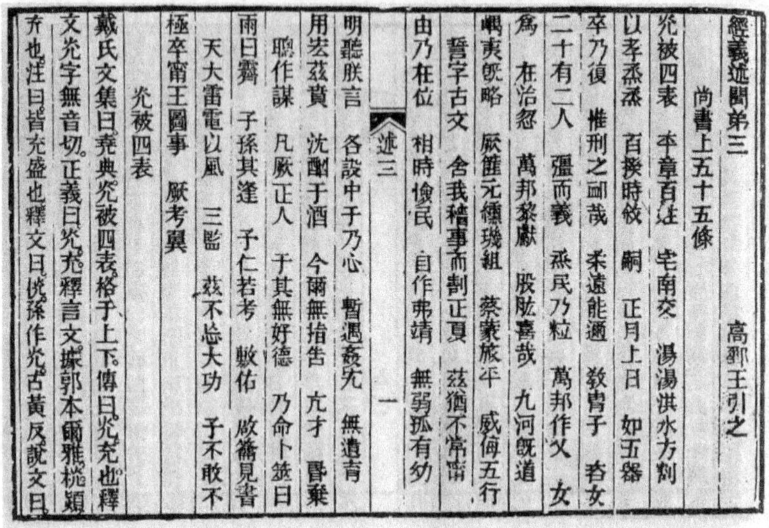

經義述聞弟三　　高郵王引之

尚書上五十五條

光被四表　卒章百姓　宅南交　湯湯洪水方割

以孝烝烝　百揆時敘　嗣　正月上日　如五器

卒乃復　惟刑之恤哉　柔遠能邇　教胄子　咨女

二十有二人　彊而義　烝民乃粒　萬邦作乂　女

爲　在治忽　萬邦黎獻　股肱喜哉　九河既道

嵎夷既略　厥篚玄纖縞　蔡蒙旅平　威侮五行

誓字古文　舍我穡事而割正夏　茲猶不常甯

由乃在位　相時憸民　自作弗靖　無弱孤有幼

述三　一

明聽朕言　各設中于乃心　暫遇姦宄　無遺育

用宏茲賁　沈酗于酒　今爾無指告　亢才　昬棄

聰作謀　凡厥正人　于其無好德　乃命卜筮曰

雨曰霽　子孫其逢　予仁若考　駿佑　啟籥見書

天大雷電以風　三監　茲不忘大功　予不敢不

極卒甯王圖事　厥考翼

光被四表

戴氏文集曰：堯典光被四表，格于上下。傳曰：光，充也。釋文光字無音切。正義曰：光，充，釋言文。據郭本爾雅，桄，熲，充也。注曰：皆充盛也。釋文曰：桄，孫作光，古黃反。說文曰：

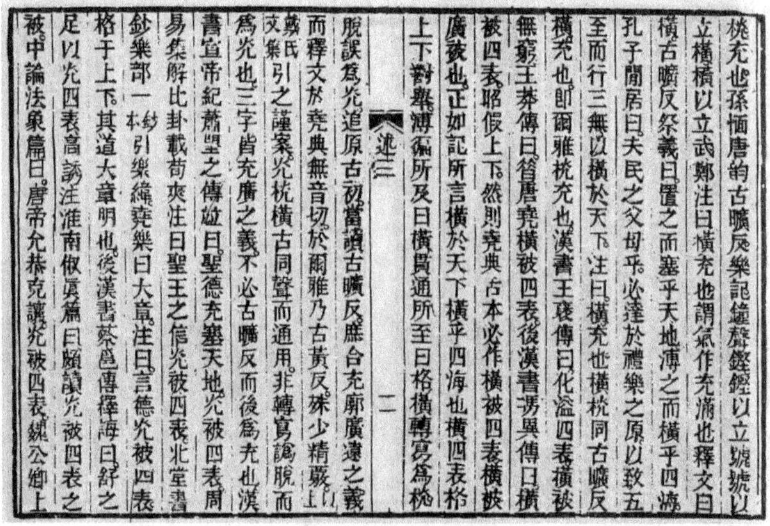

桄，充也。孫愐唐韵古曠反。樂記：鐘聲鏗，鏗以立號，號以立橫，橫以立武。鄭注曰：橫，充也，謂氣作充滿也。釋文曰：橫，古曠反。祭義曰：置之而塞乎天地，溥之而橫乎四海。孔子閒居曰：夫民之父母乎，必達於禮樂之原，以致五至而行三無，以橫於天下。注曰：橫，充也。橫、桄同古曠反，橫，充也，即爾雅桄，充也。漢書王褒傳曰：化溢四表，橫被無窮。王莽傳曰：昔唐堯橫被四表。後漢書馮異傳曰：橫被四表，昭假上下。然則堯典古本必作橫被四表。橫被，廣被也，正如記所言橫於天下、橫乎四海也。橫四表、格上下對舉，溥徧所及曰橫，貫通所至曰格。橫轉寫爲桄，

述三　二

脫誤爲光。追原古初，當讀古曠反，庶合充廓廣遠之義。而釋文於堯典無音切，於爾雅乃古黃反，殊少精覈。以上戴氏文集　引之謹案：光、桄、橫古同聲而通用，非轉寫譌脫而爲光也。三字皆充廣之義，不必古曠反而後爲充也。漢書宣帝紀、蕭望之傳竝曰：聖德充塞天地，光被四表。周易集解比卦載荀爽注曰：聖王之信，光被四表。北堂書鈔樂部一本鈔引樂緯堯樂曰大章，注曰：言德光被四表，格于上下，其道大章明也。後漢書蔡邕傳釋誨曰：舒之足以光四表。高誘注淮南俶眞篇曰：願賴光被四表之被。中論法象篇曰：唐帝允恭克讓，光被四表。[illegible]公卿上

圖二十二（3）

三刻本《經義述聞》書影

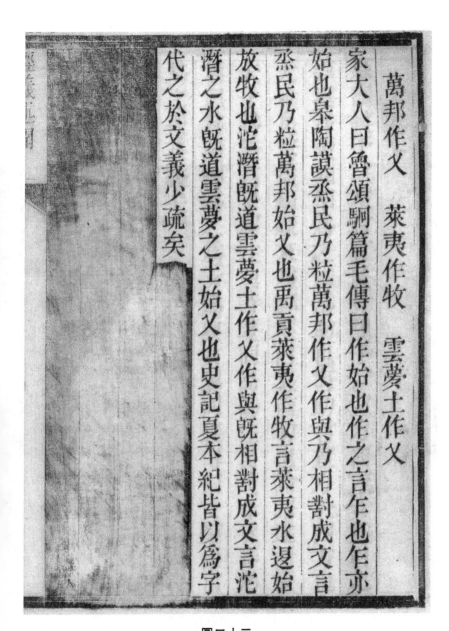

萬邦作乂　萊夷作牧　雲夢土作乂

家大人曰嘗頌駉篇毛傳曰作始也作之言乍也乍亦
始也皋陶謨烝民乃粒萬邦作乂作與乃相對成文言
烝民乃粒萬邦始乂也禹貢萊夷作牧言萊夷水退始
放牧也沱潛既道雲夢土作乂作與既相對成文言沱
潛之水既道雲夢之土始乂也史記夏本紀皆以爲字
代之於文義少疏矣

圖二十三

初刻本《述聞》"萬邦作乂"

語滑夫二川之神淮南精神篇趣舍滑心韋昭高誘注
竝曰滑亂也在治滑謂察治亂也樂記曰治世之音安
以樂其政和亂世之音怨以怒其政乖又曰宮亂則荒
其君驕商亂則陂其官壞角亂則憂其民怨徵亂則哀
其事勤羽亂則危其財匱益以此察之也滑忽古同聲
故字亦相通史記夏本紀正作滑

萬邦作乂　萊夷作牧　雲夢土作乂

家大人曰魯頌駉篇毛傳曰作始也廣雅作乃始也
乂亦始也舉陶謨乂萬邦作乂乃作之言乂也同
文言乂民乃粒萬邦始乂也禹貢萊夷作牧言萊夷水

邊始放枚也沱潛既道雲夢土作乂作與既相對成文
言沱潛之水既道雲夢之土始乂也史記夏本紀皆以
爲字代之於文義少疏矣

女爲

予欲左右有民女翼予欲宣力四方女爲引之謹案爲
讀如相爲之爲爲助也言助君宣力於四方也大雅凫
鷖篇福祿來爲鄭箋曰爲猶助也論語述而篇夫子爲
衞君乎鄭注與詩箋同高誘注呂氏春秋審爲扁曰爲
讀相爲之爲爲女爲與女翼同義傳曰女羣臣當爲之失
其義矣

圖二十四（1）

二刻本《述聞》"萬邦作乂"

乃立非專捐蒙倉言之則非米粒之粒可知作粒者字
之假俏其鄭訓粒為米蒸民乃米為禾不辭矣王制曰
不粒食者矣使去倉字而曰有不粒者矣節時順而物成
蒸民曰民生厚而德之米為米蒸民德之不辭矣成十六年
左傳曰民受周旋而立蒸民者正用利而布之上下者也使烝人百物無
和陸周旋則立我蒸民者正德利用厚生之謂也周語
不得其極被須曰立我蒸民莫匪爾極則立我蒸民者
上思利民之謂也據內外傳所引其非米粒之粒明矣

【述三】

萬邦作乂　萊夷作牧　雲夢土作乂

宋大人曰魯頌閟宮篇毛傳曰作始也廣雅作之言乂也
在乂始也蓋閩漢然民乃粒萬邦始乂也禹貢萊夷作牧言萊夷水
文言蒸民乃粒萬邦始乂也禹貢萊夷作牧言萊夷水
退始放牧也沱潛既道雲夢土作乂本作雲土夢
安尚書撰異作與飢相對成文言雲夢之土始乂也史
記夏本紀皆以為字代之於文義少晚矣。

女為

予欲左右有民女襲子欲宣力四方女為引之謹案爾為
如相為之為襲為助也言助君宣力於四方也犬雅曰
讃如相為之為助也言助君宣力於四方犬雅為

讃篇福祿來為為鄭箋曰為猶助也衛君述而篇夫子為
衛相為之為女為與女襲同義傳曰女羣臣當為之矣
其義矣。

枉治忽

予欲聞六律五聲八音在治忽鄭本忽作曶注曰督者
臣見君所乘書思對命者也史記夏本氏
藹嗣在琴天可治理及怒意者引之懸案藹讃為滑周
藹滑夫二川之神淮南精神篇趣舍滑心草照高誘注
拉曰滑亂也枉治滑謂蔡治亂也樂記曰治世之音安
以樂其政和亂世之音怨以怒其政乖又曰官亂則荒
其君驕商亂則陂其官壞角亂則憂其民怨徵亂則哀
其事勤羽亂則危其財匱益以此察古之同聲
故字亦相通史記夏本紀正作滑

【述三】

萬邦黎獻　民獻有十夫

引之謹案犬誥民獻有十夫傳訓獻為賢大傳作民儀
有十夫見王應麟開卷二漢書翟方進傳曰民儀九
儀上有獻字儀宋祁後人據引據之也孟康曰民儀之
班固寶車駒將軍北征頌亦曰民儀饗祭英景附廣
雅曰儀賢也卷今文尚書說也兩雅曰儀善也酒誥曰

圖二十四 (2)

三刻本《述聞》"萬邦作乂"

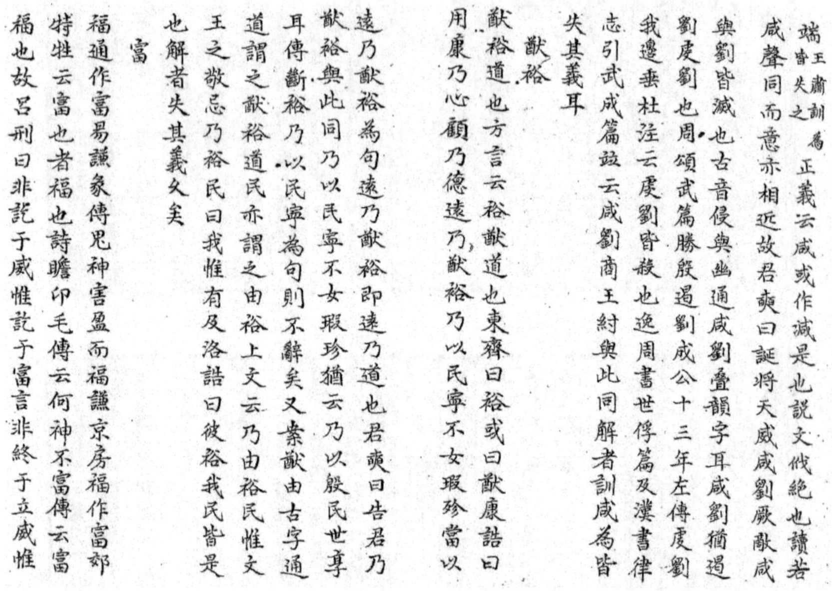

端王肅訓為皆失之正義云咸或作減是也說文伐絕也讀若
咸聲同而意亦相近故君奭曰誕將天威咸劉厥敵咸
與劉皆滅也古音侵與幽通咸劉疊韻字耳咸劉猶遏
劉虔劉也周頌武篇勝殷遏劉咸公十三年左傳虔劉
我邊垂杜注云虔劉皆殺也逸周書世俘篇及漢書律
志引武成篇竝云咸劉商王紂與此同解者訓咸為皆
失其義耳

猷裕

猷裕道也方言云裕猷道也東齊曰裕或曰猷康誥曰
用康乃心顧乃德遠乃猷裕乃以民寧不女瑕殄當以
遠乃猷裕為句遠乃猷裕即遠乃道也君奭曰告君乃
猷裕與此同乃以民寧不女瑕殄猶云乃以殷民世享
耳傳斷裕乃以民寧為句則不辭矣又案猷由古字通
道謂之猷裕道民亦謂之由裕上文云乃由裕民惟文
王之敬忌乃裕民曰我惟有及洛誥曰彼裕我民皆是
也解者失其義久矣

富

福通作富易謙彖傳鬼神害盈而福謙京房福作富郊
特牲云富也者福也詩瞻卬毛傳云何神不富傳云富
福也故呂刑曰非訖于威惟訖于富言非終于立威惟

圖二十五

臺灣“國圖”藏王引之《尚書訓詁》稿本

文十八年以誣盛德正義本盛作成引服虔注曰成德
謂成就之德秦策今王使成橋守事於韓史記春申君
傳成作盛封禪書七日日主祠成山漢書郊祀志成作
盛荀子王霸篇以觀其盛者也楊倞注曰盛讀爲成觀
其成功也臣道篇明主尚賢使能而饗其盛謂亨其成
也楊注盛謂　也大業失之　呂氏春秋悔過篇我行數千里以襲人未
至而人已先知之矣此其備必已盛矣謂其守備已成
也道應篇作其備必先成
也高注盛彊也失之淮南

爲駿馬

乾爲駿馬正義引王廙注曰駿馬能食虎豹取其至健

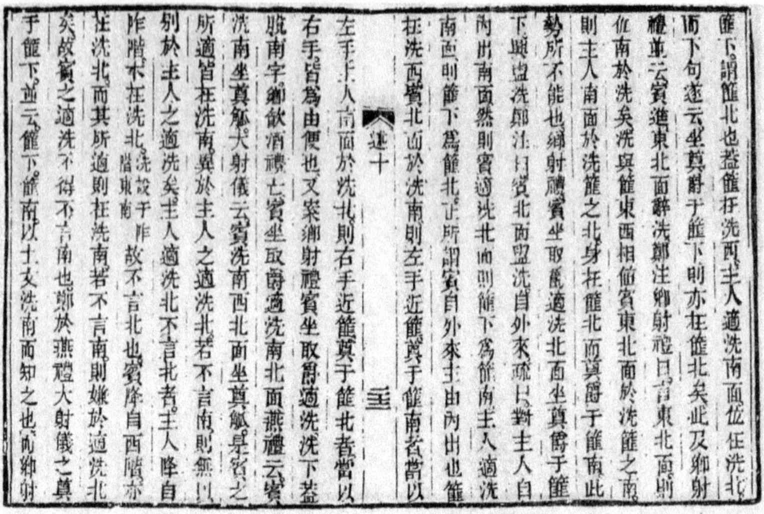

篚下謂篚北也蓋篚在洗西主人適洗南面位在洗北而下句遂云坐奠爵于篚下則亦在篚北矣此及鄉射禮並云賓進東北面辭洗鄭注鄉射禮曰言東北面則位南於洗矣洗與篚東西相值賓東北面於洗篚之南則主人南面於洗篚之北身在篚北而奠爵于篚南此勢所不能也鄉射禮賓坐取爵適洗北面坐奠爵于篚下興盥洗鄭注曰賓北面盥洗自外來疏曰對主人自內出南面然則賓適洗北面則篚下爲篚南主人適洗南面則篚下爲篚北正所謂賓自外來主由內出也篚在洗西賓北面於洗南則左手近篚奠于篚南者當以

述十　三十

左手主人南面於洗北則右手近篚奠于篚北者當以右手皆爲由便也又案鄉射禮賓坐取爵適洗洗下蓋脫南字鄉飲酒禮亡賓坐取爵適洗南北面燕禮云賓洗南坐奠觚大射儀云賓洗南西北面坐奠觚是賓之所適皆在洗南異於主人之適洗北若不言南則無以別於主人之適洗矣主人適洗北不言北者主人降自阼階不在洗北洗設于阼階東南故不言北也賓降自西階亦在洗北而其所適則在洗南若不言南則嫌於適洗北矣故賓之適洗不得不言南也鄭於燕禮大射儀之奠于篚下並云篚下篚南以上文洗南而知之也而鄉射

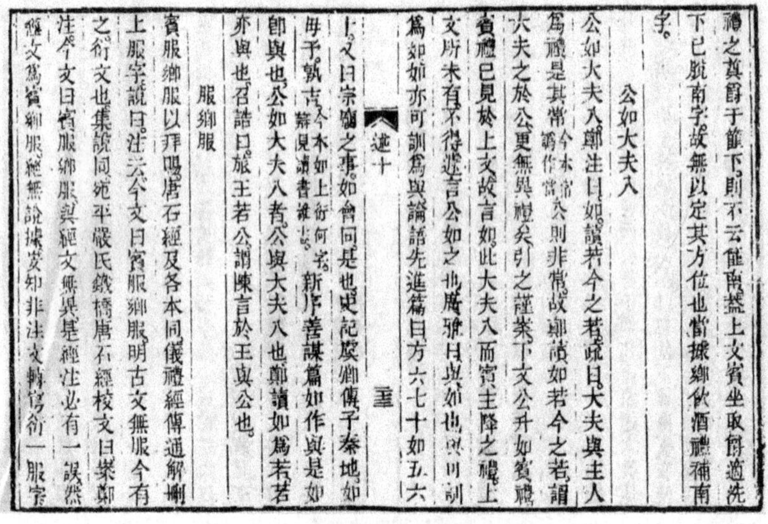

禮之奠爵于篚下則不云篚南蓋上文賓坐取爵適洗下已脫南字故無以定其方位也當據鄉飲酒禮補南字。

公如大夫入

公如大夫入鄭注曰如讀若今之若疏曰大夫與主人爲禮是其常今本常譌作當公則非常故鄭讀如若今之若謂大夫之於公更無異禮矣引之謹案下文公升如賓禮賓禮已見於上文故言如此大夫入而賓主降之禮上文所未有不得遽言公如之也廣雅曰與如也與可訓爲如如亦可訓爲與論語先進篇曰方六七十如五六

述十　三十一

十又曰宗廟之事如會同是也史記虞卿傳子秦地如毋予孰吉今本如上衍何字辯見讀書雜志新序善謀篇如作與是如即與也公如大夫入者公與大夫入也鄭讀如爲若若亦與也召誥曰旅王若公謂陳言於王與公也。

服鄉服

賓服鄉服以拜賜唐石經及各本同儀禮經傳通解刪上服字說曰注云今文曰賓服鄉服明古文無服今有之衍文也集說同宛平嚴氏鐵橋唐石經校文曰案鄭注今文曰賓服鄉服與經文無異是經注必有一誤然經文爲賓鄉服經無說據此知非注文轉寫衍一服字

圖二十七

三刻本《述聞》"公如大夫入"

正月之朝

正月之朝鄉長復事韋注曰周禮正月之吉鄉大夫受
法於司徒引之謹案鄭注周禮正月之吉曰吉謂朔日
此言正月之朝則指上旬而言非專指朔日也續漢書
五行志注引尚書大傳曰凡六沴之作歲之朝月之朝
日之朝則后王受之歲之中月之中日之中則正卿受
之歲之夕月之夕日之夕則庶民受之鄭注曰上旬爲
月之朝中旬爲月之中下旬爲月之夕是其證又管子
立政篇曰孟春之朝季冬之夕正月之朔則朝非朔也

則民不憺

圖二十八（1）

二刻本《述聞》"正月之朝"

· 217 ·

年左傳注鄧瞞防風之後漆姓擇文曰漆音七盍此字
之僞久矣又案索隱顯音倡者荅語黃帝之子十二姓
姬酉祁巳滕葳任荀僖儇是也晉音曰偖或爲葴
潛夫論志氏姓篇亦然則防風氏始黃帝之後與
酈傭古同鸞犮史記漢書偖字多作鸞求與鸞僖古亦
同寶皆音偖偖作僖又作鸞而管席作㣪亦書君簶僖
同寶㣪音偖

不可通矣

野處而不暱
齊語曰故農之子恆爲農野處而不暱葦注曰暱近也
家大人曰野處而不近於義無取今案聽菑爲厤厤古
暱字此房偏旁比例今以祖房偏旁偏作厤厤作厤古
惡葢从處而不見於田野少而習見
其心安焉不見異物而遷焉故其謂野處而不暱是管
子小匡篇作樸野而不暱是其明證矣

【述二十】
癸

臣立三鄉工立三族市立三鄉澤立三虞山立三衡葦
注不解鄉字引之謹案鄉亦官名與宰族戚衡同例淮
南時則篇爲三月牲民戶曰故官鄉也

三鄉
遂滋民與無財葦注曰遂育也滋長也引之謹案遂語
遂滋民

居處好學

於子之鄉有居處好學慈孝於父母聰惠質仁發聞於
鄉里者有則以告引之謹案居處處下脫爲義二字云班與此文同則此文亦
當有爲義二字管子小匡篇正作於子之鄉有居處爲

【述二十】
癸

正月之朝鄉長復事葦注曰周禮正月之吉鄉大夫受
法於司徒引之謹案鄉葦注曰周禮正月之吉謂朔日
吉日不曾性朔旁見通說則言正月之朔而
葦意則用朔朝也
言非專指朔日也續漢書五行志注引尚書大傳曰凡
六沴之作歲之朝月之朝日之朝則后受之歲之中凡
月之中日之中則正鄉受之歲之夕月之夕
庶民受之葦注曰上旬爲月之朝中旬爲月之中下旬
爲月之夕是其證荀子禮論篇月朝卜宅月夕卜日今
宅日牲乙互易誤見讀讀謂月朝月夕謂上旬下旬也又管子立
政篇見曰孟春之朝季冬之夕月朝之朔則朝非朔也
設爲日孟春之朝季冬之夕正月之朔則朝非朔也

圖二十八 (2)

三刻本《述聞》"正月之朝"

萬邦黎獻　民獻有十夫

引之謹案大誥民獻有十夫傳訓獻爲賢大傳作民儀

有十夫 見王應麟困學紀聞卷二漢書翟方進傳曰民儀九萬夫 今本 儀上有獻字後人據尚書加之也孟康解民儀曰民之表儀謂賢者則正文本無獻字困學紀聞引此已誤

班固竇車騎將軍北征頌亦曰民儀響慕羣英景附廣

雅曰儀賢也蓋今文尚書說也古聲儀與獻通周官司

尊彝鬱齊獻酌鄭司農讀獻爲儀郭璞爾雅音曰轙音

儀說文曰轙從車義聲或作鑣從金獻聲又曰議從言

義聲瀜議皋也從水獻聲皆其證也漢斥彰長田君碑

曰安惠黎儀伐討姦輕泰山都尉孔宙碑曰乃綏二縣

經義述聞

圖二十九（1）

初刻本《述聞》"萬邦黎獻"（一）

黎儀以康堂邑令費鳳碑曰黎儀痒傷泣涕連漉黎儀

卽皋陶謨之萬邦黎獻也漢碑多用經文此三碑皆言

黎儀則皋陶謨之黎獻今文必作黎儀矣洪适隸釋讀

儀爲旄倪之倪非是

圖二十九（3）

二刻本《述聞》"萬邦黎獻"

乃立非專指粒食言之則非米粒之粒可知作粒者字之假借耳鄭訓粒爲米烝民乃米爲不辭矣王制曰有不粒食者矣使去食字而曰有不粒者矣其可乎思文箋及疏立爲米粒之粒米我烝民愈不辭矣成十六年左傳曰民生厚而德正用利而事節時順而物成上下和睦周旋不逆求無不具各知其極故詩曰立我烝民莫匪爾極則立我烝民者正德利用厚生之謂也周語曰夫王人者將導利而布之上下者也使神人百物無不得其極故頌曰立我烝民莫匪爾極則立我烝民者上思利民之謂也據內外傳所引其非米粒之粒明矣

萬邦作乂　萊夷作牧　雲夢土作乂

家大人曰詩頌駉篇毛傳曰作始也廣雅作之言乍也乍亦始也皋陶謨烝民乃粒萬邦作乂作與乃相對成文言烝民乃粒萬邦始乂也禹貢萊夷作牧言萊夷水退始放牧也沱潛既道雲夢土作乂（今本作雲土夢乃宋太宗所改說見段氏若膺古文尚書撰異）作與既相對成文言雲夢之土始乂也史記夏本紀皆以爲字代之於文義少疏矣

女爲

予欲左右有民女翼予欲宣力四方女爲引之謹案爲猶如相爲之爲爲助也言助君宣力於四方也大雅鳧鷖篇福祿來爲鄭箋曰爲猶助也論語述而篇夫子爲衛君乎鄭注與詩箋同高誘注呂氏春秋審爲篇曰爲讀相爲之爲女爲與女翼同義傳曰女羣臣當爲之失其義矣

在治忽

予欲聞六律五聲八音在治忽鄭本忽作曶注曰曶者臣見君所秉書思對命者也君亦有焉（見史記夏本紀集解）某氏傳曰在察天下治理及忽怠者引之謹案忽讀爲滑周語滑夫二川之神淮南精神篇趣舍滑心韋昭高誘注竝曰滑亂也在治滑謂察治亂也樂記曰治世之音安以樂其政和亂世之音怨以怒其政乖又曰宮亂則荒其君驕商亂則陂其官壞角亂則憂其民怨徵亂則哀其事勤羽亂則危其財匱蓋以此察之也滑忽古同聲故字亦相通史記夏本紀正作滑

萬邦黎獻　民獻有十夫

引之謹案大誥民獻有十夫傳訓獻爲賢大傳作民儀有十夫（見王應麟困學紀聞卷二）漢書翟方進傳曰民儀九萬夫（今本儀上有獻字後人據尚書加之也孟康解民儀曰民之表儀謂賢者則正文本無獻字辨見讀書雜志漢書）班固寶車騎將軍北征頌亦曰民儀響慕羣英景附廣雅曰儀賢也蓋今文尚書說也爾雅曰儀善也酒誥曰

圖二十九（4）

三刻本《述聞》“萬邦黎獻”（一）

女動丝殷獻臣傳訓獻為善善賢義相近故儀獻同訓

為賢又同訓為善也古聲儀與獻通周官司尊彝鄭

獻所郎司農讀蒲獻為犧古聲犧又音梭梭

獻從車義聲或作犧金獻稣又曰儀從言義帝灑議

彝也從木獻聲周官司尊彝其朝踐用兩獻尾鄭司農

讀獻為儀謂其儀也漢斥彰長田君碑曰安漢儀以虞室邑

詞姦輕泰山都尉孔宙碑曰万綏二縣黎儀則皋陶謨之萬

令費厥碑曰黎儀弊傷泣沸連漉黎儀即皋陶謨

之曹獻也漢碑多用今文此三碑皆言黎儀為龐倪之儔

之黎獻式文必作黎儀為雜迤糶釋讀儀為龐倪之儔

非是。

《述三》　　毛

股肱喜哉　百工熙哉

股肱喜哉元首起哉百工熙哉傳曰股肱之臣喜樂起也

忠君之治功乃起百官之業方廣家大人曰喜也起也

熙也皆興也故下文臯陶興作與事也羹典鄭注曰

熙史記五帝紀作庶績咸興揚雄勸素美新膠東令王

熙碑並作庶績咸熙舊學記不與其孰不能樂學與鄭注曰

與之言喜喜與也欲也正義引兩雅獻喜與也今兩雅作厥

熙興也是喜與熙皆有興起之義。

九河既道　濰淄其道　沱酒既道

禹貢九河既道傳曰河水分為九道灘淄其道忙酒既

道傅並曰復其故道家大人曰傳所謂道非復道

也道通也法言問道篇曰道者通也襄三十一年左

傳犬汱所犯為人必多不如小決使道注曰道通

也字亦作導周語為川者決之使導也韋注曰導通

也周語川氣之導也韋注澶蓬也亦通也鄭注九

河既道曰達達故通利之。

嚙夷既略

嚙夷既略家大人曰說文嘵經略土地也廣雅曰略治

也官嚙夷之地既治也馬融曰用功少曰略夭之。

《述三》　　芙

厥篚元纁璣組

傳曰瑳珠類生於水輝交瑳其依反又音機馬同說文

云珠不圜也璣也引字書汋小珠也引之謹案元纁組也

皆女紅所為也璣則珍寶之屬鬴於元纁組之間珠為

不倫篇內凡言厥篚元纁璣組織文厥篚厭絲厥篚惟

纊貢曰貝錦注厥篚元纁織纊皆無及珍寶者徐州厥

篚元纁鋂絤組者厥篚玄縞所貢則有元纁及組也沒也

云云厥篚元纁鋂組玄縞糹貢為豎聖與也沒也

貢惟夷類絤珠暨魚文義與此正合同官大宰釋交瑳劉

九河既道　灘淄其道　沱酒既道

圖二十九（5）

三刻本《述聞》"萬邦黎獻"（二）

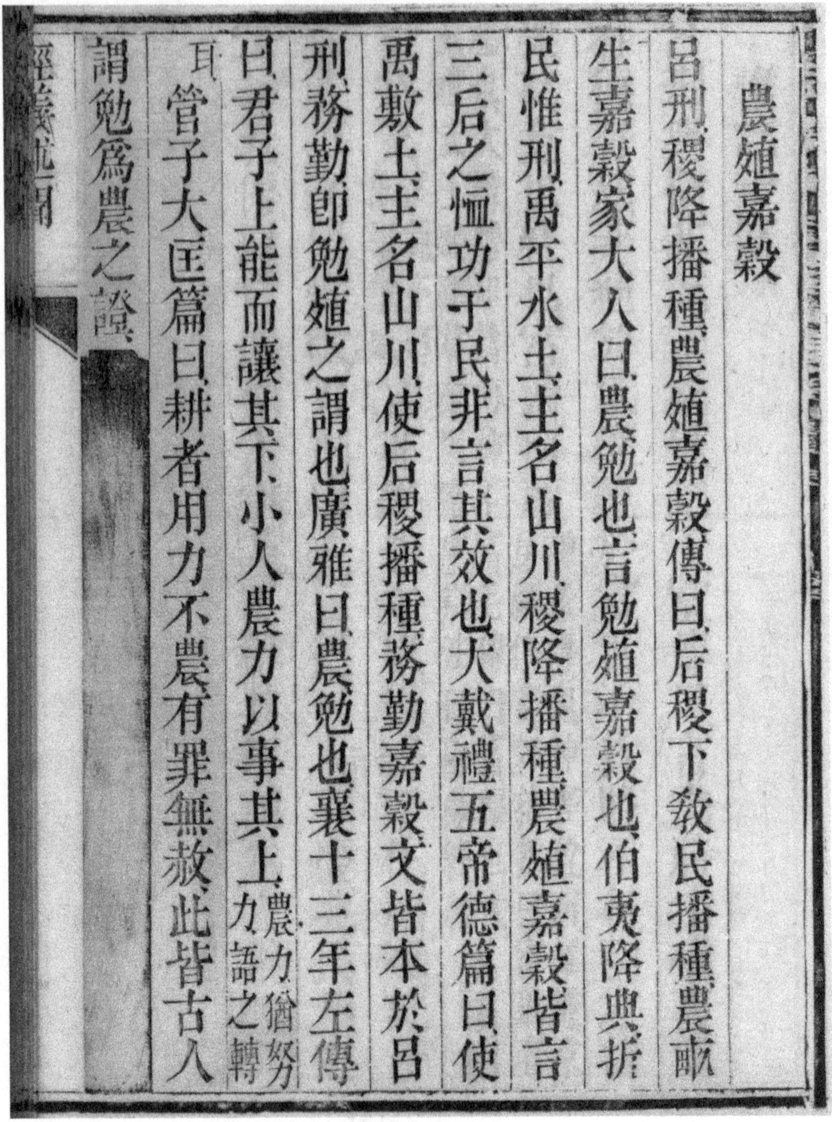

農殖嘉穀

呂刑稷降播種農殖嘉穀傳曰后稷下敎民播種農殖

生嘉穀家大八曰農勉殖也言勉殖嘉穀也伯夷降興折

民惟刑禹平水土主名山川稷降播種農殖嘉穀皆言

三后之恤功于民非言其效也大戴禮五帝德篇曰使

禹敷土主名山川使后稷播種務勤嘉穀文皆本於呂

刑務勤卽勉殖之謂也廣雅曰農勉也襄十三年左傳

曰君子上能而讓其下小人農力以事其上 農力猶努力語之轉

其嘗子大匡篇曰耕者用力不農有罪無敎此皆古人

謂勉爲農之證

圖三十 (1)

初刻本《述聞》"農殖嘉穀"

農殖嘉穀

卽涿鹿周官凟涿氏故書凟為獨左傳齊顏涿聚晏子
春秋外篇作顏涿鄒說苑正諫篇作顏涿趙漢書古今
人表作顏涿雛卽涿鹿黔頭涿古同聲
顏燭雛則涿鹿黔頭涿古同聲字作頭
體高而獨也頭涿字作鹿庶
獨涿古竝同聲庶則鹿之譌耳字作雟二形相似

稷降播種農殖嘉穀傳曰后稷下教民播種農畝生善

穀家大人曰農勉殖嘉穀也伯夷降典折民惟

刑禹平水土主名山川稷降播種農殖嘉穀皆言三后

之恤功于民非言其效也大戴禮五帝德篇曰使禹敷

土主名山川使后稷播種務勤嘉穀文皆本于呂刑務

勤卽勉殖之謂也廣雅曰農勉也襄十三年左傳曰君

圖三十（2）

二刻本《述聞》"農殖嘉穀"（一）

子上能而讓其下小人農力以事其上（農力猶努力管
語之轉也）

子大匡篇曰耕者用力不農有罪無赦此皆古人謂勉

爲農之證

　　惟訖于富

典獄非訖于威惟訖于富傳曰言堯時主獄有威有德

有恕非絶於威惟絶於富世治貨賂不行引之謹案訖

竟也終也富讀曰福作謙象傳鬼神害盈而福謙京房福

瞻卬篇何神不富毛傳曰富福也大戴禮威福相對爲

武王踐阼篇勞則富盧辯注曰躬勞終福威福

文作福作威言非終于立威惟終于作福也訖于福者

下文曰惟敬五刑以成三德一人有慶兆民賴之是其

圖三十（3）

二刻本《述聞》"農殖嘉穀"（二）

訇流匕也、墨戴云淮南子主術訓禽獸昆蟲與之陶化、文子精誠篇陶化作變化、流者下乙莊子逍遙遊、十一字改漢書董仲舒傳書曰有大復于王屋流為烏、是流為化也、

盍何也、注爾雅盍昌也、改昌盍、
農勉也、注農猶努也語之轉耳下乙洪範云十三字、
藏深也、注藏者下補素問長刺節論疾病在藏者之、
王冰注云藏猶深也藏猶改與藏猶深也、
雅少也、注說文作雅下補呂氏春秋仲夏紀注云雒春、
鵂也、注李孫意如會昏荀蹄于適愿是也下補管子、
雒雅也、雜雅意如會昏荀蹄于適愿是也、
地員篇、赤埴愿肥、李善注云愿猶疏也改李善甲、
林疏也、

知章注迸云愿疏也又下乙古詩云八字、

著也、注加墨戴云莘嚴經音義上引廣雅置基也、
堊堂塓塵也、注說文塓塗埃也下補玉篇於莫於計二、
切淮南子說山訓注云、堊堁猶塵塗與堊同說文、
埴天陰塵起也義與塵亦相近、
三字、軿俗訓云訓下補注字、
圖云黃之色悖如趙塵、塵起也下乙高誘注、
埒通賦下補云拂字敉下補並字、
指元當也、注當順古之道也元注加朱戴云、
量衛稽當前人、元注加朱戴宣十三年左傳昏以、
衛之救陳也討馬孔達曰我則為政而元大國之討將、
以誰佐、我則死之、素元者昏也大國之討衛之討、
救陳也言我賞守衛國之政而當昏之討不得委罪於、
他人也、前年宗伐陳衛孔達致陳曰若大國討我則元、

圖三十二

王念孫《經義雜志》手稿，引自李宗焜《高郵王氏父子手稿》

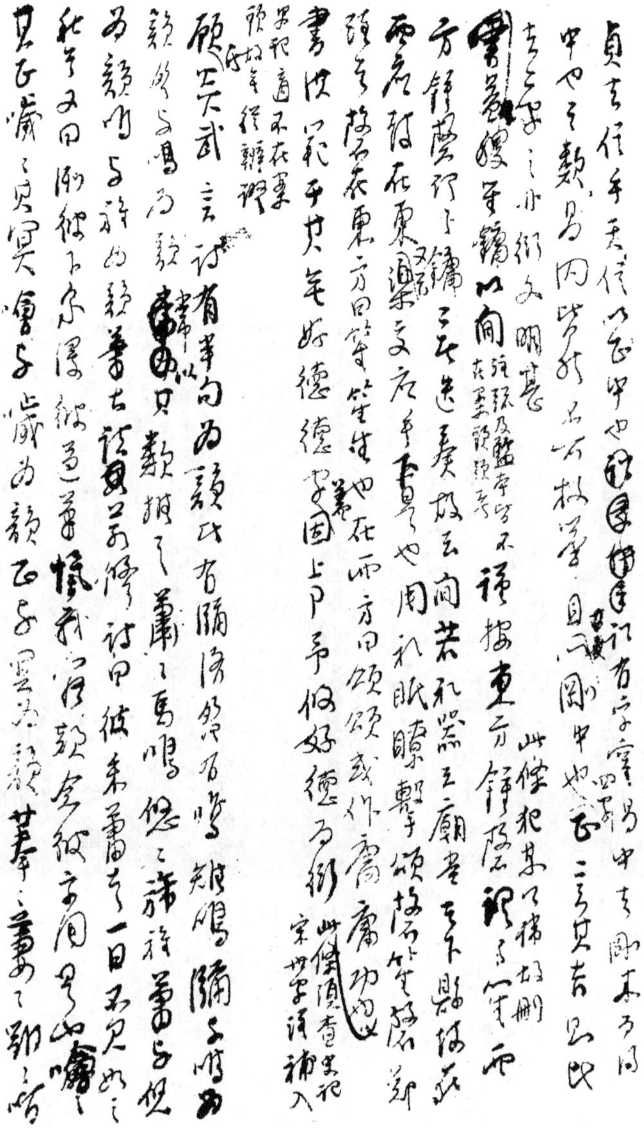

圖三十三

《經義雜誌》"于其無好德"手稿，轉引自李宗焜《高郵王氏父子手稿》

于其無好德女雖錫之福其作女用咎家大人曰經文
好下本無德字且好字讀上聲不讀去聲史記宋世家
于其母好女雖錫之福其作女用咎集解引鄭氏尙書
注曰無好于女家之人雖錫之以爵祿其動作爲女用
惡鄭讀于其無好女爲句非也然據此知好下本無德
字矣無好一字卽承上弗能使有好而言非有二義也
自某氏傳曰于其無好德之人始加德字解之然其時

于其無好德

庤於是周公作周官官別其宜作立政以便百姓則誤
以爲政治之政者自子長已然矣

圖三十四（1）

二刻本《述聞》"于其無好德"（一）

· 230 ·

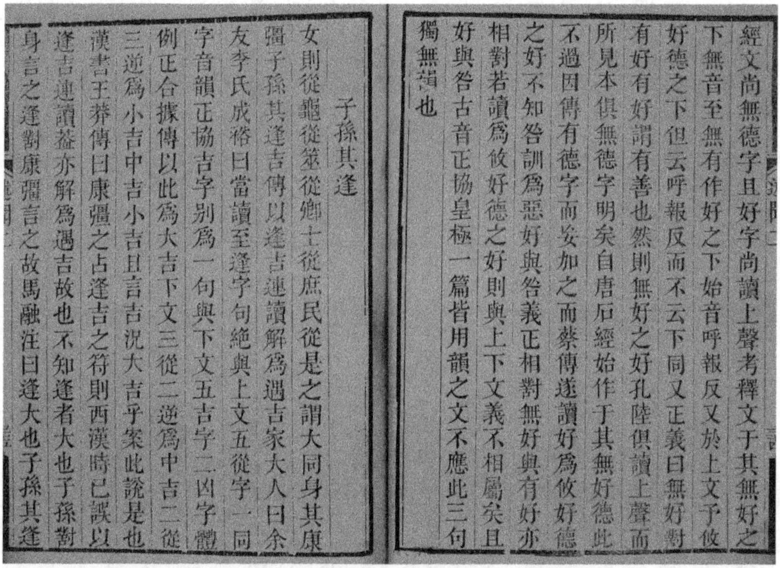

經文尚無德字且好字尚讀上聲考釋文于其無好之
下無音至無有作好之下始音呼報反又於上文予攷
好德之下但云同又正義曰無好對
有好有好謂有善也然則無好之好孔陸倶讀上聲而
所見本倶無德字明矣自唐石經始作于其無好德此
不過因傳有德字而妄加之而蔡傳遂讀好爲攷好德
之好不知訓爲惡好與攷義正相對無好與有好亦
相對若讀爲攷好正
好與攷古音正協皇極一篇皆用韻之文不應此三句
獨無韻也

子孫其逢

女則從龜從筮從鄉士從庶民從是之謂大同身其康
彊子孫其逢吉傳以逢吉連讀爲遇吉家大人曰余
友李氏成裕曰當讀至逢字句絕與上文五從字一同
字音韻正協吉字別爲一句與下文五吉字一凶字
倒正合揆以此逢吉案此逆爲中吉二凶
三逆爲小吉中吉小吉且言吉凶大吉乎案此說是也
漢書王莽傳曰康彊則西漢時已誤以
逢吉連讀益亦解爲遇吉故也不知逢者大也子孫
身言之逢對康彊言之故馬融注曰逢大也子孫其逢

圖三十四 (2)

二刻本《述聞》"于其無好德"(二)

于其無好德

以為政治之政者自子長已然矣

于其無好德女雖錫之福其作女用答家大人曰經文
好下本無德字且好字讀上聲不讀去聲史記宋世家
于其毋好女雖錫之福集解引鄭氏尚書
注曰無好于女家之人雖錫之以爵祿其動作爲女用
惡鄭讀于其無好德之人姑加德字解之以釋其時
字蓋無好二字即承上乃能使有好而言非有二義也
自某氏傳曰于其無好字且好字爲好而言讀上聲考
經文尚無德字且好字讀上聲考釋文于其無好之然其

【述三】 墨

下無音至無有作好之下而始首呼報反又於上文予攸
好德之下但云呼報反而不云下同又正義曰無好對
有好有好謂有善也然則無好之妒孔穎達似讀上聲而
所呆本俱無德字明矣自應后稷始作于其無好德此
不過因傳有德字而妄加之而蔡傳述讀好為攸好德
之好大知給訓為惡好與答義正相對無好與有好亦
相割若讀古音正協皇極一篇皆用韵之文義不相屬矣且
好與答古音正協皇極一篇皆用韵之文義不相屬此三句
獨無韵也

乃命卜筮曰雨曰霽曰圉曰克 曰克

乃命卜筮曰雨曰霽曰圉曰克今本作曰蒙曰驛非隸
曰克鄭注曰將立卜筮人乃先命龜名曰色澤之雨
若兆也霽者氣如雨止雲然如加減氣之色相
疣明也霽者氣如雨氣鬱然霽其色也圉者言色氣
犯人也史記宋世家集解引某氏傳曰建立其人命龜
以其職禍兆形者有似雨者也圍者
落驛不連屬如雲半有半無也謂兆之
之曰圍者升雲半有半無曰圉之謹案命卜
筮謂加土卷禮命龜命筮也曰雨以下五事即承乃命
卜筮言之五者皆所以命龜之事也圍與霽之義雖不
可考而曰雨曰霽曰圉則經傳具有明徵春官大卜以
邦事作龜之八命一曰征二曰象三曰與四曰謀
五曰果六曰至七曰雨八曰瘳郭司農曰雨謂雨不雨否與
正義爲命卜筮之八命曰雨曰霽祖合褚少孫續史記
曰下天而不雨雨首仰而下不而首仰足閭
是曰雨曰霽爲命龜之文祖合褚少孫續史記龜策傳
若據揆青炎而天而雨而首仰高內下不而首仰足閭
王曰卜楚龜示子之兆子之曰克龜見皿昭二十八年左傳盧蒲癸
吳人伐楚龜卜戰不吉司馬皿飭之以其屬
以之楚師龜卜大克之兆此是曰克爲命龜之事也以其屬
者或以命爲命卦兆之名又或以爲命以其職則已誤

圖三十四（3）

三刻本《述聞》"于其無好德"

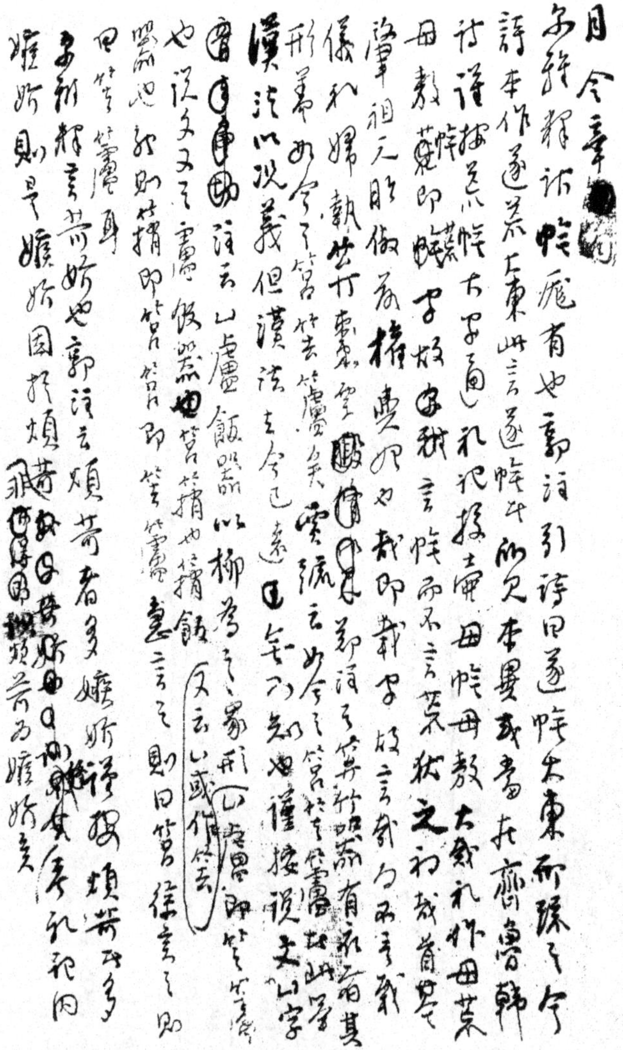

圖三十五

《經義雜志》"憮龐有也"手稿，

轉引自李宗焜《高郵王氏父子手稿》

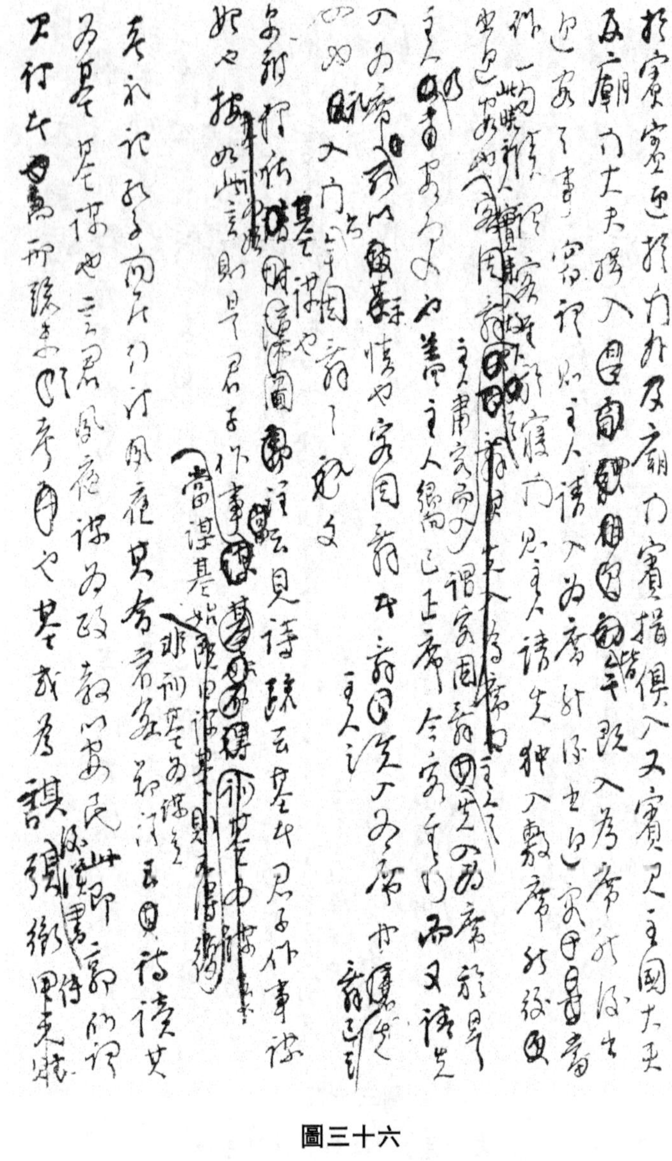

圖三十六

《經義雜志》"基謀也"手稿，

轉引自李宗焜《高郵王氏父子手稿》

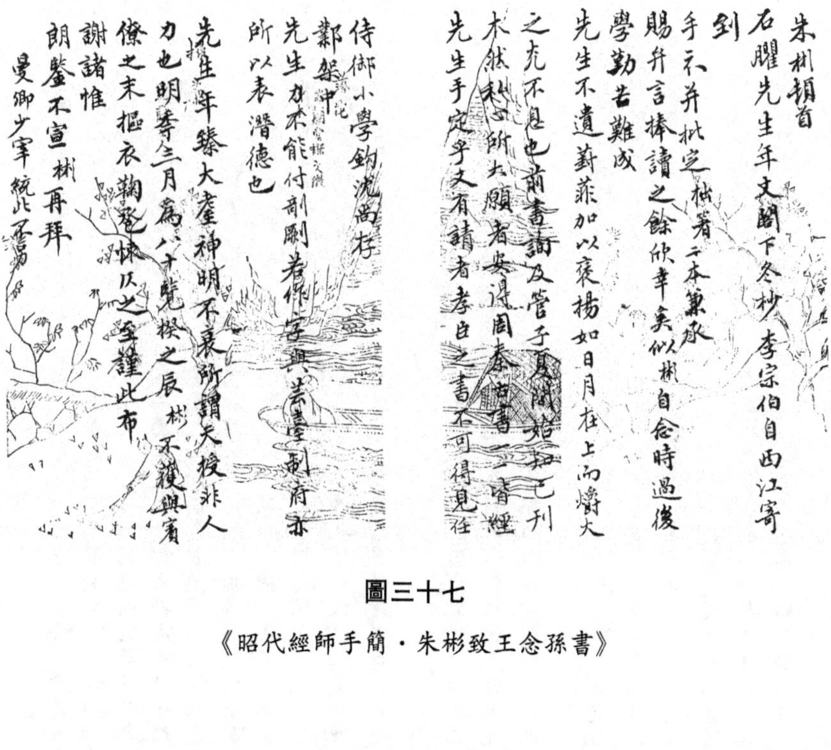
朱彬頓首
石臞先生年丈閣下冬杪李宗伯自西江寄
到
手示并批定拙著二本兼承
賜弁言捧讀之餘欣幸奚似彬自念時過後
學勤苦難成
先生不遺葑菲加以褒揚如日月在上而燭大
之光不息也前書論及管子夏閒始知已刊
木然私心所大願者安得周秦古書一一皆經
先生手定乎又有請者孝臣之書不可得見往
侍御小學鉤沈尚存
鄴架中
先生力不能付剞劂若俾寫與芸臺制府亦
所以表潛德也
先生年臻大耋神明不衰所謂天授非人
力也明年三月爲八十覽揆之辰彬不獲與賓
僚之末摳衣鞠跽快覩之至謹此布
謝諸惟
朗鑒不宣 彬再拜
曼卿少宰統此不另

圖三十七

《昭代經師手簡·朱彬致王念孫書》

厖嗣前人恭明德其訓為乃故與乃字連用康誥曰乃
其又民又曰乃其速由文王作罰又曰乃其速由茲
義率彼多方曰我乃其大罰殛之此猶曰何同意而
諂云昌其奈何弗敬猶尚同意而秦誓云尚猷詢茲黃
髮也

立

正義文則是解為米粒之粒烝民乃米不辭矣王制

立猶生也商頌長發云商帝立子生商周頌思文云立我
烝民是也亦通作粒皋陶謨云烝民乃粒言烝民乃復粒生
也從米者其假借字耳鄭注云粒米也眾民乃米
者奧其可乎思文箋反破立為米粒之粒米我烝民愈
不辭矣

為

為助也皋陶謨曰予欲左右有民女翼予鈞臺力四方
女為為與翼同意大雅凫鷖福祿來為箋云為猶助也
書傳云女屛臣當為之失其意矣

逢

逢大也洪範女則從龜從筮從卿士從庶民從是之謂
大同身其康彊子孫其逢吉傳以逢吉連讀解為遇吉

引之聞之父曰李進士成裕云當讀至逢字句絕與上
文五從字二凶字體例正合此說是也漢書王莽
傳云康彊之占逢吉之符周禮占人注云凡卜象吉色
善墨大坼則逢吉蓋漢人已誤以逢吉連讀矣今案
馬融注云逢大也子孫其逢猶言其後必大耳儒行衣
逢掖之衣鄭注云逢大也謂逢掖之衣對身言之逢對衣
楊倞注云逢大也猶言逢掖荀子非十二字篇其纓禁緩
言之逢之言豐也豐亦大也玉藻繼齊倍要注云繼或
為逢逢或為豐是古逢豐聲義皆同也體例訓詁音三

者皆合理無可疑引之謹案子孫其逢即所謂後嗣逢
長也楚詞天問云眩弟並淫危害厥兄何變化以作詐
後嗣而逢長而乃言何以變詐如此後嗣乃得逢長

弔

弔善也大誥曰弗弔天降割于我家多士曰弗弔旻天
大降喪于殷君奭曰弗弔大降弗弔天弗弔旻
天俱當連讀言此不祥善之旻天也御南
山云不弔旻天大亂旻至也至猶善也漢
書五行志戴衰公十六年左傳旻天不弔王肅注云弔善
天不善於魯家語終記解作旻天不弔王肅注云弔善

圖三十八（1）

臺灣"國圖"館藏王引之《尚書訓詁》稿本

端王肅訓爲正義云咸或作減是也說文伐絕也讀若
咸聲同而意亦相近故君奭曰誕將天威咸劉厥敵咸
與劉皆滅也古音侵與幽通咸劉疊韻字耳咸劉猶過
劉慶劉也周頌武篇勝殷遏劉成公十三年左傳慶劉
我邊垂杜注云慶劉皆殺也逸周書世俘篇及漢書律
志引武成篇竝云咸劉商王紂與此同解者訓咸爲皆
失其義耳

獻裕
獻裕道也方言云裕獻道也東齊曰裕或曰獻康誥曰
用康乃心顧乃德遠乃獻裕乃以民寧不女瑕珍當以

遠乃獻裕爲句遠乃獻裕即遠乃道也君奭曰告君乃
獻裕與此同乃以民寧不女瑕珍猶云乃以殷民世享
耳傳斷裕乃以民寧爲句則不辭矣又案獻由古字通
道謂之獻裕道民亦謂之由裕上文云乃由裕民惟文
王之敬忌乃裕民曰我惟有及洛誥曰彼裕我民皆是
也解者失其義久矣

富
福通作富易謙象傳鬼神害盈而福謙京房福作富郊
特牲云富也者福也詩瞻卬毛傳云何神不富傳云富
福也故呂刑曰非詫于威惟詫于富言非終于立威惟

圖三十八 (2)
臺灣"國圖"館藏王引之《尚書訓詁》稿本

昨承
示校正說文古文續字及後疏證載
按精確又
惠閱秦名字解收利和矬尒
下聞梓材敗訓為緣偁引申甚
說謯梓材曰惟其塗墍茨又曰
惟其塗丹雘又用墍先主受命
尚文考書塗與墍皆作敚數
石云音不字又作敚下過予作敚字
予敚陰偁也訓說塗敚通用釋
說文云敚偁也見廣雅孔氏正敚

云宝器唶云其事䋲而考田曰言墍
猷不云刜謮者田曰一種倪陳偁緣玉收
成敝刜其初與下正文互見和陽曰
陳敝刜其讀敝作塗又傳會曰
為二文皆言敚即左塗字明其塗
而塗飾之以下破碎雘文以此曰犹其
說於雘唶若知左文本作敚字後人
從傳妄敗刂墜茨丹墍為宮器云
終事以衛周句文邨爱命至作雔
鬯殿玫刑錯而後其事先終先

圖三十九（2）

《昭代經師手簡·莊述祖致王引之書》

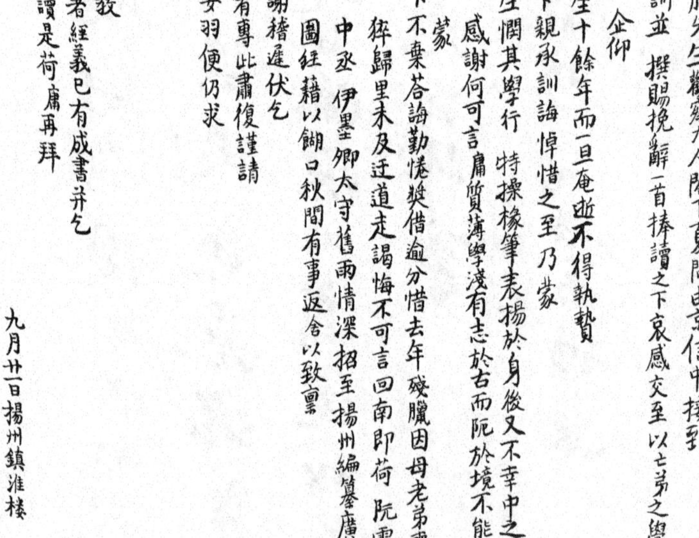

後學臧庸再拜

石朧先生觀察大人閣下夏間由京信中接到

手訓並　撰賜挽辭一首捧讀之下哀感交至以亡弟之學行

企仰

先生十餘年而一旦庵逝不得執贄

門下親承訓誨悼惜之至乃蒙

先生憫其學行　特操椽筆表揚於身後又不幸中之幸也

感謝何可言庸質薄學淺有志於古而阮於境不能成亦

蒙

閣下不棄苔誨勤懇獎借逾分惜去年殘臘因母老弟喪倉

猝歸里未及迂道走謁悔不可言回南即荷　阮雲臺

中丞　伊墨卿太守舊雨情深招至揚州編纂廣陵

圖往藉以餬口秋間有事返舍以致覃

謝稽遲伏乞

原宥專此肅復謹請

近安羽便仍求

頒讀是荷扁再拜

大著經義巳有成書并乞

錫教

九月廿一日揚州鎮淮樓

圖四十

《昭代經師手簡·臧庸致王念孫函》

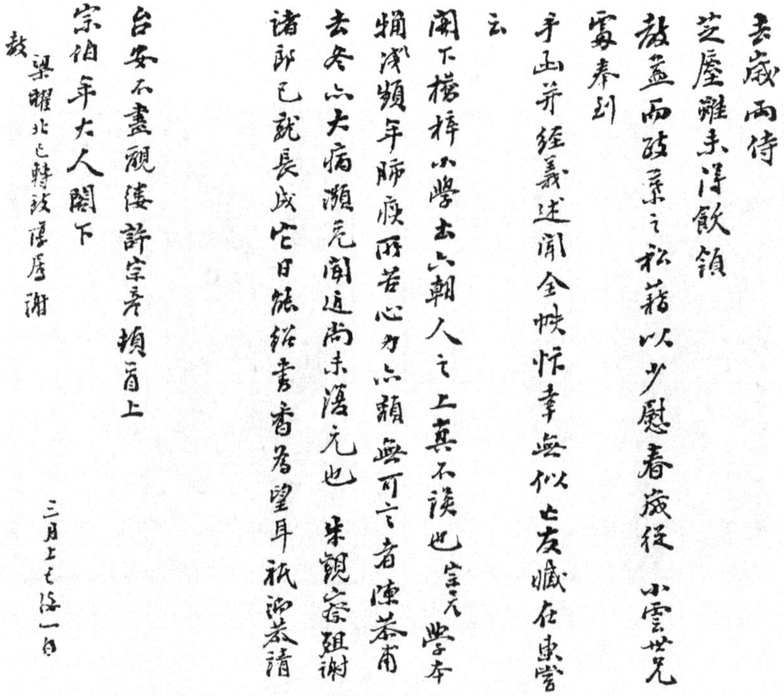

去歲兩侍

芝座離索浮飲領

教蓋兩政業之松菊以少慰春歲往 小雲哀

寔春到

手函并经義述闻全帙怅惘事與似上友臧在東粵

云

閣下楷标小學士六朝人之上真不誣也宗彦學本

稍涉頫年師疲所若心力六顏無可言者陳荅甫

去冬小大病瀕危闻近尚未落元也朱観察狙謝

諸郎已就長成它日紙紹书香名望耳祇迎蓁诸

台安不盡觊僂許宗彦頓首上

宗伯年大人閣下

教 梁耀北已转致渥居湘

三月上七海一日

圖四十一

《昭代經師手簡·許宗彦致王引之函》

圖四十二 （1）

初刻本《述聞》"惟其陳脩"

夕惕若

乾九三君子終日乾乾夕惕若厲无咎惠氏定宇周易
述於惕若下增貞字其說曰說文夕部引易曰夕惕若
貞案許愼敘曰其偁易孟氏古文也是古文易有貞字
虞翻傳其家五世孟氏之學以乾有貞敬之義故其注
易以乾爲敬俗本脫貞今從古增入也家大人曰經文
夕與終日相對惕若與乾乾相對若增入貞字則贅矣
今考惕若下本無貞字萠列五證以明之文言曰故乾
乾因其時而惕雖危无咎矣言惕而不言貞則經文本
無貞字其證一也李鼎祚集解所刻鄭荀諸家之說皆

圖四十二（2）

初刻本《述聞》"夕惕若"（一）

· 243 ·

夕惕若厲

不爲賓字作解則是諸家本皆無賓字其證二也若誦
虔翻以乾有賓敬之義故以易爲敬說文曰惕
敬也乾有夕惕若之文故虔翻曰乾爲敬惕惕非謂
賓也且翻注文言曰夕惕若厲故不驕也注驚辭傳其
辭厲曰危謂乾三夕惕若厲者說文故辭危也則是翻本亦無
賓字其證三也惠氏所據者賓此賓字本作厲今作賓者因
從夕寅聲易曰夕惕若賓此賓字本厲之義也

正文賓字而誤也說文引易曰
說文引易曰夕惕若厲巽卦之義非之義引
視其字或所引從兑省賓字從
兑其行易曰夕惕若賓此證賓字
字解曰先乾三也此證士

字相字曰易曰地可觀者莫其觀于本此爲相文刻也
之義而易引無賓字皆其刻也又觀于爲相義
說文引易曰夕惕若厲異出異字而不言說文
文賓作賓則唐初說文本賓也賓字
解曰讀若易曰夕惕若厲厲足證賓字之誤則是許氏所

見本亦無賓字其證四也淮南人閒篇漢書王莽傳鳳
俗通義述引易曰夕惕若厲乾元序制記曰三聖首乾
德夕惕若厲班固爲第五倫薦謝夷吾表曰尸祿負乘
夕惕若厲張衡思玄賦曰夕惕若厲以省諐今則是兩
漢相傳之本皆無賓字其證五也漢人一相承引易無賓
亦同正義曰文言云雖厲无咎是賓厲如此作厲如如
無厲也理恐求本夫此竟欲長然據易有賓故字也
此知漢人皆讀若厲何嘗不得有賓字也夫者

經義述聞

圖四十二 (3)

初刻本《述聞》"夕惕若"(二)

經義述聞

司經文不可不慎師使說文引經果有資焉而諸家皆
無且難以一廢百說傳寫之誤豈可據之以補經乎

經義述聞

坤釋文坤本又作《《《今字也毛居正六經正誤曰
字三畫作六段象小成卦卦《《古坤字陸氏以為今字《
誤矣鄭樵六書曰坤卦之三必縱寫而後成《《字引
之説文坤地也易之卦也從土從申上位也是
乾坤字正當作坤其作《《者乃是俗用川字考漢孔龕
碑堯廟碑史晨碑孔羨碑之乾坤衡方碑之剝埋
郙閣頌之坤兌字或作以或作儿皆隸書川字
是其俗川為坤顯然明白川為坤之假借而非坤之本
字故説文坤字下無重文作《《者玉篇坤下亦無《《字

圖四十二（4）

初刻本《述聞》"夕惕若"（三）

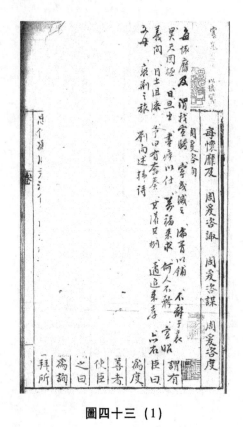

圖四十三（1）

國家圖書館藏《經義述聞》初刻手稿合訂本

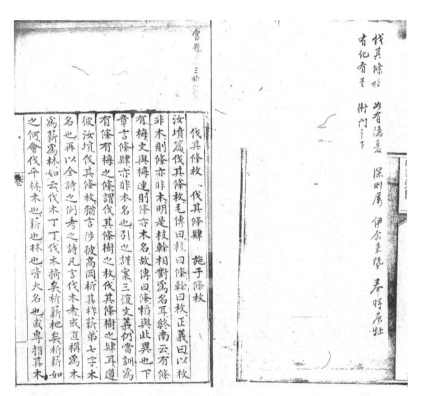

圖四十三（2）

國家圖書館藏《經義述聞》初刻手稿合訂本

太歲攷上　　經義述聞　高郵王引之

嘗讀錢曉徵先生潛研堂文集及史漢攷異養新錄於
古人言太歲太陰者辯之甚詳及攷之書傳則猶有不
合者因爲統同其名而辨析其法大氐攷之歲星合之
斗建證以紀元參以正朔而異同之故可得而言矣不
揆檮昧輒爲太歲攷廿七篇而綴之以表惝先生已歿
不及請正也

弟一論太歲之名有六名異而實同

太歲所以紀歲也其名有六太歲一也太陰二也歲陰

圖四十四（1）

上海圖書館蔣抑卮藏《太歲攷》《爾雅》合訂書影

爾雅一　　　　　　　　經義述聞

釋詁　　　　　　　　　　　高郵王引之

林烝天帝皇王后辟公侯君也

郭曰詩曰有壬有林又曰文王烝哉引之謹案君字有
二義一爲君上之君天帝皇王后辟公侯是也一爲羣
聚之羣林烝是也古者君與羣同聲故韓詩外傳曰君
者羣也逸周書諡法篇曰從之成羣曰君荀子王制篇
者也曰能以使下謂之君君者善羣也君道篇曰君
曰者何也曰能羣也白虎通義曰君羣也
曰君羣也羣下之所歸心也主者往也林烝羣也之羣
通作君猶及爾出往之往通作王矣　見大雅　吕氏春秋
板傳

圖四十四（2）

上海圖書館蔣抑卮藏《太歲攷》《爾雅》合訂書影

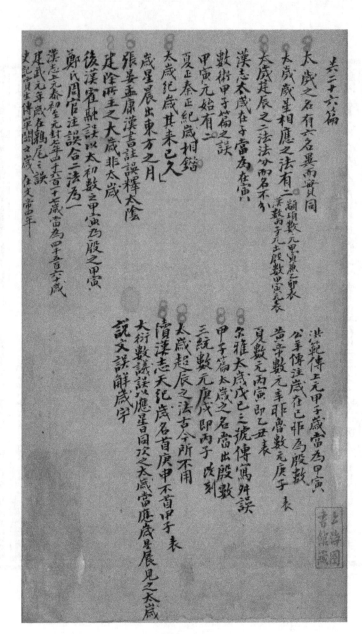

圖四十五

上海圖書館藏《太歲攷》卷目

圖四十六（1）

國家圖書館藏《周秦名字解詁》批改本

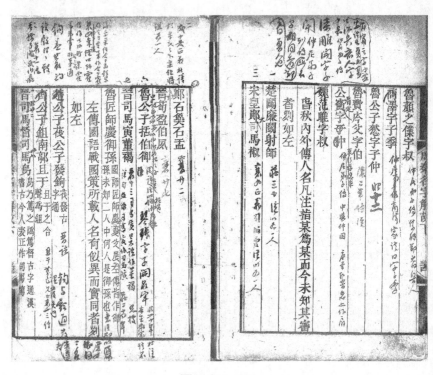

圖四十六（2）

國家圖書館藏《周秦名字解詁》批改本

潛龍勿用　夕惕若厲　　　　後得主　利西南得朋

東北喪朋　女子貞不字　童蒙求我　苞蒙·吝

卽命　田有禽利執言　輿說輹　履虎尾　幽人

苞荒　得尚于中行　大人否　遯有悔　先甲

三日後甲三日　至于八月有凶　七日來復　无祇

悔　劇象　大過　樽酒簋貳用缶　祇旣平　壯于

大輿之輹　怨羊于易　康矦　王假有家　匪躬之

經義述聞目錄

第一

周易上

圖四十七（1）

國家圖書館藏《經義述聞》稿本《周易》《尚書》目錄（一）

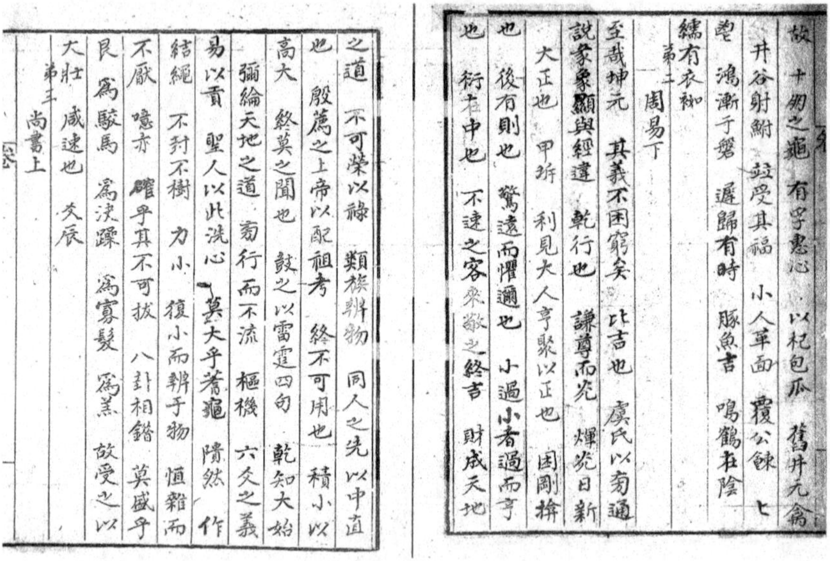

圖四十七（2）

國家圖書館藏《經義述聞》稿本《周易》《尚書》目録（二）

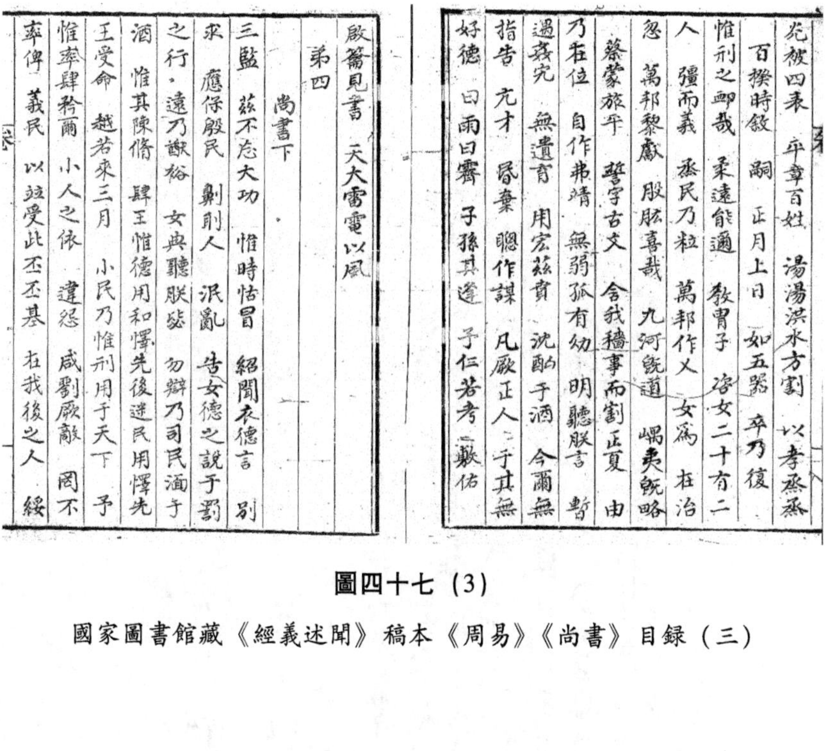

惟刑之卹哉　柔遠能邇

右側：

咎被四桒　平章百姓　湯湯洪水方割　以孝丞丞
百揆時敍　嗣　正月上日　如五器　卒乃復
人　彊而勿義　丞民乃粒　萬邦作乂　女爲　在治
怨　萬邦黎獻　殷肱喜哉　九河旣道　嵎夷旣略
蔡蒙旅平　羣學古文　合我穛事而割正夏　由
乃在位　自作弗靖　無弱孤有幼　明聽朕言　暫
過義宄　無遺育　用宏茲賁　沈酗于酒　今爾無
指告　充才　昬棄厥作謀　凡厥正人　于其無
好德　曰雨曰霽　子孫其逢　子仁若考　黻佑

啟篇見書　天大雷電以風

第四

尚書下

三監　玆不怠大功　惟時怙冒　紹聞衣德言　別
求　應保殷民　剿刑人　泯亂　告女德之說于罰
之行　遠乃猷裕　女典聽朕毖　勿辯乃司民湎于
酒　惟其陳脩　肆王惟德用和懌　先後迷民用懌先
王受命　越若來三月　小民乃惟刑用于天下　予
惟莘肆矜爾　小人之依　遺怨　咸劉厥敵　罔不
率俾　義民　以㦰覺此丕丕基　在我後之人　綏

圖四十七 (3)

國家圖書館藏《經義述聞》稿本《周易》《尚書》目錄(三)

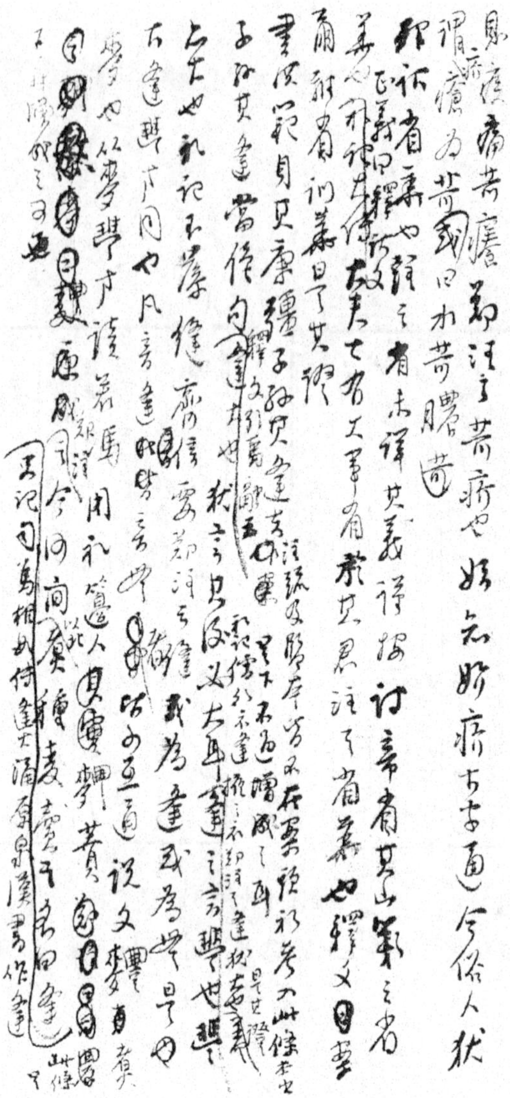

圖四十八

《經義雜記》“子孫其逢吉”稿本，

轉引自李宗焜《高郵王氏父子手稿》

圖四十九（1）

國家圖書館藏《大戴禮記述聞》稿本目録（一）

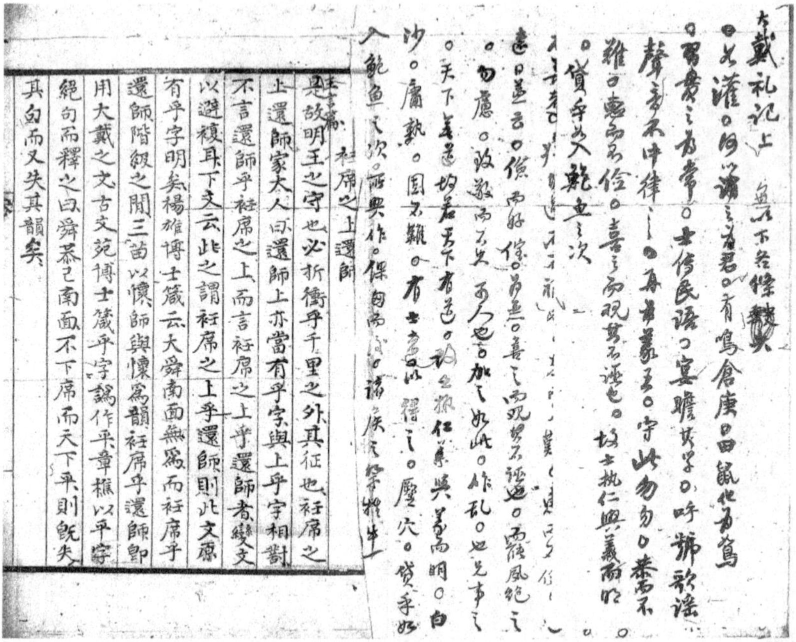

圖四十九 (2)

國家圖書館藏《大戴禮記述聞》稿本目録 (二)

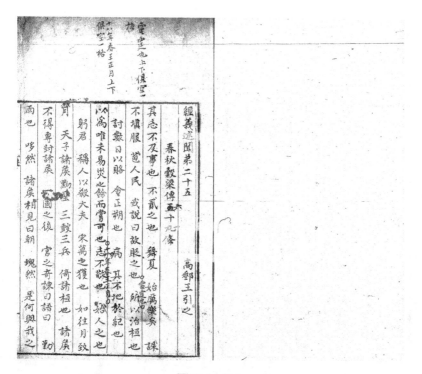

圖五十（1）

國家圖書館藏《穀梁述聞》稿本目錄（一）

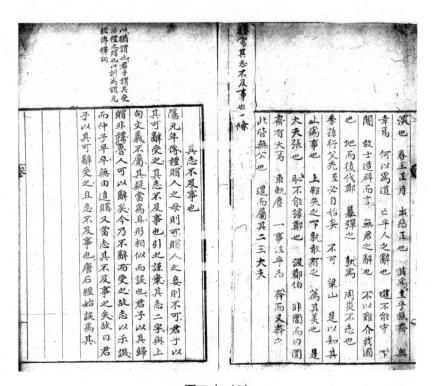

圖五十（2）

國家圖書館藏《穀梁述聞》稿本目錄（二）

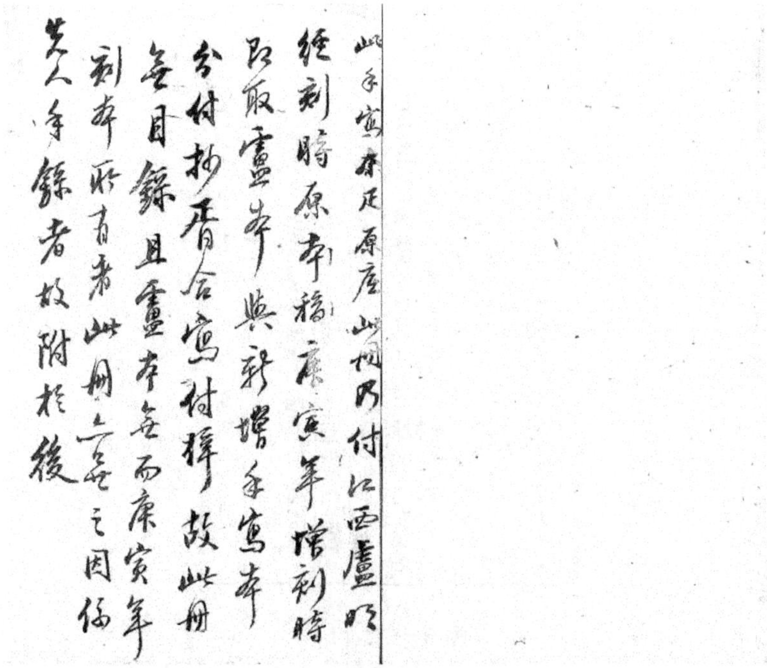

此予寅年束足原底此冊內付江西盧明

經剞劂時原本稿庚寅年增剞劂時

即取盧本與新增本寫本

今付抄胥合寫付梓故此冊

每目錄且盧本並而庚寅年

剞劂所有此冊之處之因倒

芟去年錄者故附於後

圖五十一

國家圖書館藏《爾雅》稿本題識

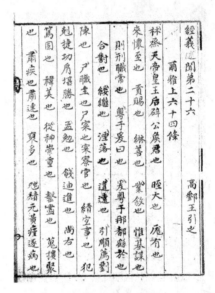

圖五十二 (1)

國家圖書館藏《爾雅述聞》稿本目錄（一）

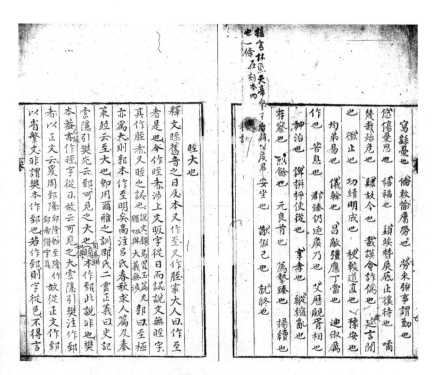

圖五十二（2）

國家圖書館藏《爾雅述聞》稿本目録（二）

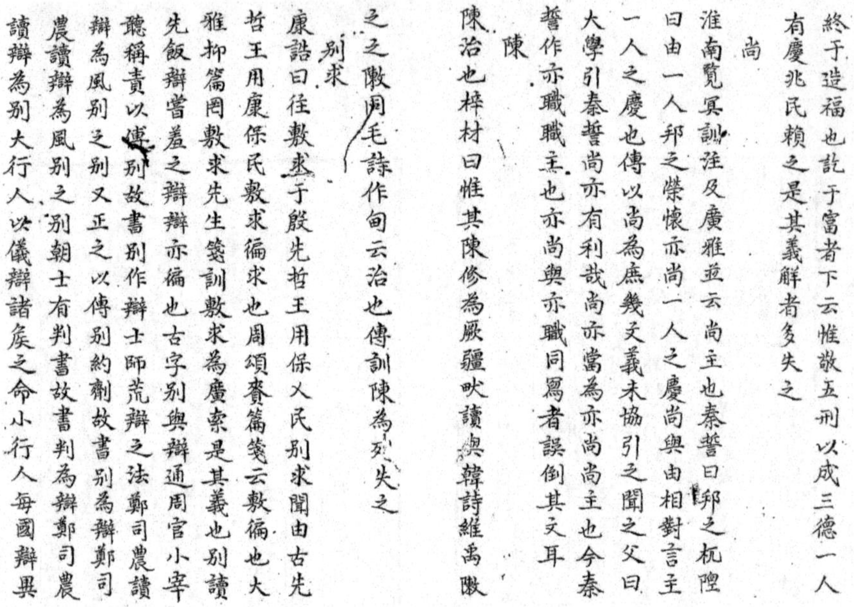
終于造福也訖于富者下云惟敬五刑以成三德一人
有慶兆民賴之是其義解者多失之
尚
淮南覽冥訓注及廣雅竝云尚主也秦誓曰邦之杌隉
曰由一人邦之榮懷亦尚一人之慶尚與由相對言主
一人之慶也傳以尚為庶幾文義未協引之聞之父曰
大學引秦誓尚亦有利哉尚亦當為亦尚尚主也今秦
誓作亦職職主也亦尚與亦職同寫者誤倒其文耳
陳
陳治也梓材曰惟其陳修為厥疆畎讀與韓詩維禹敶
之之敶同毛詩作甸云治也傳訓陳為列失之
別求
康誥曰往敷求于殷先哲王用保乂民別求聞由古先
哲王用康保民敷求徧求也周頌賚篇箋云敷徧也大
雅抑篇罔敷求先生箋訓敷求為廣索是其義也別讀
先飯辯嘗羞之辯辯亦徧也古字別與辯通周官小宰
聽稱責以傳別故書別作辯士師荒辯之法鄭司農讀
辯為風別之別又正之以傳別約劑故書別為辯鄭司
農讀辯為風別之別朝士有判書故書判為辯鄭司農
讀辯為別大行人以儀辯諸侯之命小行人每國辯異

圖五十三

臺灣"國圖"館藏王引之《尚書訓詁》"尚"條

圖五十四（1）

初刻本《述聞》"覆公鍊"

覆公餗

鼎九四覆公餗有二說說文曰鬺鼎實惟葦及蒲卽維蒲之或作餗周官醢人疏引鄭注曰糝謂之餗震爲竹異文竹萌曰筍筍者餗之爲菜也蓋據大雅其蔌維何維筍及蒲之文此一說也說文曰陳留謂鍵爲鬺餰同釋文引馬融注曰餗鍵也繫辭傳易曰鼎折足覆公餗馬本餗作鬺此又一說也引之謹案馬注爲長昭七年左傳正考父鼎銘曰饘於是鬺於是以餬余口杜注於是鼎中爲饘鬺是鍵爲鼎實古有明文若筍與蒲乃醢人加豆之實不聞以之實鼎大雅之蔌始非此所謂餗也

圖五十四（2）

二刻本《述聞》"覆公餗"

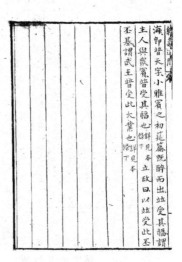

圖五十四 (3)

國家圖書館藏《經義述聞》"覆公餗"稿本

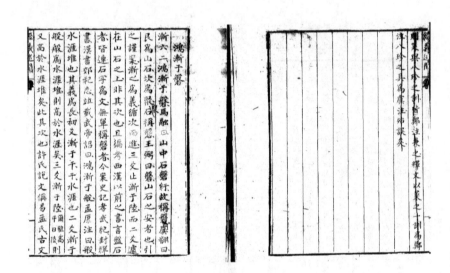

圖五十四（4）

國家圖書館藏《經義述聞》"覆公餗"稿本

日官居卿以厎日

桓十七年左傳曰官居卿以厎日杜注曰厎平也漢書

律志引傳文蘇林注曰厎致也引之謹案蘇說是也周

官馮相氏曰冬夏致日春秋致月考工記玉人曰土圭

尺有五寸以致日

圖五十五（1）

初刻本《述聞》"日官居卿以厎日"

始吾有虞於子今則已矣杜注曰虞度子產
以爲己法案虞亦望也言營也吾有望於子今則無望
矣

天之不假易

十三年傳見莫敖而告諸天之不假易也杜注言天
不儌貧慢易之人家大人曰假易猶寬縱也天不假易
謂天道之不相寬縱也僖三十三年傳曰不可縱史
記春申君傳敢不可假泰策作敢不可易是假易皆寬
縱之意也賈子迣術篇曰包采容容廣
之詞裕是易與寬容同義廣雅曰假敖也敖
與易古字通

日官居卿以底日

桓十七年傳日官居卿以底日杜注曰底平也漢書律
志引傳文蘇林注曰底致也引之謹案蘇說是也周官
馮相氏曰冬夏致日春秋致月考工記玉人曰土圭尺
有五寸以致日是其證白帖一左傳曰日官以底日
致也所引益古注

兩政

十八年傳並后匹嫡兩政耦國亂之本也杜注並后曰
妾如后注匹嫡曰庶如嫡注兩政曰臣擅命注耦國曰
都如國引之謹案杜釋兩政與上下文異義非也政非

圖五十五（2）

二刻本《述聞》"日官居卿以底日"

270

瘧疾

高郵王引之

經義述聞十一

襄七年傳子駟使賊夜弒僖公而以瘧疾赴于諸侯家

大人曰瘧非从疾子駟弒君而以瘧疾赴于諸侯其黠

信之瘧當爲虐今作瘧者因下疾字而誤加疒耳昭十

九年傳許悼公瘧月令民多瘧疾釋文竝音魚略反而

此獨無音則其爲虐字可知虐者暴也（金縢遘厲虐疾　某氏傳虐疾暴也）

謂以暴疾赴于諸侯也史記鄭世家記此事曰子駟使

廚人藥殺釐公赴諸侯曰釐公暴病卒是其證矣唐石

圖五十六　（1）

二刻本《述聞》"瘧疾"（一）

經已誤作癜

親我無成鄙我是欲不可從也

八年傳楚子囊伐鄭子駟子國子耳欲從楚子孔子蟜

子展欲待晉子展曰小國無信兵亂日至凶無日矣雖

楚救我將安用之親我無成鄙我是欲不可從也不如

待晉家大人曰親我無成四句承上雖楚救我將安用

之而言言楚之親我有始無終而其心且欲以我為鄙

邑故楚不可從不如待晉也杜注以親我為晉親鄭鄙

我是欲為鄭欲與楚成不可從為子駟不可從皆失之

焚我郊保　　伐我保城　　令隧正納郊保

圖五十六（2）

二刻本《述聞》"癜疾"（二）

康誥曰曰聞于上帝胡廣侍中箴曰勖聞上帝賴茲四

臣 此用君奭篇語曰字作勗與馬本同 益訓詁疏而句讀亦舛矣

紹聞衣德言

紹聞衣德言引之謹案衣讀若少儀士依於德之依作 學記不學博依或為衣漢書外戚傳婕妤媱容靡充依荀悅漢紀作充衣

衣者假俗字耳

傳曰服行其德言服行謂之衣未之聞也

紹聞衣德言

敷求 別求 別播敷

往敷求于殷先哲王用保乂民別求聞由古先哲王用

康保民引之謹案敷求徧求也周頌賚篇箋曰敷徧也

堯典敷奏以言史記五帝紀敷作徧 大雅抑篇罔敷求先王箋訓敷求為

圖五十七（1）

二刻本《述聞》"敷求 別求 別播敷"（一）

廣索是其義也別讀先飯辯嘗羞之辯

王藻作辯士相見禮作徧鄉飲酒禮眾賓臨注曰今文辯皆作徧舜典記五帝紀作辯亦徧也古字別與辯通周官小宰聽稱責以傅別故書別作辯鄭司農讀為別諸侯之命判為小行人每國辯異之大戴禮朝事篇以九儀作辯並作辯別樂記禮辯作別異苟子樂論辯作別樂記其治辯者其禮具鄭注曰辯徧也史記樂書辯作辨一作別解見集其證也出於也縣於也易由言箋曰由於也通作由大雅抑篇無別求聞由古先哲王者徧求聞於古先哲王也與往敷求于殷先哲王文義正合傳訓敷為布由為用別求為又當別求皆失之誥又曰乃別敷為布由為用別求又當別求皆失之誥又曰乃別播敷別亦當讀為辯言引惡之臣徧播布其私恩於民

圖五十七（2）

二刻本《述聞》"敷求　別求　別播敷"（二）

· 274 ·

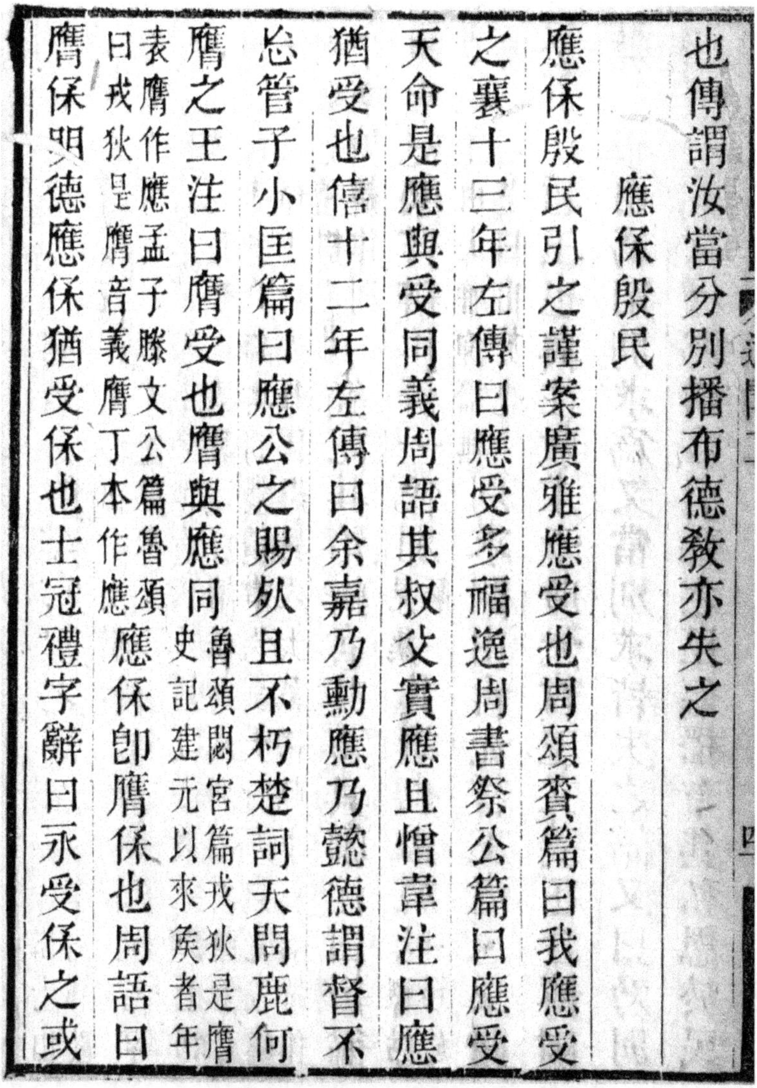
也傳謂汝當分別播布德教亦失之

應保殷民

應保殷民引之謹案廣雅應受也周頌賚篇曰我應受之襄十三年左傳曰應受多福逸周書祭公篇曰應受天命是應與受同義周語其叔父實應且憎韋注曰應猶受也僖十二年左傳曰余嘉乃勳應乃懿德謂督不忘管子小匡篇曰應公之賜奴且不朽楚詞天問鹿何膺之王注曰膺受也膺與應同魯頌閟宮篇戎狄是膺史記建元以來侯者年表膺作應孟子滕文公篇魯頌曰戎狄是膺音義膺丁本作應應保即膺保也周語曰膺保明德應保猶受保也士冠禮字辭曰永受保之或

圖五十七（3）

二刻本《述聞》"敷求 別求 別播敷"（三）

雅貜䶞也䶞與劇同

虎視眈眈

頤六四虎視眈眈虞翻曰坤爲虎引之謹案虞以互體
言之故曰坤爲虎其實六四居艮之初艮亦爲虎九家
易說卦曰艮爲虎是也葢艮爲山故又爲虎說文曰虎
山獸之君也說卦艮爲黔喙之屬正義曰取其山居之
獸鄭注曰謂虎豹之屬貪冒之類是艮爲虎也惠氏周
易述謂艮無虎象九家艮爲虎虎當爲膚字之誤失之

喪羊于易　　喪牛于易

大壯六五喪羊于易釋文易陸作場謂壇場也朱子語

圖五十七（4）

二刻本《述聞》"虎視眈眈"

· 276 ·

而已故稱復如履道坦坦之道者路也初九陽爻

陳風宛丘正義別鄭法襄九三日民爻也選都
歐注引鄭法并尤二日九二爻也由是推之則初九與説
為震大塗見放初九與説
震為大塗。

震九二牽復皆有不行之象則初九亦出無所往自自塗
而復故復自道此易凡言出自邑告自邑納約自牖
有隕自天下一字皆實指其地復自道亦然也王注失
之。

　輿説輹　大車以載

【述一】　　　　　　　尢

九三大畜九二並日輿説輹翻興作車輹作輹注小
畜九三日豫坤為車為輹（小畜輹通）至三成乾坤象不見

故車説輹馬君及俗儒皆以乾為車非也注大畜九二
曰萆坤為腹大畜與坤消乾成故車説輹輹或作
輹山引之謹案坤消乾成至三乃成何以大畜九二便
云輿説輹且坤已消矣則更有輿象何以尚云坤與
説輹而不應更有輿象何以尚云坤説輹
之車上之物多矣令不言其物而但云車説輹則不知
以何物為輹蓋陽爻稱大有之大有之為車明甚又其九二曰
大車以載蓋陽爻稱大車動象乾乾之為車以載又謂
及俗儒之言是也乃為庶氏解乾乾乾之為大有之大有又謂
坤為大車此爻通如其説則大車之象經當於比之六

二言之方合坤為大車之義何乃不繫於比之坤而繫
於大有之乾乎卦變火天而義則水地無是理也
王弼注小畜九三與説輹曰已為畜盛不可牽征以斯
而進茲必説輹也注大畜九二與説輹曰五處畜盛不
可犯也過斯以往説輹以轉輈而輿乃行
説輹則不行矣眭史蘇占之曰震之離亦離之震
為嬴敗姬車説其輈火爻其雄杜注曰震車下輈也震
為車上六爻在震則無應（上六謂歸妹）故車説輈正義曰三
輹而不行非雇其畜盛不可牽征也大畜九二與六
五相應矣而外卦為艮（艮六五艮之中爻以止之故亦
説輹而不行豢傳所謂止健也非雇其畜盛不可犯也
亦陰爻（謂歸妹）是無應也由是推之小畜九三陽爻上
九亦陽爻（謂歸妹）是無應也無應則行將安往故惟説其輿之

【述一】　　　　　　　干

　履虎尾　　虎視眈眈　　大人虎變　　風從虎

引之謹案虞翻注易謂坤為虎（履九五或取於兑履之象縊二注
於頤六四三注於革之九五或取於兑通或取於
體或取於兑通之互體固自以為長於舊説矣
俗儒皆以兑為虎非也）及以經文考之則不當如仲翔所説履象曰履
虎尾虎不咥人亨謂兑履乾三履四也故象傳曰履

圖五十七 （5）

三刻本《述聞》"履虎尾"（一）

上

柔履剛也說而應乎乾是以履虎尾不咥人亨而虞曰
謙坤為虎履與謙旁通謙二至履故履
虎尾如其說則是止而應乎坤非說而應乎乾矣其可
通乎頤六四虎視眈眈盈六四居艮之初艮為虎故云
虎視九家易曰艮為虎是也黔喙之屬虎豹之屬易曰
山居為虎黔為虎豹之屬故正義曰取斯此
玆艮艮為虎豹黔喙之屬虎豹之屬易曰取此
謂觀九三五艮艮為虎故虎豹之屬字之誤失之
二四互坤乃曰坤為虎案外卦之艮本有虎象何待取
象於互坤乎革九五大人虎變盈九五處兌之中兌為
故故曰虎變兌衰曰兌為白虎觀集是也而虞曰兌坤
為虎蒙三五互艮案外卦之艮本也至乾之交言曰水
通之互體平然猶可曰卦象則然也至乾之文言曰水
流溼火就燥雲從龍風從虎特以物之各從其類噫萬
物之端豈人耳正義曰假物連威應以非論卦象
也而虞故為龍象生天故從龍也坤為虎風生地故
從虎也以泛論物情之交而求其卦以實之已失古人
立言之指且又言取象於乾而求取象於坤
乎以龍虎為乾坤則上文之燥溼又將取象於何卦
苟夾襲曰陽為乾之坤而為坎陰而陽之乾
而成離陰之陽動之乾坤窮陰陽動之
之乾則非坤矣荀說非
仲翔既誤解文言又用之

下

以說象辭爻辭斯所謂重複地糅者矣又案中未為虎
見於魏志管輅傳盈象當時術士有此說非真之本義取之
而云為虎以申末之間坤所位也然易非之本義取之
傳注引輅別傳曰蛇者協辰已之位也而易為無異為蛇之
文又曰雖者兌之畜而易為難而易皆無之禍士所言與易殊指未可以說
兌為輦軍而易為婁皆無之禍士所言與易殊指未可以說

經也

幽人

履九二履坦坦幽人貞吉盈九二坦坦幽人貞吉虞翻注曰訟時二在坎獄
中虞翻履履目兌為訟為獄又注故稱幽人之正得位震出兌說
中坎獄盈目兌為訟為獄又注故稱幽人之正得位震出兌說

述一   至

幽人

幽人喜笑故貞吉也周易述曰幽人幽繫之人尸子曰
文王幽於羑里一太平御覽人事部荀子曰公侯失禮則
幽篇王霄俗謂高士為幽人非也家大人曰惠從虞說是
也家傳言幽人不自亂則義亦與此同易林剝妹象傳
曰利幽人之貞求變常也義亦異謂隱士矣與林剝卦爻傳
日束縛拘制於吏繫易象者以幽人為
幽因之人也引之蓋案虞羲謂訟時二在坎獄
田人也則而兌有喜是漢時說易者以為
荀夾以議獄緩紉則兌有議獄之象兌為
象已不見何得仍以議獄緩紉則兌有議獄之象兌為
傳曰君子以議獄隨卦下震上兌其象
議獄謂荊囚之而議其罪也隨卦下震上兌其上六兌

圖五十七（6）

三刻本《述聞》"履虎尾"（二）

地

錢氏荅問曰問顧氏謂古音地如沱詩載寢之地與瓦
韻不與禍韻且引易繫辭俯則觀法於地與空韻以證
之其說信否曰顧氏之說出於陳第第所據者惟楚辭
橘頌亦未敢改詩音以從楚辭也經典讀地字大率與
今音不異易明夷上六不明晦初登于天後入于地此
以地韻晦也繫辭云廣大配天地變通配四時又云知
崇禮卑崇效天卑法地一與時韻一與卑韻顧氏皆棄
不取獨引仰觀俯察四句以證成己說愚謂此四句本
非韻即以韻求之又烏知其不與物卦相協乎簠文地

圖五十八

王念孫"地从也聲"清稿本，引自李宗焜《高郵王氏父子手稿》

之時民固剝林木以戰矣，勝者爲長。長則猶不足治之，故立君。立君也，君又不足以治之，故立天子。天子之立也，出於君。君之立也，出於長。長之立也，出於爭。爭鬬之所自來者久矣，不可禁，不可止。故古之賢王有義兵而無有偃兵。家無怒笞則豎子嬰兒之有過也立見，家無嚴親怒笞之威則有過立見。國無刑罰則百姓之悟相侵也立見，無刑罰則相侵凌奪立見。天下無誅伐則諸侯之相暴也立見，大兼小。故怒笞不可偃於家，刑罰不可偃於國，誅伐不可偃於天下。

圖五十九（1）

傅斯年圖書館藏王念孫《呂氏春秋》校本書影

轉引自張錦少《王念孫古籍校本研究》

七日

三代所寶莫如因，因則無敵。禹通三江五湖，決伊闕，溝迴陸，注之東海，因水之力也。（迴，通。）舜一徙成邑，再徙成都，三徙成國（周禮四井為邑，邑方二里也。四縣為都，都方大方。傳曰：都城過百雉，國之害也。邑有封都，有成，然則邑小都大。），而堯授之，禪位因人之心也。湯武以千乘制夏商，因民之欲也。（桀紂是也。民好其所好，惡其所惡，故鮮不欲也，湯武是也。案周語下泠州鳩對周景……）如秦者立而至，有車也。（車行行……）適越者坐而至，有舟也。（舟之通……）秦、越遠塗也，竫立安坐而至者，因其械也。（械，器也。）武王使人候殷，反報。（候，視。反，報。）周曰：殷其亂矣。武王曰：其亂焉至？對曰：讒慝勝良。（讒，邪也。慝，惡也。……皆進用之。）忠良黜遠之，故曰勝良也。武王曰：尚未……

呂氏春秋卷十五　貴因　七

跋

予性好獨闢蹊徑，攬幽勝而尋真賞，良不欲因人熱而附和聲。故漫讀引徵高郵二王著作幾達三四十年，未嘗著一字，以世之讀其書評其文論其世衡其人之著之文不啻千百，不有獨見，增減一篇，無補於事亦無補於世也。既而董理王氏四種點校事，乃不得不有一言以衡論其人其書以弁其首，既欲衡論其人其書，則又不得遁避起釁於王（壽同）、龔（自珍），推波自王（國維）、劉（盼遂）之二王著作權公案而不言。既沉潛梳理二王四種萬餘條劄記之稿本抄本初刻再刻，探其先著後增生發延展內在理路而言之矣，固不避知我罪我橫責豎讚或嗤或譽而一以我識我觀直行而無所顧忌也。

予文既刊之矣，曙輝兄以我識我觀之考證理路有足可爲人所借鑒者，欲單刊以行之。吁，可乎？管窺蠡測，幸或偶中，猶不能得高郵二王冥索數十年、蒐討百千卷而辛勤著述之萬一，孟浪刊行，豈不罪者復罪，責者重責，嗤者更嗤乎？既而彼別出心裁，圖予文之思維理路以示，乍見頗覺新穎可喜，詳玩熟視，蘧然起而斂衽謝曰：此足以彰我是而曝我非也。我是我非焉足矜持驚懼，斯可導世之碩學循我之是避我之非進而深入高郵二王沉研冥索之塗轍，以揭其文獻聲韻考證之理與夫父子合作著述之方。此誠有益於二王研究，有益於乾嘉學術，藉古鑒今，更有益於方今出土文獻與傳世文獻互證者也，乃允而行之。

夫世之能循我是避我非之碩學，固更僕難以一一數，予雖寡陋少聞，猶有矚望焉。香港中大張錦少教授者，集多年之精力，蒐羅摘錄南北圖書館所藏懷祖校本、稿鈔本達二十餘種，出版《王念孫古籍校本研究》一書，條分縷析，勝義紛披，已揭開王氏父子校書著書之一角。其猶未已也，更欲網羅靡遺，全景觀照，以復原王氏父子著書之隱跡，予壯其志且深有望焉。又聞有趙曉慶、趙永磊諸才俊，亦皆得王氏手稿抄稿，鑽堅研微，有弗及之勤，予嘉其行且深有望焉。

王氏父子苦辛一世，易稿三數，遺稿滿笥，壽同欲繼跡步武，不幸以身殉國，不克蕆事，此一憾也。百年前羅雪堂得王氏遺稿於津沽，靜安以超邁之才，過人之智，匆倉檢點，迫於時日，竟不克盡其董理之事，此又一憾也。嗣後遺稿分散，少有人匯聚而綜觀之，時耶勢耶？天之吝於人慳於時者恒若也！嗟予所見僅已刊之著並少量稿本，摛植冥索，強著其文，所謂一蚊一虻之勞，焉得不以此自寧而有待於高論乎？將來諸才俊之高論出，則此不實之《考實》亟當棄之敝簏，豈唯予企仰有所深望，亦二王九泉有所深望者也。

此書之梓行，曙輝兄爲作思維導圖外，李宗焜教授爲題簽增色，校樣承瑞祥兄校閱改正，試印本又得錦少教授過目指瑕，志跡於紙，銘感在心。

　　　　　　　　　　　戊戌小雪後十日識於楡枋齋

校讀後記

　　《考實》一文原爲點校本《述聞》而作，當時走筆一月有餘，倉促成文，容有不周，而今回首，倏忽四年有餘。此次刊布，雖有增訂，礙於原稿章節，畢竟不如重作可放手佈局，有些新見無法暢所欲言。去年編稿之際，曾摘録王氏四種中互相關聯之條目，略加案語，成《〈廣雅疏證〉與〈讀書雜志〉〈經義述聞〉之關係舉證》一文，約四萬字，揭示王氏父子在撰作過程中雙管齊下、諸條並作之實情，以證與齡説之失實。近又撰成近四萬字長文《高郵王氏四種成因探析》，純從懷祖思想之形成、發展與由《疏證》衍生出《雜志》《述聞》角度予以闡發，就中對於伯申在乾隆、嘉慶間從事舉業與考據之關係亦有分析辨正。以上兩文可補《考實》之不足，敬希讀者參證，以共同推進高郵王氏父子與乾嘉學術史之研究。

　　　　　　　　作者二○一九年六月廿六日識於榆枋齋

思維導圖

《經義述聞》作者著作權疑案

- 張錦少肯定《經義述聞》爲王引之所撰
- 張文彬歸納劉說爲七條并一一駁之
- 李宗焜得見王念孫引之手稿不以劉說爲然
- 陳鴻森謂述聞三刻本較二刻本所增諸條其實多出王念孫之手
- 許維遹與劉有同感聲援劉說
- 劉盼遂推衍之
- 啟於王國維

諸家說評議：由果溯因，未能充分利用用手稿手以辨析

· 1 ·

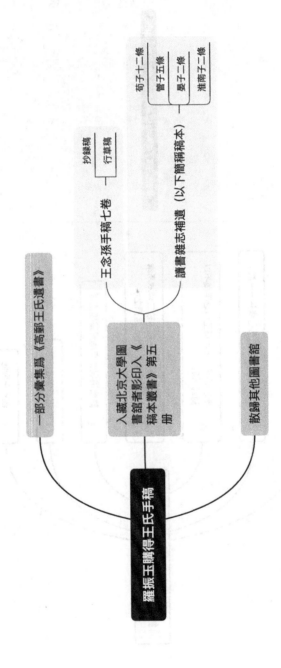

羅振玉購得王氏手稿

一部分彙集爲《高郵王氏遺書》

入藏北京大學圖書館者影印入《稿本叢書》第五册

散歸其他圖書館

王念孫手稿七卷 ── 抄錄稿 ── 行草稿

讀書雜志補遺（以下簡稱稿本）

荀子十二條

管子五條

晏子二條

淮南子二條

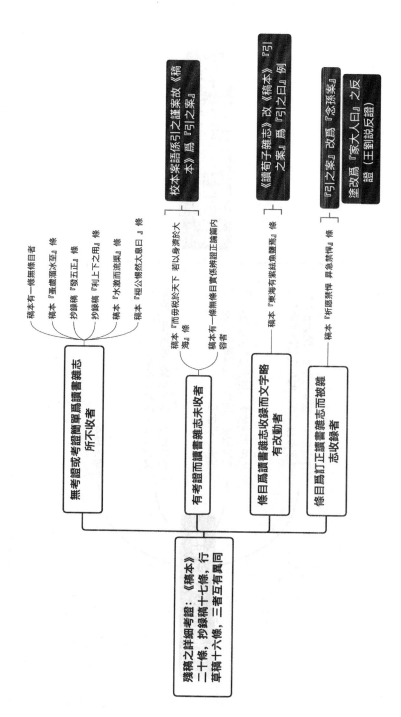

残稿之詳細考証：《稿本》
二十條，抄錄稿十七條，行
草稿十六條，三者互有異同

無考證或考證簡單爲讀書雜志
所不收者

有考證而讀書雜志未收者

條目爲讀書雜志收錄而文字略
有改動者

條目爲訂正讀書雜志而被雜
志收錄者

稿本有一條無條目者

稿本『畢鐵灛灒冰至』條

抄錄稿『發五正』條

抄錄稿『利上下之用』條

稿本『水潦而流渠』條

稿本『悟公綽然大息曰』條

稿本『而毋稅於天下
海』條

稿本有一條無條目書係辨證正論篇內
容者

若以身潦於大

校本案語係引之謹案故《稿
本》『引之案』

稿本『東海有案絲無鹽爲』條

《讀荀子雜志》改《稿本》『引
之案』爲『引之曰』例

『引之案』改爲『念孫案』

稿本『所原禁悍異惡禁悍』條

塗改爲『家大人曰』之
證（王劉説反證）

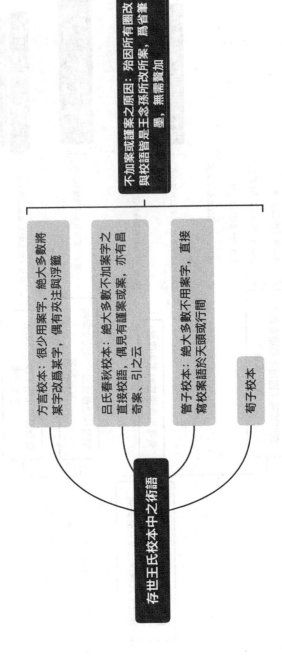

存世王氏校本中之術語

方言校本：很少用案字，絕大多數將某字改爲某字，偶有夾注與浮籤

呂氏春秋校本：絕大多數不加案字之直接校語，偶見有謹案或案、引之云奇案

管子校本：絕大多數不用案字，直接爲校案語於天頭或行間

荀子校本

不加案或謹案之原因：殆因所有圖改與校語皆是王念孫所改所案，爲省筆墨，無需贅加

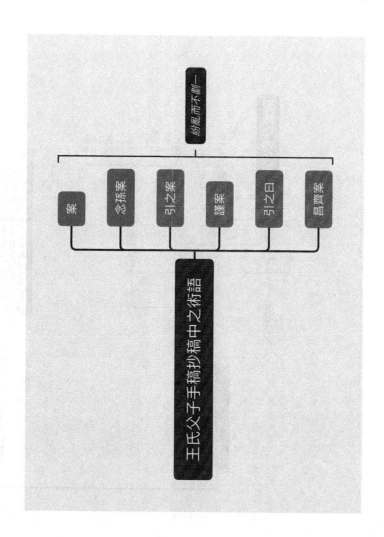

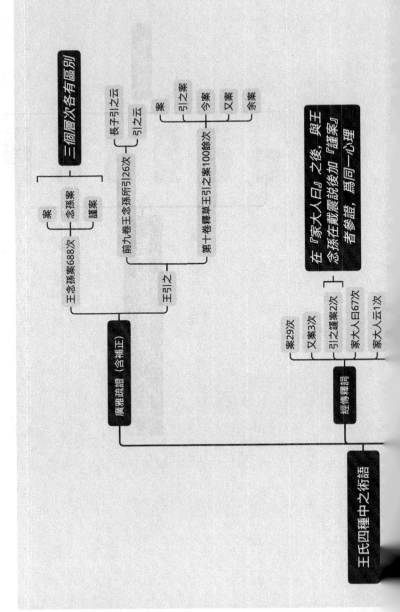

三個層次各有區別

　　　　　　　案
　　　　王念孫案──念孫案
　　　　　　　謹案

長子引之云
　　引之云

　　案
　　引之案
　　今案
　　又案
　　余案

前九卷王念孫所引126次
王念孫案688次

第十卷釋草王引之案100餘次

王引之

廣雅疏證（含補正）

在『家大人曰』之後，與王
念孫在戴震說後加『謹案』
者參證，爲同一心理

案29次
又案3次
引之謹案2次
家大人曰67次
家大人云1次

經傳釋詞

王氏四種中之術語

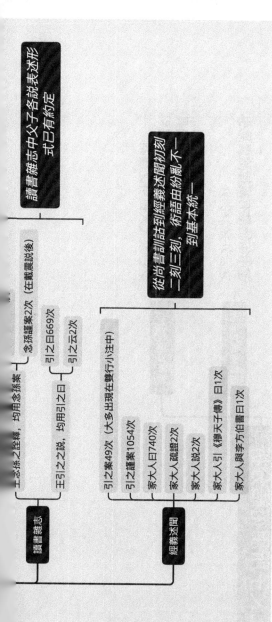

讀書雜志中父子各說表述形式已有約定

讀書雜志

王念孫之詮釋，均用念孫案

念孫謹案2次（在戴震說後）

王引之之說，均用引之曰

引之曰669次

引之云2次

經義述聞

從尚書訓詁到經義述聞義述義開初列二刻三刻，術語由紛亂不一到基本統一

引之案49次（大多出現在雙行小注中）

引之謹案1054次

家大人曰740次

家大人疏證2次

家大人說2次

家大人引《穆天子傳》曰1次

家大人與李方伯書曰1次

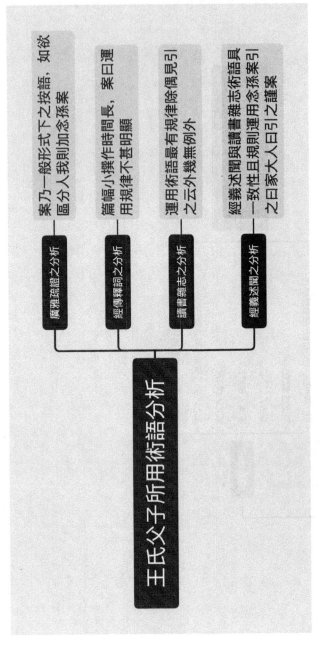

王氏父子所用術語分析

- 廣雅疏證之分析 — 案乃一般形式下之按語,如欲區分人我則加惢孫案
- 經傳釋詞之分析 — 篇幅小撰作時間長,案曰運用規律不甚明顯
- 讀書雜志之分析 — 運用術語最有規律除偶見引之云外幾無例外
- 經義述聞之分析 — 經義述聞與讀書雜志術語具一致性目規則運用惢孫案引之曰家大人曰引之謹案

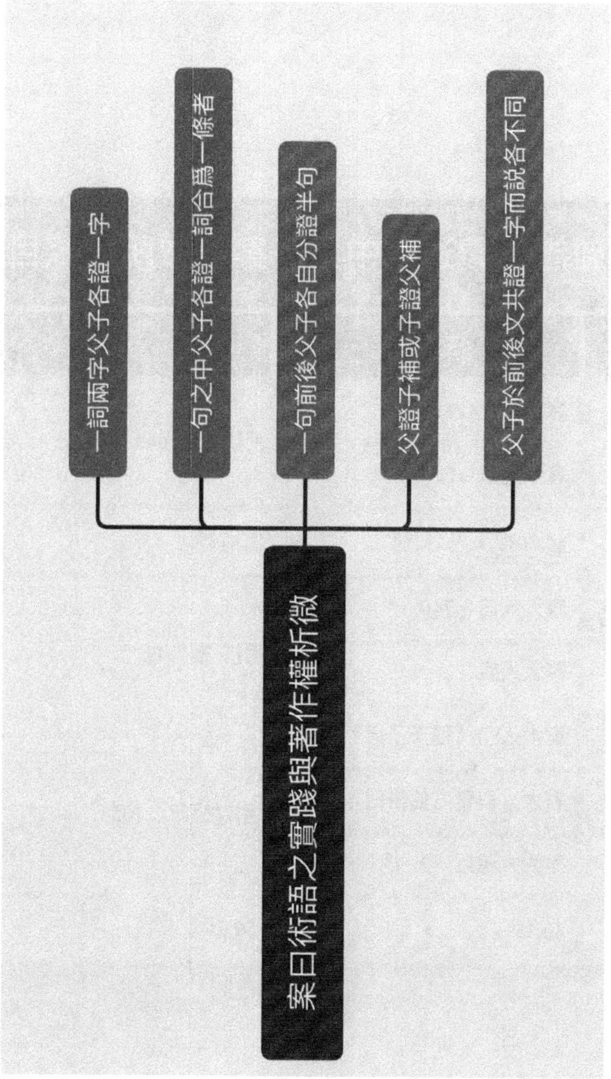
案曰術語之實踐與著作權析微
一詞兩字父子各證一字
一句之中父子各證一詞合爲一條者
一句前後父子各自分證半句
父證子補或子證父補
父子於前後文共證一字而說各不同

讀書雜志經義述聞中父子案語數所佔條目比例		
	王念孫	王引之
讀書雜志	念孫案：4211 念孫謹案：2	引之曰：669
占比	86.26%	13.74%
經義述聞	家大人曰：740 家大人説：2 家大人引《穆天子傳》曰：1 家大人與李方伯書曰：1 家大人疏證：2	引之案：49 引之謹案：1054
占比	40.35%	59.65%

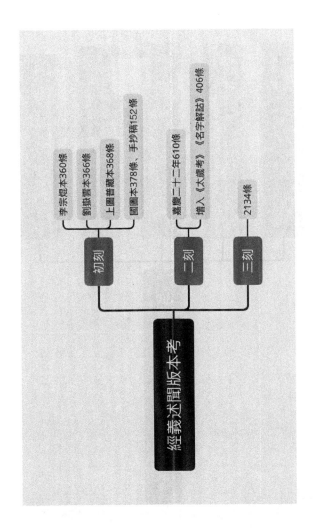

経義述聞版本考

初刻
- 李宗焜本360條
- 劉樹雲本366條
- 上圖普藏本368條
- 國圖本378條、手抄稿152條

二刻
- 嘉慶二十二年610條
- 增入《大歲考》《名字解詁》406條

三刻
- 2134條

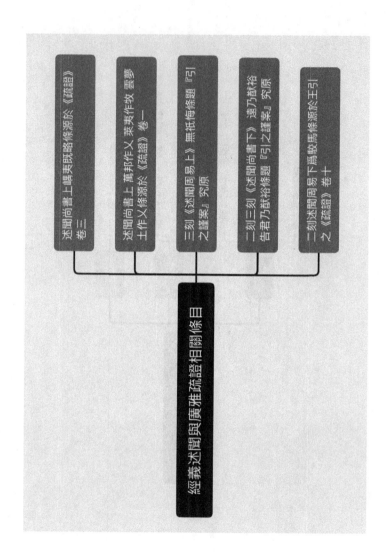

经义述闻与广雅疏证相关条目

- 述闻尚书上嶹夷既略条源于《疏证》卷三
- 述闻尚书上萬邦义萊夷作收壐夢土作义条源于《疏证》卷一
- 三刻《述闻周易上》無祗悔条题『引』之谨案」究原
- 二刻三刻《述闻尚书下》遂乃猷裕告君乃猷裕条题『引』之谨案」究原
- 二刻述闻周易下爲爲敏馬条源于王引之《疏证》卷十

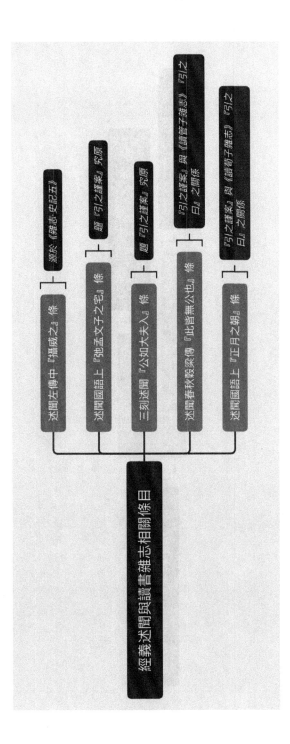

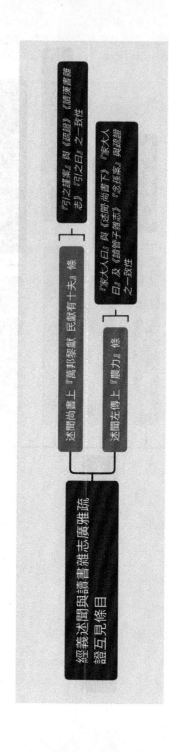

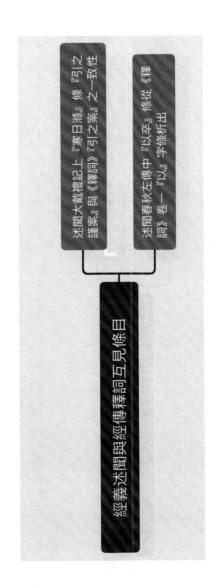

述聞大戴禮記上『襄日添』條『引之謹案』與《釋詞》『引之案』之一致性

述聞春秋左傳中『以卒』條從《釋詞》卷一『以』字條析出

經義述聞與經傳釋詞互見條目

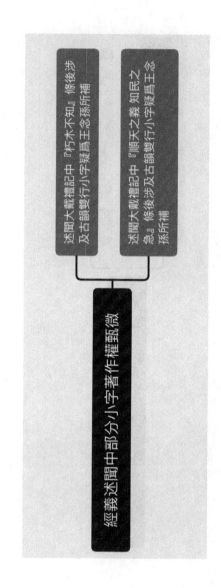

經義述聞中部分小字著作權甄微

述聞大戴禮記中『朽木不知』條後涉及古韻雙行小字疑行王念孫後孫所補

述聞大戴禮記中『順天之義知民之急』條後涉及古韻雙行小字疑行王念孫疑爲孫所補

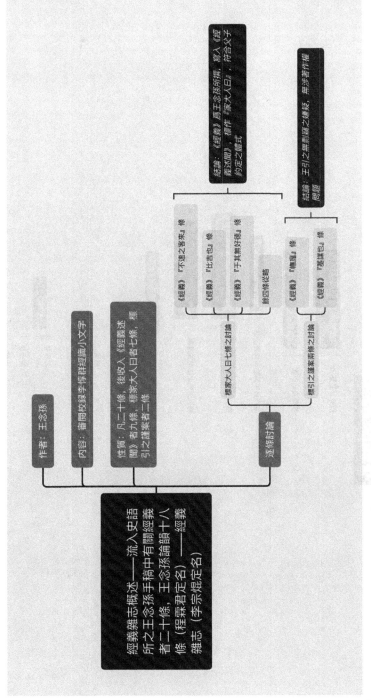

経義雑志概述——流入史語所之王念孫手稿中有関経義経義者二十条，王念孫論韻十八条（程森君定名）——経義雑志（李宗焜定名）

作者：王念孫

内容：審閱校録李孳詳経識小文字

性質：凡二十条，後收入《経義述聞》者九条，標《家大人曰者七条，標引之謹案者二条

逐条討論

《経義》「不速之客來」条

《経義》「比吉也」条

《経義》「孚其好徳」条

餘四条從略

標家大人曰七条之討論

結論：《経義》眉王念孫所揮，眉作「家大人曰」，符合父子義述聞》，標作「家大人曰」之体式約定之体式

《経義》「媾亦」条

《経義》「窒媒也」標

標引之謹案両条之討論

結論：王引之無剽竊之嫌疑，無涉著作権問題

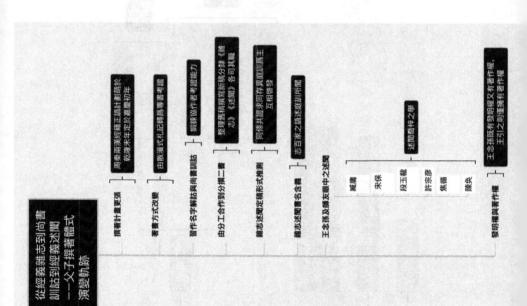

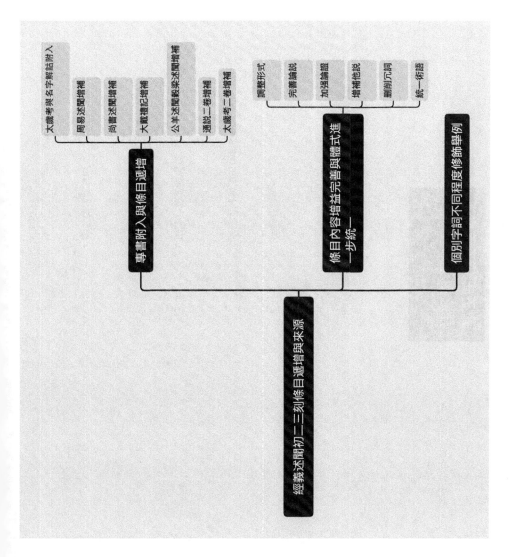

經義述聞初二三刻條目遞增與來源

專書附入與條目遞增

條目內容增益完善與體式進一步統一

個別字詞不同程度修飾舉例

大歲考與名字解詁附入
周易述聞增補
尚書述聞增補
大戴禮記增補
公羊述聞穀梁述聞增補
通說二卷增補
大歲考二卷增補

調整形式
完善論說
加強論證
增補他說
刪削冗詞
統一術語

對王氏父子著書過程之粗淺認識

- 遍校經典圈改錯誤
- 另紙摘錄便於關聯互證
- 摘錄成條加案疏證
- 父篡子述最後由懷祖統攬
- 由此及彼輾轉增益
- 父子互審補充修飾
- 篇目條目之分經
- 刊刻次序